suhrkamp taschenbuch
wissenschaft 483

John Millar (1735–1801) war neben Adam Smith und Adam Ferguson einer der drei großen Schotten der zweiten Hälfte des 18. Jahrhunderts, die die Soziologie begründeten. Deutlicher noch als Smith und Ferguson hat Millar den Grundsatz formuliert, der es seiner Epoche erlaubte, die Naturgeschichte der bürgerlichen Gesellschaft als gesetzmäßigen Zusammenhang zu begreifen: die Menschengattung sei von Natur aus dazu disponiert, ihre Lebensumstände zu verbessern; und die Gleichartigkeit ihrer Bedürfnisse haben ebenso wie die Gleichheit der Fähigkeiten, diese Bedürfnisse zu befriedigen, überall zu einer bemerkenswerten Gleichförmigkeit in den Stufen der gesellschaftlichen Entwicklung geführt.
Das Gesetz, das Millar im Wandel der Traditionen walten sieht, ist der Fortschritt in der Zivilisierung der Menschheit; ein Fortschritt, der auch die Unterschiede in Macht, Reichtum, sozialem Rang und Stand, deren Ursprünge sein Buch untersucht, erfaßt und verändert. Da dieser Fortschritt aber abhängig ist von Arbeitsteilung und Eigentumsordnung, von dem System der sozialen Schichtung und der politischen Herrschaft, steht er dem bewußten und gewollten Eingriff offen: man kann ihn hemmen oder beschleunigen. Das Prinzip solcher Eingriffe wie jeder Gesellschaftskritik, so fordert Millar, müsse das der sozialen Nützlichkeit sein, die notwendig zu einer Angleichung der gesellschaftlichen Stände und zur Verbreitung der bürgerlichen Gleichheitsrechte tendiere.
William C. Lehmann (1888–1980), der in seiner Einleitung eine historische Einführung in das Werk John Millars gibt, ist Autor des für die Forschung grundlegenden Buches über Millar: *John Millar of Glasgow* (1960).

John Millar
Vom Ursprung des Unterschieds in den Rangordnungen und Ständen der Gesellschaft

Übersetzt von Herbert Zirker

Mit einer Einleitung
von William C. Lehmann

Suhrkamp

CIP-Kurztitelaufnahme der Deutschen Bibliothek
Millar, John:
Vom Ursprung des Unterschieds
in den Rangordnungen und Ständen
der Gesellschaft /
John Millar. Übers. von Herbert Zirker.
Mit e. Einl. von William C. Lehmann.
– 1. Aufl. – Frankfurt am Main:
Suhrkamp, 1985.
(Suhrkamp-Taschenbuch Wissenschaft; 483)
Einheitssacht.: The origin of the
distinction of ranks ⟨dt.⟩
ISBN 3-518-28083-X
NE: GT

suhrkamp taschenbuch wissenschaft 483
Erste Auflage 1985

Druck: Nomos Verlagsgesellschaft, Baden-Baden
Printed in Germany
Umschlag nach Entwürfen von
Willy Fleckhaus und Rolf Staudt

1 2 3 4 5 6 – 90 89 88 87 86 85

Inhalt

Einleitung

Ein »staunenswertes Buch« nennt der deutsche Wirtschaftshistoriker und Soziologe Werner Sombart das hier einzuführende Werk des Schotten John Millar *Observations Concerning the Distinction of Ranks in Society*, in der revidierten Ausgabe *The Origin of the Distinction of Ranks* mit dem Untertitel *An Inquiry into the Circumstances which Gave Rise to Influence and Authority in the Different Members of Society;* sein englischer Titel wäre nach Sombart etwa am sinnvollsten als »Eine Soziologie der Herrschaft« wiederzugeben.

Er führt weiter aus: »Das Buch [wurde] kurz nach seinem Erscheinen mehrfach ins Deutsche übersetzt ... und kommentiert.[1] Dann ist es aber völlig verschollen und enthält doch eine der besten und vollständigsten Soziologien, die wir besitzen.«[2] Ergänzend heißt es: »die *technologisch-ökonomische* Gesellschaftstheorie ... findet sich keimhaft bei zahlreichen Autoren des 18. Jahrhunderts, um dann zu abschließender Vollendung von John Millar gebracht zu werden. Seinen Gedanken hat das 19. Jahrhundert nichts an Einzelheiten hinzuzufügen vermocht. Seine unter technologisch-ökonomischem Gesichtspunkt durchgeführte Soziologie der Ehe beispielsweise ist eine so vollendete Behandlung des Gegenstandes, das F. Engels in seinem Traktat über den Ursprung der Familie auch nicht einen einzigen neuen Gedanken entwickelt hat, der sich bei Millar nicht wenigstens im Keime bereits fände.«[3]

Mag dieses Urteil Sombarts etwas übertrieben und vielleicht auch »ideologisch« gefärbt sein, so wird darin doch auf den

1 Wir konnten bisher nur zwei Übersetzungen ins Deutsche ausfindig machen. Vgl. den Literaturhinweis, S. 273.

2 Vgl. Werner Sombart, »Die Anfänge der Soziologie«. In: M. Palye (Hrsg.), *Hauptprobleme der Soziologie.* München-Leipzig 1923, Bd. I, S. 11–14.

3 Ibid., S. 13.

bedeutsamen Umstand hingewiesen, daß schon vor zwei Jahrhunderten in einem kleinen, am Rande Europas gelegenen Land eine Gedankenreihe entwickelt wurde, die bereits die Grundprobleme des Denkens des 19., ja selbst des 20. Jahrhunderts enthält. Der Eindruck aber, den diese Schrift bei ihrem Wiederauffinden zu Anfang des 20. Jahrhunderts auf Sombart gemacht hat, ist an sich schon bemerkenswert.
Herder, der sich des öfteren mit den Autoren der schottischen Schule befaßt und Millar selbst einmal solchen hervorragenden und berühmten Geistern wie Bacon, Locke, Harrington, Vico, Ferguson und Adam Smith zur Seite stellt, hat das vorliegende Werk gleich nach Erscheinen der deutschen Übersetzung einer Rezension gewürdigt. Allerdings urteilt er darüber wesentlich anders, als dies später Sombart tun sollte. Doch bringt auch er ihm eine hohe Einschätzung entgegen, was schon daran zu sehen ist, daß er Millar auch andernorts mehrfach anführt, z. B. in bezug auf Frauenrecht, Arbeitsteilung zwischen Mann und Frau und im Blick auf die Sklaverei. Er sieht in Millars Arbeit ein Beispiel des sich im westlichen Europa manifestierenden Drängens nach einer »Naturgeschichte des Menschengeschlechts«, der er aber trotz seiner Auffassung von »Universalgeschichte« etwas skeptisch gegenübersteht. Richtiger, er sieht in einem solchen Unternehmen ein viel zu weites Arbeitsfeld, auf dem einzelne Arbeiter auch bei bestem Willen nur geringe Anfänge machen können, und zwar eher noch im Sinne des Säens als des Erntens, wobei man sich überdies zu hüten habe vor einer reinen Geschichtsempirie, die sich allzuwenig mit dem Wert- und Zweckbegriff in der Geschichte, mit den Fragen nach dem Wohin und Wozu in der Geschichte befaßt, ohne sittliche Anteilnahme, ohne gleichsam innere Mitwirkung des Zuschauers »zur Besserung, Aufweckung, Lehre und Trost«.
Doch findet Herder hier »eine sehr gute Sammlung von Datis aus der Geschichte, meistens mit Raisonnement begleitet. Die Sammlung freilich nichts minder als vollständig; das Raisonnement freilich oft nur leichte Weidensprosse, die verschiede-

nen Stämme des Zaunes zu binden – aber immer ein sehr guter, nützlicher Versuch.«[4]

So der 28jährige Theologe Herder, der noch im Laufe der folgenden zwei Jahre über die *Älteste Urkunde des Menschengeschlechts* und *Auch eine Philosophie der Geschichte zur Bildung der Menschheit* schrieb, – der später *Ideen zur Philosophie der Geschichte der Menschheit* zu seinem Hauptwerk machen sollte.

Entstehung und Charakterisierung des Werkes

Aber wenden wir uns nun einer näheren Beschreibung des vorliegenden Werkes zu, seinem Charakter und den Umständen, die zu seiner Entstehung geführt haben. John Millars *Origin of the Distinction of Ranks* erschien zuerst 1771, sodann 1773 in revidierter und etwas erweiterter Auflage, schließlich 1779 als endgültige Fassung in dritter Auflage, verbessert und erweitert, mit den schon angeführten Änderungen im Titel. Das Werk wurde zu Millars Lebzeiten mehrfach gedruckt, es gab mindestens zwei Übersetzungen ins Deutsche, eine ins Französische und offenbar eine italienische. Etwa fünf Jahre nach dem Tod des Autors editierte sein Neffe einen Nachdruck der 3. Auflage, dem »An Account of the Life and Writings of the Author« vorangestellt ist.[5]

Das Buch fand in der Zeitschriftenpresse und beim gebildeten Publikum der Zeit großen Anklang, man verlor es aber doch bald wieder aus den Augen, wie dies schon Sombarts zitierte Bemerkung deutlich machte. »Wiederentdeckt« wurde es gerade einhundert Jahre nach seinem ersten Erscheinen von dem schottischen Sozialanthropologen und Historiker der Alten Rechte J. F. McLennan, der etwa in den im Werk enthaltenen

4 J. G. Herder, *Sämtliche Werke* (Suphan), Bd. V, S. 452–456; vgl. auch Bd. V, S. 550, VII, S. 103 u. XVIII, S. 245.

5 Vgl. William C. Lehmann, *John Millar of Glasgow*. Cambridge 1960, Bibliographie, S. 417.

Aspekten des *Mutterrechts* eine erstaunliche Vorwegnahme von Bachofens Behandlung dieses Themas im 19. Jahrhundert findet – »eine in jeder Hinsicht wissenschaftliche Behandlung des Tatsachenmaterials ... [ein Werk], das jeder Geschichtskundige kennen sollte.«[6]

Der Autor wurde eifriger Schüler von Adam Smith, als dieser seine Vorlesungen an der Universität Glasgow aufnahm, und blieb sehr lange unter dem Einfluß dieses geistigen Wegbereiters. Er studierte in Glasgow Jura und gleichsam privat bei Lord Kames, *Justice on the Court of Session* zu Edinburgh – einer der Oberrichter von Schottland –, bei dem er zwei Jahre lang die Stelle eines Hauslehrers des Sohnes innehatte. Auf Vorschlag dieser beiden Männer erhielt er schon im Alter von 26 Jahren an der Universität von Glasgow die Professur für den sog. *Crown Chair of Civil Law* (d. h. den Lehrstuhl für Römisches Recht im Unterschied zum Kommunalen und Kanonischen Recht) – ein Lehramt, das er mit großem Erfolg von 1761 bis zu seinem Tode 1801 bekleidete. *Distinction of Ranks* ist deutlich herausgewachsen aus seinen allgemeinen juristischen Vorlesungen, zum Teil auch aus denen über Staatsrecht (public law) oder über die Grundsätze der Regierungsform (principles of government). Eine ganze Reihe von Kollegheften seiner Studenten zu den verschiedenen Lehrveranstaltungen sind erhalten.[7]

Dieses Hervorgehen von *Distinction of Ranks* aus der Jurisprudenz ist nicht ohne Bedeutung. Das Buch ist zwar keine juristische Abhandlung im strengen Sinne, doch die behandelten Hauptthemen sind im Grunde von juristischen Kategorien bestimmt: Rechtsverhältnisse der Ehegatten, der Eltern und Kinder, von Herr und Diener, Eigentumsrecht, Legitimation der Macht; Stellung und Rechte der Frau gegenüber denen des

6 J. F. McLennan, *Studies in Ancient History*. London 1876, S. 420.

7 Die Durchsicht der unveröffentlichten Kolleghefte zu Millars Vorlesungen über Staatslehre (im Besitz der Universitätsbibliothek Glasgow) erweist deutlich, wie ausführlich die Grundgedanken von *Distinction of Ranks* im ersten Teil der Vorlesungen schon dargelegt wurden. Dort finden sich auch wiederholte Querverweise auf das genannte Werk nach dessen Publikation.

Mannes, das Ausmaß der *patria potestas,* die Ausweitung des Vaterrechts über den unmittelbaren Bereich der Familie hinaus auf die größere Verwandtschaftsgruppe; das Erbrecht, die Grundlagen der Autorität in Familie, Stamm und Nation, die Umwandlung von Sklaverei und sklavenartiger Abhängigkeit in die Form vertraglicher Beziehung zwischen »Arbeitgeber« und »Arbeitnehmer« usw. – alles Dinge, die für den Juristen gewiß nicht ohne Belang sind.

In der Darlegung dieser Themen verfährt der Autor nun aber keineswegs nach der üblichen formalen Weise des Juristen. Die juristischen Begriffe sind durchzogen von Vorstellungen des historischen Wandels und der Entwicklung, von Vergleichen der Gesetze und Gebräuche verschiedener Zeiten und Völker, von soziologischer Analyse, Strukturuntersuchungen der Institutionen, Darstellungen des funktionalen Zusammenspiels von Recht und Gesellschaft, und er bezeichnet die Kausalfaktoren im Zustandekommen von speziellen Gesetzen und Gebräuchen, in den Wandlungen von Rechtsordnung und Sitte und in den eigentlichen rechtlichen, gesellschaftlichen und politischen Institutionen. Dieser rechtswissenschaftlich orientierte Ursprung des Buches grenzt es zugleich deutlich ab von einem andern, in vieler Hinsicht ähnlich bedeutsamen Werk, das nur vier Jahre zuvor erschienen war – Adam Fergusons *History of Civil Society,* wo sich die ethische, ja sogar moral-pädagogische Note sehr viel stärker vernehmen läßt.

Titel, Untertitel sowie die einleitenden Abschnitte der 3. Auflage zeigen deutlich, worum es Millar im wesentlichen geht: um die Struktur der Machtbeziehungen zwischen den Menschengruppen in der Gesellschaft, um die Verschiedenartigkeit, Wandlungen und die Kausalfaktoren innerhalb dieser Struktur und hier wieder um deren Veränderungen nach juristischen, politischen, institutionellen und gesellschaftlichen Aspekten.

Die Inhaltsangabe lehrt, daß die grundsätzlichen Themen von Folgendem handeln: »Rangstufe und Situation der Frau in den verschiedenen Epochen«; »Die Gewalt des Vaters über seine Kinder«; »Die Gewalt des Oberhaupts über Dorf- oder Stammesgemeinschaft«; »Von der Gewalt des Herrschers und der Unterbeamten in einem aus einzelnen Stammes- oder Dorfgemeinschaften bestehenden Staatswesen«; »Über die Veränderung in der Regierungsform durch Fortschritte in Kultur und Gesittung«; endlich »Von der Gewalt des Herrn über seine Knechte« –, wobei dies letztere Kapitel das Zustandekommen eines Arbeitgeber-Arbeitnehmer-Verhältnisses, die Sklaverei in alter und neuer Zeit mit ihren Mißständen und ihre schließliche Auflösung abhandelt.

Als Kausalfaktoren nennt Millar »Unterschiede der Lebensbedingungen«, worunter u. a. Klima, Fruchtbarkeit oder Unfruchtbarkeit des Bodens und andere geographische Faktoren zu zählen sind, »die für den Lebensunterhalt notwendigen Arbeitsformen, die Kopfzahl der einer Gemeinschaft Zugehörigen, der Geschicklichkeitsstand in der handwerklichen Praxis, die Gunst oder Ungunst im Blick auf die Gegebenheiten des wechselseitigen Austausches überhaupt sowie auf die Möglichkeiten der engeren persönlichen Beziehungen« – das aber sind Mittel und Möglichkeiten der gesellschaftlichen Kommunikation. Auch erkennt er Faktoren, die zwar aus der menschlichen Natur an sich oder aus bestimmten Führungsqualitäten von Einzelpersönlichkeiten hervorgehen, die man aber dennoch »nicht aus feststehenden gesicherten Ursachen ableiten kann«, und er hebt »zahlreiche Zufallursachen« als solche heraus. Doch neigt er dazu – Vertreter einer Theorie der Umwelteinflüsse, der er ist –, dergleichen Zufallsursachen unterzubewerten. Gegenüber Montesquieu, der seinerseits die Rolle solcher Einflüsse stärker betont, gesteht er klimatische und andere ausschließlich geographische Faktoren zwar zu, bagatellisiert sie aber gleichzeitig aufs Entschiedenste, wenn er dabei auf die logische Inkonsequenz hinweist, die in solcher Erklärung liegt, da ja die physikalischen Gegebenheiten mit eintretenden kulturellen und zivilisatorischen Wandlungen selbst sich wohl kaum ändern. Demgegenüber hebt er – was später zu zeigen sein wird und Sombart schon unterstrich –

ganz besonders technologisch-ökonomische Aspekte und Eigentumsfaktoren hervor.[8]

Millars Grundvorstellung vom Wandel der Dinge läßt sich am klarsten in seinen eigenen Worten zusammenfassen: »Es gibt also in der menschlichen Gesellschaft einen natürlichen Fortschritt vom Nichtwissen zum Wissen, von rohen Bräuchen zu kultivierten Sitten, und verschiedene Stationen dieser Entwicklung sind gewöhnlich auch durch besondere Gesetze und Gebräuche gekennzeichnet.«[9]

Es darf hier schon festgehalten werden, daß im Werk selbst das Augenmerk weniger auf die vertikale Standes- und Klassenschichtung der Gesellschaft gerichtet ist, als der Titel eigentlich vermuten ließe; hingegen liegt der Nachdruck auf den Machtverhältnissen, die sich in dieser Struktur finden, was der erläuternde Untertitel anzeigen will.

Historischer Hintergrund

Dies also sind einige hervorstechende Gegebenheiten zur Entstehung und allgemeinen Charakterisierung des Buches selbst. Zur vollen Würdigung von Geist und Bedeutung des Werks, seiner provokativen Wirkung auf die Zeitgenossen, in mancher Hinsicht sogar auf spätere Generationen, zum rechten Verständnis des Werkes also in all seinen reichhaltigen Ausstrahlungen, muß man es in seinen geistes- und ideengeschichtlichen Bezügen sehen: im Blick auf die Geschichte des Kampfes um Freiheit in den Bereichen des Religiösen, Kulturellen, des Politischen, Ökonomischen und nicht zuletzt im eigentlich persönlichen Leben. Nichts ist leichter, als aus unserer späteren, um die Entwicklung und Erkenntnis zweier Jahrhunderte vorgeschobenen Position heraus damalige Auffassungen und Positionen für völlig »normal« oder gar selbstverständlich zu erklären, die aber, wenn man sie gegen ihren eigenen

8 Vgl. hierzu Millars Einführung, S. 47–57.
9 Ibid., S. 49 f.

Hintergrund der Zeitströmungen und Geistesrichtungen abhebt, in Wirklichkeit doch durchaus revolutionär erscheinen. Millars *Distinction of Ranks* galt seiner eigenen Zeit als außerordentlich neu – auch in Schottland selbst, wo schon mehrere Einbrüche in die Festungsmauern des Traditionellen, in die juristischen, politischen, geistig-moralischen und ökonomischen Denkgebäude gelungen waren.

Wie jedermann weiß, der sich mit Kultur- und Geistesgeschichte dieser Materie befaßt, war das gesamte Denken des Menschen innerhalb des christlichen Kulturbereichs bis zur Renaissance, nach manchen entscheidenden Gesichtspunkten sogar weit darüber hinaus, vom Begriffssystem der Theologie, einer gleichsam theologischen Ideologie, nicht nur tief durchdrungen sondern nahezu ausschließlich beherrscht. Als Lehrgebäude kann dies einen humanisierenden oder moralisch bessernden Einfluß haben, kann aber ebenso gut weltliche Belange und Lebensfragen völlig unbeachtet lassen oder gar in ausdrücklicher Gegnerschaft zu ihnen stehen. Es barg ständig die Gefahr in sich, selbst zu einem bestimmenden Element jener Machtstrukturen zu werden, die dem freien Fragen überall da feindlich gesinnt waren, wo das freie Fragen etablierte Positionen zu bedrohen schien, auch da, wo Glaubens- und Morallehre nicht unmittelbar betroffen waren: – es tendierte dahin, einen allgemein autoritären Charakter anzunehmen. Das herrschende Übergewicht des Theologischen mußte umso zwingender wirken in der Zeit seiner unbestrittenen Geltung, weil seine Hohenpriester eine Organisation hinter sich hatten, die den Anspruch erhob, daß sie die Schlüssel zum Himmel wie auch zur Erde in der Hand halte und folglich auch Macht nicht nur über der Menschen Seele, sondern ebenso über ihr Denken besitze.

Wenn die Renaissance als Wiedererweckung antiken Denkens in vieler Hinsicht zwar nur eine neue Form geistiger Fesselung anstelle der alten brachte, indem man das antiquarische Gelehrteninteresse für die Klassiker und textphilologische Genauigkeit zum Ersatz für christliche Offenbarung und das

Lehrgebäude der Kirche gemacht hatte, so waren die von der Renaissance ausgehenden Anstöße doch ungemein emanzipierend: durch sie geschah der erste große Einbruch in das Gemäuer theologischen Dogmas, kirchlicher Autorität und scholastischer Denkmethoden.

Schwierig genug war es schon, die Bastionen der festgefügten Ordnungen auf dem Felde der Astronomie zu durchbrechen und überhaupt mit der Erkenntnis in das physikalische Universum vorzustoßen. Man erinnere sich nur der Risiken und Gefahren – sie gingen bis zum Preis des Lebens –, die unabhängige, wagemutige Denker wie Bruno, Galilei, Kepler und Kopernikus auf sich nahmen, deren Theorien und Forschungen die Belange des Religiösen oder Ethischen zunächst doch gar nicht zu tangieren schienen. Noch schwieriger aber war das Eindringen in Bereiche der Medizin und Biologie, vor allem, wenn es um Fragen nach dem Ursprung des Lebens ging. Dafür wiederum diene zum Zeugnis die selbst noch bis ins späte 19. Jahrhundert hineinreichende Ablehnung des Evolutionismus und Darwinismus. Wenig verwunderlich deshalb, daß es größte Schwierigkeiten zu überwinden galt, wollte man im Ethisch-Geistigen Breschen schlagen und damit also gerade im Bereich des Politischen, das schließlich nichts anderes ist als das Ethisch-Geistige im Blick auf die konkrete Menschengruppe.

Aber dank bahnbrechendem Wagemut und kraftvollen Hammerschlägen der Geistespioniere Bacon, Descartes und Hobbes für die Sache des unbehinderten abstrakt-mathematischen Denkens, der empirischen Forschung und Experimentation – und Hobbes etwa hat eine fast physiologisch zu bezeichnende Methode auf die Psychologie des Politischen angewandt –, begann dieser Wall schon bald bedrohliche Risse zu zeigen, – wenn auch keiner dieser drei Männer in der Lage gewesen war, sich ganz aus der Umklammerung theologischen Denkens zu befreien, wie ihre Schriften deutlich beweisen.

Um die Wende vom 17. zum 18. Jahrhundert konnte Newton mit seiner Erklärung der Bewegungsgesetze jegliche »finalen

Ursachen« fallen lassen – sie waren ein theologischer Begriff. Leibniz konnte eine gänzlich untheologische »Monadologie« und die »große Seinskette« an die Stelle der bisher gültigen Auffassungen von der Schöpfung und der Natur des Universum setzen. Shaftesbury schließlich, im Begrifflichen zu dieser Zeit schon völlig säkularisiert und ganz menschenbezogen, hätte mit Pope einstimmen können:

Know, then, thyself, presume not God to scan;
The proper study of mankind is man.

Ja er stellt das menschliche Verhalten so ausschließlich unter die Herrschaft von Gesetzen, daß er zumindest metaphorisch die Sprache des Mechanischen selbst auf dieses Verhalten anwendet: Er spricht vom »*Gleichgewicht* der menschlichen Triebe«, von der Art, wie »die Triebe, die Laune, das Sprunghafte, das Uneinsseins und tausend andere *Sprungfedern*, die dem Eigenwohl zuwiderlaufen, einen ebenso beträchtlichen Anteil haben an den *Bewegungen dieser Maschine* wie der Eigennutz selbst«. Er meint: »In dieser Maschine gibt es mehr *Räder* und *Gegengewichte*, als man sich ohne weiteres vorstellen kann.« Und so spricht er auch von »dem *Gewebe* des Geistes und der *Konstitution* der Seele, den *Verflechtungen* und dem *Gerüst* aller ihrer Triebe und Affekte«.[10]

Schon wenige Jahrzehnte später kann Hume die Behauptung wagen: »Ob wir den Menschen nach dem Unterschied des Geschlechts, nach Zeitaltern, Regierungsformen, den Bedingungen oder Methoden der Bildung betrachten – überall erkennen wir die gleiche Einheitlichkeit und regelmäßige Wirkung der natürlichen Prinzipien. Gleiche Ursachen produzieren gleiche Wirkungen und zwar in derselben Weise wie in den Wechselwirkungen der Elemente und Kräfte der Natur.«[11] Und am Schluß seiner Abhandlung »Über die Leidenschaften« heißt es wiederum: »Ich beanspruche nicht, den Gegenstand erschöpft zu haben. Für meinen Zweck ist es ausreichend, wenn

10 Shaftesbury, *Characteristics of Men, Manners*, etc. Indianapolis 1964, vol. I, S. 77 u. vol. II, S. 68 f.
11 Hume, *A Treatise of Human Nature*, Bk. II, Pt. 3, Sec. 1.

ich deutlich gemacht habe, daß es im Hervorbringen und im Verhalten der Leidenschaften einen bestimmten regelmäßigen Mechanismus gibt, den man genauso akkurat zerlegen kann wie die Gesetze der Bewegung, der Optik, der Hydrostatik oder nur irgendeines Gebiets der Naturphilosophie.«[12]

Der stärkste Einbruch aber gelang doch wohl gerade eine Generation vor Millar mit der Bewegung, die im philosophisch-theologischen Denken als Deismus bekannt ist. Die Bewegung braucht hier nicht dargestellt zu werden, es genügt, daß auf ihre Bedeutung für unseren augenblicklichen Gegenstand verwiesen wird. Welches auch immer die Mängel des Deismus nach theologischen oder selbst philosophischen Maßstäben gewesen sein mögen, er trug emminent dazu bei, den menschlichen Geist von den Fesseln theologischer Orthodoxie und kirchlicher Autorität loszumachen, er bedeutete die Säkularisierung des Denkens und pflanzte dem menschlichen Denken die Idee vom »Universalgesetz« ein, das im Leben des Menschen ebenso wirksam sei wie in seinem ganzen physikalischen Universum.

Da bei den meisten Deisten die Kritik am Wunderglauben, am Übernatürlichen, an den Lehren von der besonderen Offenbarung und der unmittelbaren Inspiration der Bibel und schließlich an religiöser Intoleranz im Mittelpunkt stand, war ihr Denken mit wenigen Ausnahmen »unhistorisch«, befaßte sich nicht direkt mit Fragen des Politischen und erst in zweiter Linie mit Fragen der Ethik. Locke, Shaftesbury und Bolingbroke – jeder auf seine Weise Deist – bezeichnen auch jeder auf seine Weise Ausnahmen von dieser Verallgemeinerung: Bestand doch gerade ihr Beitrag darin, das Denkinteresse wesentlich auf die menschlichen Bereiche zu richten und die geheiligte Unantastbarkeit aller Tradition auszuhöhlen. Als der vielleicht allerwichtigste Umstand bezeugt sich in ihren Schriften jene entschiedene Freiheit des Denkens und Forschens, die unabhängig ist von den ihrer Person jeweils nächstliegenden Interessensphären. Dadurch aber bahnten

12 Hume, *Philosophical Works* (1854), vol. IV, S. 226.

sie zunächst und beschritten sie auch gelegentlich schon selbst den Weg, der zu völlig neuen Problemstellungen im Politischen, Ethischen, Ökonomischen und im Bereich der geographischen Entdeckungen führte. »Gottesgnadentum« *(divine right)* und »passiver Gehorsam« *(passive obedience)* machten allmählich einer funktional und utilistisch orientierten Auffassung vom Staatswesen Platz, Tradition und Autorität mußten den Bedürfnissen der menschlichen Natur Raum geben, und im Meinungsstreit über das Ethische richtete man sich nach dem gesellschaftlichen Nutzen der Verhaltensweisen des Menschen. In der Wirtschaftstheorie entstanden ganz neue Konzeptionen und Einschätzungen für Gegenstände wie Vermögen, Handel, Arbeit. Angeregt durch die geographischen Entdeckungsreisen traten mehr und mehr »Naturvölker« und andere esoterische Kulturen an den Platz, den bisher die Söhne Noahs, das Mosaische Gesetz, die hebräische Dichtung eingenommen hatten. Selbst die »Offenbarungsreligion« erfuhr eine Bereicherung, wenn man sie mit der »natürlichen Religion« in Harmonie zu bringen suchte, um sie so gegen die Deisten zu verteidigen. Im Bereich des Rechts mag dies zunächst zu einer Stärkung der Idee vom *Naturrecht* geführt haben, aber es brachte zugleich auch ein stärker empirisch bestimmtes Studium der vergleichenden Rechtswissenschaften.

Emanzipierung und Säkularisierung des menschlichen Geistes also, die Säkularisierung der Belange des Menschen, ein neuer Glaube an das Universalgesetz, die neue Hinwendung zu wissenschaftlichem Forschen und Fragen und wenigstens hier und dort ein neues Bewußtwerden, daß gesellschaftliche und politische Institutionen nicht schon immer waren, was sie im Augenblick sind, daß sie morgen anders sein werden als heute, und damit die zumindest beginnende Erkenntnis von der Bedeutung des historischen Prozesses – dies sind einige Wege, die das 17. und 18. Jahrhundert ging, um die Lebenswelt des Menschen, sein Denken und Ringen um Höherentwicklung neu zu gestalten. Dem historisch denkenden Leser sind all diese Dinge bekannt, sie bedürfen nur dieser kurzen Erinne-

rung. Sie waren dem westlichen Denken gleicherweise in allen Ländern gemeinsam. Alle waren sie aber auch von unmittelbarer Bedeutung für das Werk, das wir hier vor uns haben.
Was nicht so selbstverständlich ist, oder doch weniger allgemeine Anerkennung genießt, ist der Umstand, daß in jenem kleinen, etwas abgelegenen Land, zuweilen verächtlich »Nordbritannien« genannt, diese Denkrichtung einen in vielen Aspekten völlig andern Charakter annahm als ihre Manifestationen andernorts, daß es zur Keimzelle wurde für verschiedene Entwicklungen im Denken des folgenden Jahrhunderts und zwar in einer Weise, wie dies für manches andere Land nicht ebenso uneingeschränkt gilt. Mehr noch, dieses neue Ferment brachte eine Energie, Originalität und Weite des Denkens im Schottland jener Zeit zur Entfaltung, wie man sie nur in dem vielleicht halben Dutzend schöpferischer Epochen der Kultur und des Denkens wiederfinden mag, die unsere Geschichte kennt.[13]

Besonderheiten des Schottischen Denkens

Um die Eigenart und die Dynamik dieses besonderen intellektuellen Erwachens wissenssoziologisch verständlich zu machen, müßten wir hier ausführlich auf die historischen Fakten eingehen. Aus Raummangel können wir sie jedoch nur ganz kurz andeuten, bevor wir uns einer Skizzierung der Charakteristik dieses Denkens selbst zuwenden.
Zunächst hatte Schottland aus politischen, dynastischen und auch anderen Gründen, die uns hier nicht aufhalten sollen, enge Bande mit Frankreich, politischer wie kultureller Art. Im Zeichen dieses Verhältnisses pflegte man auch recht feindselige Gefühle gegenüber dem nächsten Nachbarn im Süden, weshalb man denn hier auf gewisse Distanz hielt. Die Folge war, daß sich den französischen Einflüssen auf das schottische

13 Vgl. z. B. P. Hume Brown, *History of Scotland* (1911), vol. III, S. 371–375; auch Lehmann, *John Millar*, S. 3 f.

Denken vielfach größerer Raum als den englischen bot, so daß die Übereinstimmungen zwischen schottischem und französischem Denken jener Zeit sehr weitreichend waren.
Sodann hatte Schottland – wiederum aus Gründen, die uns hier nicht aufhalten sollen – seit dem späten 16. Jahrhundert, weitgehend durchs 17. und noch gelegentlich bis ins 18. Jahrhundert hinein viele Nöte auszustehen durch innere Zerissenheit und kriegerische Auseinandersetzungen, die im politisch-religiösen Bereich verwurzelt oder motiviert waren: Protestanten gegen Katholiken, presbyterianisches gegen bischöfliches Kirchenwesen, das Haus Stuart gegen die Tudors und später gegen das Haus Hannover; die Autorität der Clans stand dem Regierungszentralismus gegenüber – Gegnerschaften, die vielleicht mit umso größerer Bitterkeit ausgetragen wurden dank gewisser Eigenheiten schottischer Religiosität; sie alle brachten hemmende, wenn nicht gar verheerende Wirkungen für das kulturelle Leben Schottlands, für das Bildungswesen und die Entfaltungsmöglichkeiten der Literatur. Viele mit dem Anbruch des 18. Jahrhunderts sich bezeugende Entwicklungen im schottischen Leben und Denken, und hier besonders unter Einschluß jenes kräftigen Zuges religiöser Liberalität, lassen sich am ehesten verstehen als Reaktionen gegen die zerstörerischen Folgen des politisch-religiösen Unfriedens, – Entwicklungen, die sich noch weiter ausprägten durch den starken patriotischen Sinn, worauf später noch zurückzukommen sein wird.
Auch dies kommt noch hinzu: ungeachtet des allgemeinen Niedergangs, den Universitäten und andere Bildungsanstalten während der rund 100 Jahre bis 1725 erfahren mußten, waren die Schotten seit langem eifrige Verfechter des Wertes der Erziehung und blieben es auch. Elemente der Volksbildung von einzigartiger Kraft und Weite hatte John Knox der eigentlichen Charta des schottischen Freiheitsdranges einverleibt, die man unter dem Titel »The First Book of Discipline« kennt. Wie allmählich und unvollständig diese Elemente auch in der Praxis zur Geltung gelangt sein mögen, die Wirkung die-

ser Ideale und Vorstellungen sollte ein wesentliches Ferment im Leben und Denken der Nation bleiben.

Noch einmal, die politischen Geschehnisse, die sich um die sog. »Unionsakte« oder »Union der Parlamente« (1707) gruppieren, vereinigten das Land politisch mit dem mächtigeren Nachbarn im Süden und zwar nun nicht mehr nur auf dynastischer Basis, wie das durch die Personalunion der Kronen ein Jahrhundert früher geschehen war. Das Resultat war auf der einen Seite wohl eine zeitweilige Verschärfung der inneren Spannungen, auf der andern Seite machte sich nun aber nicht nur ein beruhigender Einfluß auf die dynastischen Rivalitäten und Befürchtungen wegen der Wiedereinführung des Römischkatholischen Glaubens geltend; es öffnete sich auch, indem jetzt viele trennende Mauern fielen, der Weg zum kulturellen und literarischen Austausch mit England und der weiten Welt, was seine merklichen Auswirkungen auf das intellektuelle Leben des Landes hatte.

Und schließlich machte, wenigstens teilweise dank der genannten Veränderungen, dieses bisher arme Land, ein weitgehend unerschlossen-ländliches Gebiet mit sehr rückständiger Landwirtschaft und nur geringem Handel, dessen Fischerei besonders litt, weil es an Marktmöglichkeiten fehlte, das fast keine Industrien hatte außer der in Heimarbeit betriebenen Leinen- und Wollspinnerei für den lokalen Verbrauch, – dies Land machte nun einen so ausgeprägten und umfassenden ökonomischen Wandel durch, daß er praktisch alle Bereiche des Lebens der Nation ergriff – das gesellschaftliche, kulturelle, politische und nicht zum geringsten auch das geistige Leben.[14]

Wenden wir uns nun einer knappen Charakterisierung des schottischen Denkens jener Zeit zu, so möchten wir einige Beobachtungen an den Anfang setzen, die Millar selbst anstellt, wenn auch in einem andern Werk[15], wo er generell das 17. und frühe 18. Jahrhundert im Auge hat und weniger

14 Vgl. bes. H. Hamilton, *Economic History of Scotland in the Eighteenth Century*. Oxford 1963, S. XIII.

15 Vgl. *Historical View of the English Government*. London 1803, vol. III.

direkt von seiner eigenen Zeit spricht. Er stellt den allgemein pragmatischen Charakter des schottischen Denkens heraus, seine Energie und die große Ausstrahlung der geistigen Interessen bis weit in die unteren Schichten des Volkes, die in diesem Falle von sehr viel eindringlicherer Tiefenwirkung als anderswo war:

»Die Schotten, soweit sie gebildet waren, richteten ihre Aufmerksamkeit auf den Gang der allgemeinen Wissenschaften ... Der besondere Geist, aus dem heraus die Schotten den römisch-katholischen Aberglauben gestürzt hatten, gab ihren eigenen intellektuellen Interessen auch eine besondere Modifikation. Die ganze Nation wurde von einem machtvollen Ferment durchzogen, und die tiefeingewurzelte Antipathie gegenüber den früheren Kirchendogmen führte eine Neigung zum Fragen und Forschen herbei und jene Grundhaltung, die sich weigert, irgendwelche Auffassungen ungeprüft zu übernehmen.« Dieser Geist »wirkte auch dann weiter, als das neue Denken sich durchgesetzt hatte, brachte eine Kühnheit und Beweglichkeit nicht nur bei der Prüfung einzelner religiöser Auffassungen von großer Tragweite, sondern bei der allgemeinen Erforschung der Wahrheit. Selbst viele aus dem Volke nahmen an den verschiedenen Anlässen theologischer Kontroversen eifrigen Anteil; sie wurden so mit manchen damit verbundenen abstrakten Überlegungen vertraut und erwarben sich bis zu einem gewissen Grad die Wißbegier des literarisch Gebildeten ...«[16]

Nach Millars Überzeugung ließen sich die Schotten von diesen Gegebenheiten leiten, ihre Bildungsstätten einzurichten »gemäß dem Nutzen und der passenden Brauchbarkeit für die Bewohner. ... Gesichtskreis und Ansichten erweiterten sich nach Maßgabe der in der Gesellschaft stattfindenden Wandlungen, und ihre Unterrichtspläne umfaßten mehr oder weniger all die Grundsätze der verschiedensten Wissenschaften, die geeignet waren, der Welt Nutzen zu bringen.«[17]

16 Ibid., S. 87 f.
17 Ibid., S. 89.

Millars Bemerkungen verweisen schon auf die Zusammenhänge –, daß nämlich damals die engsten Beziehungen zwischen Kirche und Staat herrschten, zwischen Theologie und Philosophie, Religion und Bildungswesen, zwischen Konfessionen, Sittenlehre und Politik, und deshalb ist es notwendig, einige Betrachtungen über das religiöse Denken im Schottland jener Zeit hier anzuschließen.

Zu allererst sei daran erinnert, daß viele hervorragende Männer des Geistes und der Literatur, gerade aber auch die Professoren der Universitäten, und hier eben nicht nur die der Theologie, Moralphilosophie oder der philologischen Disziplinen, sondern auch die der Mathematik und »Naturphilosophie«, teils selbst ordinierte Geistliche waren, teils Söhne von Geistlichen, oder zuweilen wenigstens ursprünglich sich auf das geistliche Amt vorbereitet hatten. Weithin bekannte Beispiele sind Hutcheson, Robertson, Ferguson, Reid, Blair, John Home *(Douglas Tragedy)*, Robert Wallace *(Numbers of Mankind; Present State of Great Britain)*, Gerard, Archibald und Colin Campbell, Robert Henry *(History of Great Britain)*, John Walker (Professor für Naturphilosophie). Adam Smith sowohl wie der große Mathematiker Simson waren ursprünglich für das geistliche Amt bestimmt, wenn auch nicht ordiniert. Bei allen darf man nahezu als Selbstverständlichkeit ein Verständnis für Religion und Kirche voraussetzen.

Der Philosoph David Hume, organisierten Glaubensgemeinschaften und der Kirche selbst gegenüber indifferent und oft der Religionslosigkeit oder doch des »Atheismus« bezichtigt, hatte sehr viele Freunde unter Geistlichen, schrieb ausführliche Essays über *The Natural History of Religion, A Dialogue on Natural Religion* und gab uns, in embryonaler Form zwar, eine tiefschürfende Soziologie der Religion. Ihn hörte man einmal ausrufen, als er den bestirnten Himmel in der Stille der Nacht betrachtete: »Kann jemand die Wunder des Firmaments betrachten und nicht daran glauben, daß es einen Gott gibt!« Lord Kames, Jurist und Vertreter der Literaturkritik, verfaßte *The Principles of Morality and Natural Religion* und fügte seinen *Sketches of the History of Man* eine 245-seitige Abhandlung ein über *The Progress of Theology*. James Gregory (Mediziner) schrieb ebenfalls über die Religion für den modernen Menschen, und selbst Colin Maclaurin, ein berühmter Naturwissenschaftler, handelte in seiner Biographie Newtons in einem Kapitel von der Unsterblichkeit der Seele. Millar zitiert häufig die Bibel, allerdings immer im historischen Sinne als Quelle für Gesetze, Gebräuche und Musterbeispiele der menschlichen Beziehungen.

Die meisten, wenn auch nicht alle Genannten geben dem religiösen Denken eine deutlich liberale oder, wie man es damals nannte, »moderierte« Note, mit Nachdruck auf dem, was man heute »soziales Evangelium« nennen würde, ohne daß darin etwa schon sehr viel von »historischer Bibelkritik« enthalten gewesen wäre; aber es wurde doch alles so sehr »vermenschlicht«, daß den von ihnen verbreiteten Lehrmeinungen seitens der sogenannten »Evangelicals« und des einfachen Volks oft der Vorwurf gemacht wurde, daß dies »bloße Spreu von heidnischer Moral« darstelle und keine »solide Lehre« mehr, daß es »Shaftesbury« und nicht mehr echter Kalvinismus sei.

Die Kritik an mancher Starrheit der Kalvinistisch-presbyterianischen Glaubenslehren spielte eine große Rolle, man wandte sich entschieden gegen den »Enthusiasmus«, womit gefühlsbetonter religiöser Fanatismus gemeint war, und oft gab es schon leicht antiklerikal getönte Tendenzen. Doch wäre hier Voltaires *»Ecrasez l'infame«* ganz unmöglich gewesen, ebenso die Diatriben gegen Kirche, Geistlichkeit und die herrschenden religiösen Glaubensvorstellungen in der Art eines Diderot, Helvetius oder des atheistischen Materialismus von Condillac in Frankreich.

Was jedoch sehr viel enger mit unserem augenblicklichen Interesse zusammenhängt –: es fiele nicht schwer zu zeigen, daß trotz dem ausgeprägten Hang des schottischen Geistes zum Ethischen das Denken hier die Akzente vom *Sein-Sollen* zum

Was und zum *Wie* der Dinge viel früher und gründlicher verschoben hatte als anderswo. Die Ethik des Politischen mußte der Wissenschaft vom Politischen Platz machen. Die Kontroversen um »passiven Gehorsam«, um »Gottesgnadentum« und die religiösen Grundlagen der Herrschergewalt traten zurück, und an ihrer Stelle diskutierte man die Formen des Politischen, den politischen Prozeß, das Wesen politischer und gesellschaftlicher Institutionen, die Nützlichkeit als Basis der Moral, die Frage bürgerlichen Gehorsams und Recht und Gesetz: die Bedürfnisse der Menschen und die Forderungen der sozialen Ordnung begannen die Autorität des Überlieferten zu ersetzen.

Francis Hutcheson legte die Grundlagen einer utilistischen Theorie der Ethik schon fast im Sinne jenes »größten Glücks«; Hume forderte dazu heraus, das Wesen des »Urvertrages« neu zu durchdenken; er schrieb Abhandlungen über die Möglichkeit einer politischen Wissenschaft, über die Natur des politischen Prozesses und »Über die Nationalcharaktere«. *Theory of Moral Sentiments* von Adam Smith ist in vieler Hinsicht eher eine Sozialpsychologie als eine Theorie des Ethischen, wie Adam Fergusons *History of Civil Society* in Wirklichkeit eine Naturgeschichte der Gesellschaft ist, eine deskriptiv-analytische Darstellung der sozialen und politischen Institutionen nach ihrem natur-geschichtlichen Entwicklungsgang. Kurz, »Politik« im breitesten Sinne erhält hier eine empirische, beschreibende und analytische Grundlage gegenüber den bisher wesentlich spekulativ oder moralphilosophisch orientierten Überlegungen – und dies war wirklich etwas entschieden Neues.

Das aber führt uns zur Betrachtung eines weiteren einzigartigen Zuges im schottischen Denken jener Zeit. Soweit wir dies zu sehen vermögen, wurde zu jener Zeit nirgendwo, nicht einmal in Frankreich und gewiß nicht in England, so starker Nachdruck gelegt auf die wesentlich soziale oder gesellschaftsbezogene Natur des Menschen als Basis seiner Existenz, auf den Gemeinschafts-, den Kollektivcharakter des menschlichen

Lebens, auf die Ansprüche der Gemeinschaft an den Einzelnen.

Frühere deutsche Wissenschaftler auf dem Gebiet der Geschichte des ökonomischen und politischen Denkens[18] bezichtigten immer wieder die »Engländer« – sie unterschieden nicht zwischen Schotten und Engländern – eines übersteigert individualistischen Ansatzes und erhoben den Vorwurf, daß sie den gemeinschaftsbezogenen Charakter im ökonomischen Leben sowie die Ansprüche der Gemeinschaft gegenüber dem Individuum als Unternehmer nicht erkannt hätten, – so als ob sie sich ausschließlich vom Prinzip des »Jeder für sich und Gott für alle« oder »Den letzten beißen die Hunde« hätten leiten lassen. Das war nicht der Fall. Bis zu welchem Grade eine solche Auffassung für Hobbes oder Locke zutreffen mag – selbst für sie war das eine Übertreibung –, wie weit dies auch für Ricardo und die Manchester-Schule gelten möge, die schottischen Denker trifft dieser Vorwurf wohl zu Unrecht. Selbst Adam Smiths *Wealth of Nations*, das angeblich im Menschen bloß ein selbstsüchtiges Geschöpf sah, war nicht als *Vademecum* des geschäftlichen Erfolgs gedacht, vielmehr wollte es eine Abhandlung über die Wohlfahrt des Gemeinwesens einer Nation sein. Sein *homo oeconomicus* ist eine Modellvorstellung für wissenschaftliche Analyse, nicht die Verneinung jeglicher sozialen Elemente im ökonomischen Verhalten des Menschen. Adam Smith unterscheidet das Eigeninteresse mit den auf das Selbst bezogenen Tugenden einerseits von der eigentlichen Selbstsucht andererseits. Er weist besonders auf die Absurdität hin, die darin liege, den Verbraucher – »der« Verbraucher ist ja gewöhnlich die *Mehrzahl* – den selbstsüchtigen oder speziellen Interessen des Produzenten unterzuordnen, der wiederum, wenn er auch Teil der Gemeinschaft selbst ist, relativ gesehen doch zur *kleinen Zahl* gehört. Er erkennt deutlich die gesellschaftlichen Faktoren und das

18 Vgl. Hermann Huth, *Soziale und individualistische Auffassung im 18. Jahrhundert.* 1906; auch Wilhelm Hasbach, *Untersuchungen über Adam Smith und die Entwicklung der politischen Oekonomie.* Leipzig 1891.

Vorhandensein von sozialer Motivation im ökonomischen Prozeß: In Wirklichkeit gibt es hier keine Widersprüche.
Wenn Hutcheson auch nicht direkt die Sprache der Soziologie spricht, so betont er doch wenigstens Gewicht und Vorrangstellung von Wohlwollen, Altruismus und jener Impulse und Motive, die den Nutzen der Mitmenschen beinhalten neben den bloß eigennützigen, und die Forderungen der »Anderen« innerhalb eines adäquaten Systems der Ethik. Es fällt ihm auch nicht schwer, die beiden Interessenbereiche miteinander zu versöhnen.
Hume geht entschiedener auf das Gesellschaftliche ein. »Der Mensch ist ein geselliges nicht weniger als ein vernünftiges Wesen.« »Der Mensch, in eine Familie hineingeboren, ist gezwungen, sich Gesellschaft zu erhalten aus Notwendigkeit, aus Neigung der Natur und aus Gewohnheit.« Und weiter: »Brauch und Gewohnheit, die auf das zarte Gemüt der Kinder einwirken, machen sie für die Vorteile empfänglich, die sie aus der Gesellschaft ziehen können, und zugleich werden sie auf solche Weise nach und nach für die Gesellschaft geformt, indem sich die rauhen Kanten abschleifen und die unpassenden Gefühle verlieren, die das Zusammensein der Menschen unmöglich machen.« Mit tiefem Verständnis heißt es noch einmal: »Die wechselseitige Abhängigkeit der Menschen ist in allen Gesellschaften so groß, daß kaum je irgendeine menschliche Handlung ganz und gar in sich selbst vollständig ist oder zustandekommt ohne einen Bezug auf die Handlungen Anderer, die selbst wieder notwendig sind, um die Intentionen des einzelnen Handelnden überhaupt volle Resonanz finden zu lassen.«[19] Dies ist wohl kaum die Sprache eines unverbesserlichen Individualisten.
Auch Ferguson bekräftigt wenig später mit gleicher Bestimmtheit, »der Mensch wird in die Gesellschaft hineingeboren und da bleibt er«. Oder an anderer Stelle: »Beim Menschen ist auch die Gesellschaft so alt wie das Individuum und der

19 Hume, *Philosophical Works* (1854), II, S. 251; III, S. 34, 223, 497; IV, S. 104, et al.

Gebrauch der Zunge so allgemein wie der Gebrauch von Händen und Füßen.« »Menschen müssen immer als Gruppe aufgefaßt werden, denn so haben sie immer existiert. Die Geschichte des Individuums ist nur ein Bestandteil der Auffassungen und Gedanken, die es mit der Gattung teilt: alle sich mit diesem Gegenstand befassenden Versuche sollten mit der Gesellschaft als Ganzem angestellt werden, nicht mit einzelnen Individuen.«[20]

Zwar hebt auch Ferguson ganz besonders die Rolle hervor, die Konflikt und Wettbewerb im Leben der Menschen ebenso spielen wie im Leben anderer Gattungswesen. Aber er mißt dem »Prinzip der Einheit« in seiner Analyse der Geschichte der bürgerlichen Gesellschaft mindestens ebenso viel Gewicht zu wie dem »Prinzip der Uneinigkeit« und der »Rivalität«. »Wechselseitige Zuneigung«, »das wohlwollende Herz«, »ein Hang zur Gesellschaft« gehören ebenso zum Wesen des Menschen wie »das Interesse«, d. h. die Selbstsucht.

Lord Kames, von Adam Smith vor der versammelten geistigen Elite Edinburghs einmal »unser aller Meister« genannt, machte weniger die Rechte des Individuums als Frieden und Wohlfahrt der Gesellschaft zur *raison d'être* und zur Zweckbestimmung von Recht, Staat und jeder Form menschlicher Anstrengungen, ja selbst zum Zweck der Religion selbst.

Von kaum geringerem Gewicht als das »soziologische« Element im Denken dieser Geister war die große Bedeutung, die sie ökonomischen Erscheinungen grundsätzlich beimaßen. Doch da diese Thematik in ihren theoretischen Aspekten für das uns vorliegende Werk nur am Rande in Betracht kommt, dürfen wir sie hier sehr kurz behandeln.

Während nun William Petty und die übrigen »politischen Arithmetiker« in England, die »Kameralisten« in Deutschland, die »Merkantilisten« verschiedener Länder und etwa gleichzeitig die »Physiokraten« in Frankreich sich ökonomischen Fragen verstärkt zuwandten und auch Berkeley die Er-

20 Adam Ferguson, *History of Civil Society*. Edinburgh 1966, S. 3, 4, 16 ff., 19, 54, 57, passim.

kenntnis ökonomischer Phänomene in seinen *Queries* weit vorangetrieben hatte, so ist doch die Entwicklung einer schon im eigentlichen Sinne systematischen Wissenschaft der politischen Ökonomie oder Volkswirtschaft im wesentlichen eine Leistung der Schotten jener Zeit. Das Denken Humes vollzieht sich zwar mehr in der Form des Essays als im systematischen Traktat, geht aber in dieser Thematik weit über Locke hinaus. Die *Principles of Political Economy* (1767) von James Steuart of Denham wurden von McCulloch aus späterer historischer Perspektive als die erste wirklich systematische Abhandlung zu diesem Thema in englischer Sprache bezeichnet. Lord Kames schrieb mehrere bedeutsame Essays über die Grundlagen des Finanzwesens und der Besteuerung[21], sogar einige Jahre ehe Adam Smith sein mit Recht berühmtes Buch veröffentlichen sollte. Dies alles konnte seinen Eindruck auf Millars stärker historisch bestimmte Behandlung des Gegenstandes nicht verfehlen und blieb auch nicht ohne Gewicht für die Bedeutung, die er den technologischen und ökonomischen Faktoren in Gesellschaft und Geschichte beilegen sollte.

Trotz dem breitwirkenden juristischen Element in Millars *Distinction of Ranks* kann dieser auffallende Aspekt des schottischen Denkens hier gleichfalls kurz behandelt werden aus Gründen, die sofort deutlich werden sollen. Das schottische Volk war ein ausgesprochen rechtsbewußtes Volk, vielleicht ebenso sehr wie es religionsbewußt war. Es stand im Ruf, es achte das Recht mehr als andere Völker. Selbst die Freibeuter des Hochlands und die Grenz- und Küstenschmuggler beobachteten unter sich strikt ihren jeweils eigenen Rechtskodex. Die Rechtsgelehrten als Berufsgruppe gelangten sehr bald zu so hohem Ansehen, wie es vielleicht kein anderer Beruf aufzuweisen hatte. Doch bis zu der Zeit, von der hier die Rede ist, war die rechtswissenschaftliche Literatur ausschließlich an der Rechtssprechung im technisch-juristischen Sinne orientiert. Stairs *Institutions* und Mackenzies *Institutes*

21 Henry Home, Lord Kames, *Sketches of the History of Man.* 2. Aufl., 1778, B. II, Sketch VIII.

waren hervorragend gelehrte und höchst informative Abhandlungen zu Einzelfragen des Schottischen Rechts, aber sie waren kaum historisch, analytisch oder philosophisch im weiteren Sinne ausgerichtet. Nur Lord Kames mit seinen *Historical Law Tracts* (1758), den *Principles of Equity* (1760), den *Elucidations* (1777) und anderen Schriften begann damit, die schottische Rechtswissenschaft zu einer Institution mit jenen weiter ausgreifenden Zügen im genannten Sinn zu machen. Millar stand weitgehend unter seinem Einfluß. Ansonsten gab es in der schottischen Rechtswissenschaft wenig, was ihm für sein Werk als Leitlinie hätte dienen können.

Ein Wort nur zur Form des Philosophierens, wie es die schottischen Denker dieser Zeit charakterisiert. Millar hielt ebenso wie Adam Smith wenig von abstrakt systematischer Philosophie, damals oft verächtlich als »Metaphysik«, als »metaphysisch« abgetan, ohne daß dabei an die heute übliche Unterscheidung verschiedener Zweige der Philosophie gedacht war. Das bedeutet nun nicht, Millar habe keine Weltanschauung besessen oder sei in seiner Weise nicht auch ein selbständig denkender Mensch gewesen.

Fast möchte man sagen, alle Schotten, die überhaupt nachdachten, fühlten sich in der Philosophie in ihrem Element, wie der Fisch im Wasser; Schottland entwickelte damals eben ein eigenständiges philosophisches Denken. Wenn man es gewöhnlich die Philosophie des *»Common Sense«*, des gesunden Menschenverstands nennt, so bedeutet das nicht, daß es bloße Popularphilosophie oder notwendigerweise flach gewesen sei. Es bedeutet nur, daß die schottischen Philosophen an ein universales Prinzip in der menschlichen Natur und an die menschliche Erkenntnisfähigkeit appellierten und damit an etwas, das der Erfahrung aller Menschen gemeinsam ist, nicht aber abstrakte Prinzipien oder tiefschürfende Erkenntnistheorie zum Fundament des Philosophierens machen wollten. Nach Hutchesons Grundlegung – Carmichael ist eher der Vertreter der kontinentalen Philosophie eines Pufendorf gewesen – waren die unbestritten bedeutendsten Denker dieser Richtung

David Hume und Thomas Reid. Während nach außen das Denken beider Männer gerade entgegengesetzt schien – Reid nahm die Bürde auf sich, mit seinen Schriften bestimmte Positionen von Hume zu korrigieren oder mit Gegengewichten aufzuwiegen –, so stimmten sie doch darin überein, daß sie der Philosophie etwas von dem pragmatischen Charakter gaben, wie er in Millars obiger Charakterisierung des schottischen Geistes so klar zum Ausdruck kommt. Mit beiden eng befreundet, wurde Millar doch grundlegend in seiner wissenschaftlichen Methode von Humes Denken beeinflußt, und er ließ sich mit Reid in der *Glasgow Literary Society* in manche lebhafte, aber freundschaftlich geführte öffentliche Diskussionen ein, wenn es darum ging, die Philosophie Humes zu verteidigen.

Über diese kurze und sehr allgemein gehaltene Charakterisierung hinaus scheint es unserem gegenwärtigen Interesse besonders dienlich, wenn wir einen der scharfsichtigsten Beobachter und Denker der folgenden Generation zu Worte kommen lassen, – Goethe, mit seiner eigenen Charakterisierung dieser Philosophie:

»Wir nach allen Seiten hin wohlgesinnten, nach allgemeinster Bildung strebenden Deutschen, wir wissen schon seit vielen Jahren die Verdienste würdiger schottischer Männer zu schätzen« schreibt er 1830. Und ganz im Gegensatz zur neueren deutschen Philosophie, die »nicht unmittelbar ins Leben eingreift«, urteilt er wie folgt über die schottische Lehre, wie sie besonders von Reid und Stewart vorgetragen wurde:

»Diese nähert sich dem Menschenverstande, und dadurch gewinnt sie Gunst. Sie sucht den Sensualism und Spiritualism zu versöhnen, die Übereinstimmung des Reellen mit dem Ideellen zu vermitteln und dadurch einen vollkommeneren Zustand des menschlichen Denkens und Handelns hervorzubringen; und schon, daß sie dies unternimmt und zu leisten verspricht, erwirbt ihr Schüler und Verehrer.«[22]

22 Goethe, Sämtliche Werke (Jubiläumsausgabe) Bd. XXXVIII, S. 217 und 322.

Schließlich aber, und vielleicht ist dies der zur vollen Würdigung des vor uns liegenden Werks wichtigste Aspekt, finden wir im geistig-literarischen Leben Schottlands zu Millars Zeit die entschiedene Hinwendung zur Geschichte und zur historischen Methode in der Erforschung von Mensch und Gesellschaft.
Wir verwenden diese Termini mit Bedacht, um deutlich zu machen, daß es sich dabei um mehr handelt als nur um das Interesse an vergangenen Ereignissen, das häufig genug weiter nichts als ein antiquarisches Interesse ist. Was wir hier meinen, ist natürlich auch Geschichtsschreibung als breitangelegte Darstellung ebenso wie in ihrer methodischen Anwendung auf begrenztere Einzelgebiete. Gemeint ist damit aber auch jene deskriptiv-analytische Behandlung von Vorgängen und Situationen ohne Rücksicht auf das sogenannte Zeitelement, d. h. alle Versuche, die menschlichen, sozialen und politischen Dinge in der konkreten Realität ihrer Vielfalt und Variationsmöglichkeit zu betrachten, in ihrem *Werden* und ihrem *Gewordensein,* womit eingeschlossen ist, die Dinge tastend und versuchsweise in ihrer Ganzheit aufzufassen. Dem stellt sich zur Seite das Interesse an den Ursprüngen und dem Entwicklungsgang, an dem, was das Kontinuierliche an den Ereignissen und Erscheinungen ist; es gehört auch dazu, daß man kausale Erklärungen wenigstens anzubieten sucht und zwar nicht nur im Sinne »wie es eigentlich gewesen ist«, sondern wie es überhaupt geworden ist.
Professor Black macht für die hier zu betrachtende Situation jener Zeit die treffende Feststellung: »Mit ziemlicher Sicherheit läßt sich behaupten, daß das Lesepublikum der europäischen Völker wohl zu keiner Zeit so sehr nach Geschichtsdarstellungen verlangte wie in den letzten Jahrzehnten des 18. Jahrhunderts. Und es wäre keine Übertreibung, wollte man sagen, daß die Welle der Beliebtheit historischer Werke zwischen 1750 und dem Ausbruch der Französischen Revolution eben so groß war wie die der Dichtung im Zeitalter Shakespeares und des Romans im Zeitalter Scotts.«[22a]

22a J. B. Black, *The Art of History.* New York 1926, S. 14.

Dieses historische Interesse war von weitausgreifender Natur, es griff nicht nur in die politische Geschichte einzelner Länder oder ganzer Zeitalter aus, sondern ergriff auch die Geschichte der Sitten und Gebräuche, des Rechts und der jeweiligen sozialen und politischen Institutionen. Ja es nahm zuweilen einen gewissen philosophischen Charakter an, gelegentlich einen evolutionistischen, oder wurde nach Dugald Stewart »eine natürliche oder theoretische Geschichte«, und einmal spricht er von »theoretischer oder spekulativer Geschichte«. Gelegentlich führte diese Methode zu generalisierenden Vereinfachungen oder konnte bei ihrer Applikation auf sehr weit zurückliegende Epochen, für die nur äußerst spärliche Fakten verfügbar waren, natürlich auch wieder »unhistorisch« werden.

Ihren Anfang nahm diese Methode in Frankreich mit Montesquieu und Turgot, weiter entwickelt wurde sie von Voltaire in *Mœurs* und in *Siècle de Louis XIV*, von Antoine Ives Goguet in seinem Werk *De l'origine des lois, des arts et des sciences* (1758), zu größerer Entfaltung gelangte sie in Schottland. Man braucht nur an Robertsons Geschichtswerke zu erinnern, darunter den bedeutenden einführenden Band zu seiner Geschichte *Charles V*, an Humes *History of England*, beides Marksteine der Geschichtsschreibung. Dazu Adam Fergusons *History of Civil Society*, Kames' *Historical Law Tracts*, Gilbert Stuarts *View of Society in Europe from Rudeness to Refinement* und dessen *Observations Concerning the Public Law and the Constitutional History of Scotland*, Dunbars *Essay on the History of Mankind in Rude and Cultivated Ages*, schließlich Monboddos *Origin and Progress of Language* und sein Unterfangen, mit *Ancient Metaphysics* eine Darstellung der Geschichte der Menschheit zu geben – um nur die wichtigsten Leistungen zu erwähnen.[23]

23 Vgl. etwa auch Robert Henry, *History of Great Britain*. 6 vols. London 1771–93. Zwar selbst kein Werk ersten Ranges, ist es doch wegen seiner Methode und der weitgefaßten Themenbereiche aufschlußreich. Henry unterteilt seinen Gegenstand in 10 Geschichtsepochen, die voneinander durch eine jeweils bedeutsame Umwälzung abgegrenzt sind: Jede Epoche wird im Rahmen der ihm verfügbaren Quellen, seinen eigenen Formulie-

Lessing, Schiller, Kant und Herder waren viele dieser Schriften vertraut, und mit gutem Grund darf man annehmen, daß sie in der Entwicklung des Begriffs der *Universalgeschichte* weitgehend unter deren Einfluß standen, obwohl vor allem Kant und Herder dem Begriff eine Wendung ins Philosophische gaben, der ihn sehr von dieser schottischen Schule unterschied. Wenn Meinecke in *Die Entstehung des Historismus* an diesen Autoren als Mangel empfindet, sie seien zu sehr mit dem Ideengut der Aufklärung überladen, so läßt sich diese Kritik vom Standpunkt des romantischen Historikers aus begreifen, der nur *das Individuelle* aufzuspüren sucht und das Verallgemeinernde scheut. Betrachtet man es aber unter dem diesen Autoren eigenen speziellen philosophischen Gesichtspunkt, berücksichtigt man weiter, daß ihnen jenes reiche Quellenmaterial noch nicht zur Verfügung stand, das einem Niebuhr, Savigny, Ranke und Mommsen zugänglich war, und sieht man auch ihren Hang zur verallgemeinernden Begrifflichkeit etwas positiver, so erscheint ihre Leistung in einem wesentlich anderen Licht und läßt sich nicht einfach als *naturrechtliches Denken* abtun. Auf jeden Fall steht Millars *Distinction* weitgehend unter dem Einfluß dieser schottischen oder schottisch-französischen Variante des »Historismus«.[24]

Knüpfen wir nun die Fäden zusammen, diese verschiedenen Aspekte im Denken des 18. Jahrhunderts in den allgemein europäischen und spezifisch schottischen Erscheinungen, so haben wir eine Grundlage für das Verständnis und die rechte Einschätzung von Millars *Distinction of Ranks*, vor allem aber für die soziologischen Aspekte des Werks, die ohne den hier entworfenen allgemeinen Überblick wohl nicht so ohne weiteres sinnfällig würden.

rungen folgend, so abgehandelt: 1. Civil and military history; 2. Religious and church affairs; 3. Constitution, government, laws and courts of justice; 4. Learning and seminaries of learning; 5. The arts, both useful and ornamental, necessary and pleasing; 6. Commerce, shipping, money and prices; 7. The manners, virtues, vices, remarkable customs, language, dress, diet and diversions of the people. (Vgl. vol. I, Introduction).

24 Zur weiteren Erläuterung des Gegenstandes vgl. vom Verf., *John Millar*, Kap. X, insbes. S. 98 ff. u. 107 f.

Hervorstechende Züge des Werks

Nach dieser historischen Einführung kann die weitere Analyse des Buches selbst und seiner allgemeinen Bedeutung kurz gefaßt werden. Wir beschränken uns darauf, die Aufmerksamkeit auf Einzelzüge zu lenken und einige Beobachtungen anzuknüpfen im Blick auf die vermutlichen Einwirkungen, die dieses Pionierwerk auf spätere Denker gehabt haben mag. Ein vorläufiger Hinweis auf die Thematik von Millars *Distinction of Ranks* wurde schon gegeben; das Inhaltsverzeichnis selbst verdeutlicht dies weiter im Einzelnen. Drei Punkte vor allem erfordern hier unsere Aufmerksamkeit: einmal die Weite in Darstellung und Bedeutung, mit der Millar offensichtlich den Status der Frau und die Beziehungen der Geschlechter in verschiedenen Gesellschaften und unterschiedlichen Stufen der zivilisatorischen Entwicklung würdigt; sodann das Gewicht der sich höherentwickelnden und fortgeschrittenen Technologie und Ökonomie – »Fortschritt der handwerklichen Künste« –, mit den entsprechenden sozialen und ökonomischen Folgeerscheinungen für die Strukturen in Rechts- und Regierungswesen und für die innere Entwicklung der Politik im Staatswesen; und schließlich die ausführliche Behandlung des Gegenstands der Leibeigenschaft und Sklaverei in Antike, Neuzeit und Millars eigener Gegenwart.

Der erste Punkt liegt klar zutage. Sucht man aber nach Gründen für Millars Haltung in diesem Punkt, so wird man weitgehend auf Vermutungen angewiesen sein, obwohl es vielleicht einige private Gründe für seine Vorliebe für dieses Thema geben mag. Die breite Darstellung, die bei ihm der Sklaverei gewidmet ist, und seine Sicht des Problems vom moralischen Standpunkt aus lassen sich begreifen, wenn wir uns in Erinnerung rufen, daß das Wiederaufkommen der Sklaverei in den Kolonien, vor allem in den westindischen Kolonien mit ihren Plantagen einerseits, die Überreste der Sklaverei in gemilderter Form selbst noch in den Kohlen- und Salzbergwerken seines eigenen Landes sowie Ausmaße und

Grausamkeiten des Sklavenhandels andererseits, Dinge waren, die damals ein sehr lebendiges Interesse fanden und der Öffentlichkeit zugleich eine große Verlegenheit bedeuteten, – wenn wir uns an Millar als den aktiven leidenschaftlichen Mitstreiter von Wilberforce erinnern in dessen langem und schließlich erfolgreichem Kampf in- und außerhalb des Parlaments um die Abschaffung des Sklavenhandels. Millars eigene Schockiertheit über die Verbreitung und Unmenschlichkeit der Sklaverei in der römischen Kaiserzeit und das Gewicht, das er immer wieder auf die eigentliche Unwirtschaftlichkeit der Sklavenhaltung legte, sind beredtes Zeugnis für sein persönliches Engagement.

Wollte man diesen Punkten einen vierten hinzufügen, so beträfe er seine Charakterisierung des Feudalismus und sein Bemühen, das Werden und die allgemeinen Wesenszüge des Feudalismus und seine Auflösung aus historischer Perspektive zu begreifen, womit er sich wesentlich von Auffassungen unterschied, die unter den Historikern bis zu seiner Zeit herrschten. Für ihn hatte sich das Lehnswesen sehr allmählich entwickelt, und es erfüllte in der Entwicklung der europäischen Kultur eine konstruktive Funktion. Seine kritische Reaktion aber gegen die Überreste des Feudalismus ist bedeutsam, denn sie bildet gleichsam den Nährboden für seine demokratische Grundeinstellung und Freiheitsliebe.

Was das Gewicht angeht, das technologisch-ökonomische Faktoren in Gesellschaft, Recht und Regierungswesen für ihn besitzen, so mögen auch hier Millars eigene Worte über die Zielsetzung seines Buchs die Richtung weisen: »[Seine] Untersuchung möchte unter mehreren wichtigen Gesichtspunkten die Naturgeschichte der Menschheit darstellen. Es wird dabei der Versuch gemacht, die allgemeinen und leicht erkennbaren Fortschritte aufzuzeigen, die sich allmählich innerhalb der Gesellschaft vollziehen, um sodann die Wirkungen zu zeigen, die sich aus solchen Fortschritten für die Sitten, die Gesetze und die Regierungsform eines Volkes ergeben.«[25]

25 Vgl. unten, S. 56.

Daß er eine »pragmatische« und im besten Sinne ethisch-politische Absicht in seinen Schriften verfolgte, der sich ein rein wissenschaftliches und »spekulatives« Interesse verband, erhellt schon aus den ersten Zeilen seiner Einführung und läßt sich an vielen anderen Stellen auch zwischen den Zeilen herauslesen. Wie wir aus anderen Quellen wissen, war Millar sehr aufgeschlossen für die damaligen sozialen, ökonomischen und politischen Veränderungen in seinem Land und erkannte auch klar, daß alle, die Verantwortung für die öffentlichen Angelegenheiten empfanden, damit vor entscheidende Aufgaben gestellt waren. Er war sich der Bedeutung seiner eigenen Analyse einer ganzen Reihe dieser Probleme voll bewußt. Das Verhältnis ist hier in Wirklichkeit nach zwei Richtungen hin wirksam: Seine Beobachtungen im Hinblick auf die Veränderungen in seiner eigenen Umwelt mit ihren implizierten Problemen brachten für ihn selbst zweifellos auch zugleich eine Erhellung vieler problematischer Vorgänge auf der größeren historischen Szenerie; andererseits, so hoffte er, konnten seine Analysen einen Beitrag leisten zur Lösung einiger Probleme, denen sich seine Mitbürger gegenübersahen.

Millars politische Haltung war eindeutig die des Liberalen im Sinne eines Verfechters des Fortschritts, der sein Vertrauen in eine demokratische Staatsform setzte, für die Reform der parlamentarischen Institutionen zur Erlangung dieses Ziels eintrat und beseelt war von leidenschaftlicher Freiheitsliebe. Er war ein enger Freund und großer Bewunderer von Charles James Fox, dem Führer der Opposition gegen die Tories im Parlament. Ein Mann zwar von grundsätzlich demokratischer Überzeugung und Observanz, war er jedoch kein »Gleichmacher« oder gar ein radikaler Volkstribun. Und als exakt-gewissenhafter Historiker, Rechtsgelehrter und Mensch von intellektueller und wissenschaftlicher Integrität war er auch weit entfernt davon, je die eigenen persönlichen oder politischen Tendenzen direkt zu propagieren, und noch weniger konnte er der radikale Reformer sein, wie dies seine Zeitgenossen so oft waren.

Seine politischen Grundprinzipien offenbaren sich vielleicht am deutlichsten in den Befürchtungen hinsichtlich der Ausdehnung der königlichen Prärogative, in einer Grundhaltung, die überall den Interessenkonflikt zwischen Krone und dem Volk und seiner Repräsentation im Parlament aufspürt, wobei für ihn die primäre Funktion des parlamentarischen Regierungssystems darin liegt, das Volk vor der Tyrannei der gekrönten Häupter zu schützen. Er befürchtet, daß beträchtliche Staatseinnahmen zusehends »alle Machtmittel des Monarchen stärken helfen, jede entgegenstehende Gewalt untergraben und zerstören und dabei die allgemeinen Entwicklungstendenzen zur absoluten Herrschaft einer Einzelperson beschleunigen«.[26] Andererseits begrüßt er Tendenzen, die sich ergeben durch »größere Fortschritte einer Nation in Wohlstand und Lebensverfeinerung«, denn da »die einfacheren Menschen hierdurch in zunehmend unabhängige Verhältnisse gelangen, hegen sie auch allmählich jene Gesinnung der Freiheit, die eine natürliche Eigenschaft des menschlichen Geistes ist und die nur äußere Not niederzuhalten vermag«.[27] Als ein Aufweichen der starren Demarkationslinien zwischen den einzelnen Rangstufen der Gesellschaft ist ihm dies willkommen, vor allem aber, weil es zum Verschwinden der Sklaverei in der modernen Gesellschaft führt.

Dem allen liegt wiederum selbst da, wo es weniger klar zum Ausdruck gebracht ist, seine eigentlich staatsphilosophische Position zugrunde, die theoretisch und praktisch zugleich ist in bezug auf die Frage nach der Machtausübung in der menschlichen Gesellschaft: die Forderung nämlich, daß nun das Prinzip des Dienens *an* der Gesellschaft und des Nutzens *für* die Gesellschaft an die Stelle der Rangprivilegien und des Rechts der Befehlsgewalt treten müsse, damit das Ziel sich verwirkliche, die Macht in der Gesellschaft auf alle Schichten und auf alle gesellschaftlichen Lebensbereiche gleichmäßig zu verteilen, – in der politischen, ökonomischen, sozialen und selbst der religiösen Sphäre.

26 Vgl. unten, S. 221.
27 Vgl. unten, S. 223.

Einiges muß hier noch zu dem benutzten Quellenmaterial gesagt werden, über Ausmaß, Variationsbreite und Form seiner Verwertung – dafür bietet der Text selbst mit seinem Anmerkungsapparat deutliche Hinweise. Es erstreckt sich vom Alten Testament über die griechischen und römischen Geschichtsschreiber und Dichter, von römischen, mittelalterlichen und modernen Rechtsquellen bis zu den neuesten Geschichtswerken und Reiseberichten. Das Alte Testament wird häufig zitiert, u. a. die Mosaische Gesetzgebung, die Geschichten von Jakob und Laban, Ruth und Boas, David und Saul, die Sprüche Salomos, doch immer als Beleg für bestimmte Gesetze, Gebräuche und völkerkundlich interessante Fakten. So werden auch Homer und Ossian gerne wegen ihrer historischen und ethnographischen Nebenprodukte herangezogen. Wenn Millar Thukydides und Polybios, Caesar und Tacitus zitiert, so spiegelt sich nicht nur seine Kenntnis der Klassiker wider, vielmehr gibt dies uns vielleicht sogar einen Schlüssel in die Hand für die ihm eigene Handhabung der historischen Methode. Der häufige Rückgriff auf Reiseliteratur geschieht mit kritischem urteilssicheren Verständnis. Nie macht er sich der Leichtgläubigkeit etwa eines Monboddo schuldig, der ohne weiteres glaubte, der Orang-Utan gehöre zur Spezies Mensch und man sei auf Menschen gestoßen, die noch Schwänze trugen. Auch die kritische Verwendung historischer Quellen mit einem klaren Bewußtsein ihrer Unzulänglichkeit und häufigen Unzuverlässigkeit ist in den Schlußabschnitten seiner Einführung deutlich erkennbar.

Von Millars methodischem Prinzip ist bereits einiges vorweggenommen. Daß es ein grundsätzlich historisches darstellt, ist ebenso deutlich wie die ursprüngliche Orientierung an Privatrecht und öffentlichem Recht, insbesondere am Römischen Recht. Was vor allem festgehalten zu werden verdient, ist, erstens, die starke Neigung, allgemeingültige Bestimmungen für historische Tatbestände zu finden, um zu einem geordneten Bild von Rechtsverhältnissen, Regierungsformen und Gesellschaftsformen zu gelangen, wie sie für alle Völker und alle Zeiten Geltung haben; zweitens, das ständige »Forschen nach den Ursachen« der untersuchten Einzelphänomene sowohl in ihren statischen wie dynamischen Aspekten; drittens vor allem die Vorrangstellung, die er technologischen, ökonomischen und Eigentumsfaktoren innerhalb dieser Ursachen einräumt, wie bereits vermerkt wurde; und endlich viertens, der überall angesetzte Evolutionismus im sozialen und kulturellen Bereich, d. h. die Unterstreichung dessen, was er »den natürlichen Fortschritt« der Gesellschaft und ihrer Institutionen nennt von ursprünglich primitiven Anfängen über geordnete, mehr oder weniger universell vorhandene Entwicklungsstufen bis zum schließlich aufgeklärten und kultivierten Gemeinwesen.

Doch hier muß ein Warnzeichen gegeben werden. Millar vertrat mit Bestimmtheit die Auffassung der evolutionsbedingten Abfolge vom Niederen zum Höheren, vom Einfachen zum Komplexen, von »rohen« zu aufgeklärten, kultivierten Ordnungsstrukturen in der Zivilisationsgeschichte. Er war jedoch kein ethischer Perfektionist, kein blinder »Naturalist« und kein Utopist mit dem Traum vom unausweichlichen Kommen der vollkommenen Gesellschaft nach Art eines Condorcet, wie er genauso wenig ein Fanatiker der Vernunft oder radikaler Reformer war nach Art seiner Zeitgenossen Thomas Paine, Godwin und vieler französischer Verfechter der »Idee des Fortschritts« in deren unkritischer Form.

Dieser allgemein evolutionistische Aspekt und technologisch-ökonomische »Fast-Determinismus« verlangt noch einige weitere Bemerkungen. Ein Evolutionismus dieser Art war natürlich nichts Neues unter der Sonne. Man trifft ihn wenigstens in einem gewissen Ausmaß bei antiken Historikern wie Polybios und Tacitus und einigen griechischen und römischen Philosophen, um ihn dann in seiner vollsten Entwicklung bei den Epikuräern zu finden, besonders in Lukrez' *De Rerum Natura*, – und zwar als allgemeine Methode wie auch im Sinne der wohlvertrauten Erklärung einer ökonomischen Stufenfolge des Entwicklungsprozesses: – der Entwicklung vom Jägerdasein zur Hirten- und Landwirtschaftskultur und schließlich zum kommerziellen Wirtschaftssystem. Doch dieser Gedanke verlor sich wieder fast gänzlich für mehr als tausend Jahre, bis er dann Ende des 14. Jahrhunderts bei Ibn Kaldun erneut auftauchte, in einigen Zügen bei Bodin im späten 16. Jahrhundert und noch später in sporadischer Form bei Leibniz um die Wende des 17. zum 18. Jahrhundert. Die Idee wurde wieder recht klar formuliert bei Turgot um die Mitte des 18. Jahrhunderts und hatte bei Vico schon einige Jahrzehnte zuvor ihre vollkommene Entwicklung erreicht, wenn auch noch mit theologischen Begriffen vermischt.

In Großbritannien finden sich Ansätze bei Bernard Mandeville und Sir William Temple zu Beginn des 18. Jahrhunderts; aber die volle Entwicklung blieb Hume, Kames, Robertson, Adam Ferguson und mehr *implicite* als ausdrücklich Adam Smith vorbehalten. Mit vielleicht größerer Subtilität und entschiedener im kritisch-historischen Sinne, zugleich nun aber auch alles miteinbeziehend, wird dieses Prinzip von Millar selbst verwendet, ja als Methode wird es gerade zum wesentlichen Charakteristikum des uns vorliegenden Werks. Und dies gilt auch, wenn schon nicht so offensichtlich, so doch um nichts weniger durchgängig für Millars *Historical View of the English Government*.[28]

Hier sollte festgehalten werden, daß diese Auffassung, mit Ausnahme von Monboddo, der kühn die Abstammung des Menschen von den Affen vertrat, von einigen weiteren, recht zaghaften Ansätzen andernorts – zaghaft ohne Zweifel deshalb, um sich den herrschenden theologischen Vorurteilen zu akkommodieren –, bei Millar nie eine biologische Grundlage erhielt, wie das – ebenfalls zaghaft – bei Buffon und etwas kühner bei Diderot und andern Schriftstellern Frankreichs der Fall war, bis sie schließlich mutig und klar mit diesem Akzent von Erasmus Darwin in England zu Ende des 18. Jahrhunderts vertreten wird. Millar zieht eine sehr strenge Grenzlinie

28 Vgl. bes. *Historical View* I, S. 74–78 u. 374–76; II, S. 1–2; III, S. 1–3. Siehe auch Lehmann, *John Millar,* S. 129–32. In Millars Text vgl. unten, bes. S. 48 f.; 88–92; 120 f.; 144.

zwischen biologischen und kulturellen Faktoren im Vorgang gesellschaftlichen Wandels.

Auch Millars Gedanke vom Vorrang ökonomischer Faktoren in der historischen Ursächlichkeit wurde natürlich keineswegs völlig selbständig von ihm entwickelt. Wie Sombart das schon in dem angeführten Aufsatz herausstellte, hat auch der Begriff vom »ökonomischen Determinismus«, wie er genannt wird, in dieser oder jener Form eine lange Geschichte. In Großbritannien war er zumindest in Mandevilles *Fable of the Bees* und auch bei Temple vorhanden oder doch impliziert. Ihre frühe und prägnanteste Formulierung fand diese Idee bei Harrington ein Jahrhundert vor Millars Wirken, der dessen Werke sehr schätzte und zweifellos weitgehend unter seinem Einfluß stand. »Nicht aus freien Stücken ... sondern aus Notwendigkeit ... hängen die Menschen an Gut und Reichtum« sagt er in seiner knappen Weise, »genau so wie der, der Brot will, ganz zum Diener dessen wird, der ihm zu essen gibt.« Und weiter: »Macht ... gründet in den Glücksgütern ... So wie Herrschaftsgewicht und Landbesitz sich verteilen, so ist auch die Natur des Reiches beschaffen.«[29] Bei Millar rundet sich dies zur Theorie aus, und die Idee als solche durchdringt das Ganze seines Werks.

Hier stellt sich natürlich die von Sombart bereits nahegelegte, wenn auch im einzelnen nicht ausgeführte Frage nach dem Bestehen direkter Abhängigkeiten zwischen Millars Werk und dem mißverständlich »der historische Materialismus von Marx und Engels« genannten Prinzip des 19. Jahrhunderts.

Wenn unter »historischem Materialismus« nur ein sozio-historischer Realismus gemeint ist, der dem von Marx und Engels attackierten, spekulativen und schlafbefördernden Idealismus entgegengesetzt wird, dann sind die Übereinstimmungen allerdings beträchtlich, aber dies braucht noch keine unmittelbar faktische Abhängigkeit zu beinhalten. Faßt man mehr die historisch-evolutionäre Methode ins Auge, so sind die Übereinstimmungen sogar noch betonter, und eine historische Be-

29 Vgl. Harrington, *Oceana*, S. B. Liljegren (ed.). Heidelberg 1924, S. 14 f.

einflussung darf eher angenommen werden, wenn sie auch wiederum nicht notwendigerweise sehr ausgeprägt gewesen sein muß. Konzentriert man sich hingegen ganz auf den Gedanken vom Gewicht der Produktionsmittel und ihrer Organisation, d. h. daß Eigentum und wirtschaftliche Macht ausschlaggebende Determinanten der gesellschaftlichen und politischen Institutionen sind, ja überhaupt in allen etablierten Lebensformen – mehr wollte Marx nie sagen, und nie bestritt er das Wirken auch von ideellen Faktoren –, in diesem Fall wird die Übereinstimmung allerdings sehr eng, und wir müssen tatsächlich fragen: Hat Marx Millars Werk gekannt und wurde er von ihm beeinflußt?

Einige Forscher, besonders Professor Roy Pascal, Birmingham, und Professor Meek, Leicester, früher Glasgow,[30] haben einen solchen tatsächlichen Zusammenhang herzustellen versucht, doch bisher ohne vollen Erfolg. Dem ungemein belesenen Marx waren die Denker der schottischen Schule sehr vertraut, und er erkannte die Bedeutung ihrer historischen Methode.[31] Für ihn nimmt Adam Smith selbstverständlich einen hervorragenden Platz ein, und auch des Beitrags von Ferguson ist er sich bewußt. Um so mehr überrascht es, daß sich, soweit wir dies feststellen konnten, in Marx' veröffentlichten Schriften keine Erwähnung von Millars Werk findet. Das schließt direkten Einfluß jedoch nicht aus. Marx gibt seine Quellen nicht immer an. Nach unveröffentlichten Notizen steht aber fest, daß ihm Millars Werke nicht unbekannt waren,[32] – doch bedürfte diese Frage noch weiterer Klärung.

Vergegenwärtigt man sich jedoch die Marxsche Theorie vom »Klassenkampf« und die implizierte revolutionäre Note als ein dem Begriff der reinen Evolution entgegengesetztes Prinzip, so hätte Marx dafür bei Millar kaum Beispiele finden kön-

30 Vgl. Roy Pascal, *Modern Quarterly* vol. I (March 1938), S. 167–79; Ronald Meek, »The Scottish Contribution to Marxist Sociology«. In: *Democracy and the Labour Movement*. London 1954, S. 84–102.

31 Vgl. Lehmann, *John Millar*, S. 157–59.

32 Nach einer persönlichen Mitteilung von Professor R. Meek, University of Leicester.

nen. Zwar hat Millar gesellschaftlichen Status-Merkmalen der Menschen große Bedeutung beigemessen – das letztlich besagt der Titel seines Buches – und dies, entschiedener noch als in *Distinction of Ranks*, in *Historical View*[33], wo er ganz klar soziale Klassen unterscheidet, so wie wir den Terminus heute verwenden; er sieht, wie die Klassen ihren Charakter und ihre Beziehungen untereinander verändern unter den stattfindenden sozialen und wirtschaftlichen Umwandlungen, aber er verleiht diesen Umständen nicht den Rang von dynamischen Faktoren im historischen Wandlungsprozeß, und viel weniger noch benutzt er sie zur Rechtfertigung der Revolution in der Gesellschaft. Wie wir schon sahen, war er politisch immer liberal, ein Anwalt der Freiheit, der Gerechtigkeit für alle und ein energischer Verfechter von Reformen durch das Parlament. Von revolutionärem Radikalismus aber war er weit entfernt.

Zur Frage nach Millars Einfluß und allgemeiner Bedeutung, ob nun aufgrund dieses einen Werks oder durch seine andern Schriften und Vorlesungen, etwa für das Denken von James Mill und dessen Sohn John Stuart Mill, auf Auguste Comte und andere, die vielleicht zu nennen wären, auf Männer der Praxis, mögen sie das Amt des Richters, des Rechtsbeistands bekleidet oder im Parlament und in den öffentlichen Ämtern des Staates gewirkt haben – hierfür sei verwiesen auf des Verfassers *John Millar of Glasgow* (insbes. Kapitel XIV, sowie Seite 34 bis 42 passim), wodurch sich weitere Erörterung an dieser Stelle erübrigen.

Aus dem Amerikanischen von Herbert Zirker.

33 Vgl. *Historical View*, I, S. 134–40 u. 322–26; III, S. 101 f.; IV, S. 151 ff. Siehe auch Lehmann, *John Millar*, S. 137–40 u. 331 ff.

John Millar

Vom Ursprung des Unterschieds in den Rangordnungen und Ständen der Gesellschaft

Einführung

Bei der Erforschung von Sitten und Gebräuchen der Völker hatte man im wesentlichen zwei Dinge im Blick. Aus der Betrachtung der in verschiedenen Teilen der Welt entstandenen unterschiedlichen Rechtsordnungen und aus der Erkenntnis der dabei zutage tretenden folgenreichen Zusammenhänge wollte man die Erfahrungen anderer Menschen nutzbringend verwerten und eine Auswahl unter den staatlichen Einrichtungen und Regierungsformen treffen, die am ehesten Nachahmung verdienen.

Die Ursachen der unterschiedlichen Gebräuche aufzuspüren wird ebenfalls als nützliche und zugleich unterhaltsame Beschäftigung des Denkens angesehen. Betrachten wir die erstaunlichen Unterschiede in den Rechtsbestimmungen verschiedener Länder, ja sogar innerhalb ein und desselben Landes zu verschiedenen Epochen, dann ist es natürlich, daß unsere Neugier in Erfahrung bringen möchte, wie denn eigentlich die Menschheit dazu geführt wurde, daß sie sich für so ganz verschiedene Lebensregeln entschied. Es wird dabei aber zugleich klar, daß wir nur dann, wenn wir die Bedingungen kennen, unter denen bestimmte Regeln sich einmal für das menschliche Verhalten empfahlen, auch einen rechten Begriff von deren Nutzen gewinnen oder auch nur entscheiden können, inwieweit sie im jeweiligen Falle überhaupt anwendbar sind.

Bei der Suche nach den Gründen für die je eigentümlichen Rechts- und Regierungsformen, die sich in der Welt gebildet haben, müssen wir sicherlich allererst auf die ganz unterschiedlichen Lebensumstände zurückgehen, aus denen heraus sich für die Bewohner bestimmter Länder auch die Unterschiede in den Anschauungen und den Motiven des Handelns ergaben. Das aber sind Fruchtbarkeit oder Unfruchtbarkeit des Bodens, die Art der Naturprodukte, die für den Lebensunterhalt notwendigen Arbeitsformen, die Kopfzahl der einer Gemeinschaft Zugehörigen, der Geschicklichkeitsstand in der handwerklichen Praxis, die Gunst oder Ungunst im Blick auf die Gegebenheiten des wechselseitigen Austausches überhaupt sowie auf die Möglichkeiten der engeren persönlichen Beziehungen. Die Vielfalt, die sich oft in solchen und manchen anderen Einzelheiten zeigt, muß auch eine Vielzahl von Auswirkungen im ganzen Gemeinwesen eines Volkes aufweisen; insofern nämlich hier die Wünsche und Interessen der Menschen eine bestimmte eigentümliche Richtung nehmen, müssen daraus auch gewisse zugehörige Gewohnheiten, Anlagen und Denkweisen hervorgehen.

Werfen wir einen Blick auf die gegenwärtige Verfassung der Erde, so sehen wir, daß die Bewohner in vielen Gegenden so bar jeder Kultur sind, daß sie sich kaum über das Niveau wilder Tiere erheben. Und blättern wir überdies gleichsam in der fernen Geschichte der Kulturvölker, so treffen wir recht schnell auf deren Anfänge in eben solcher wilden Barbarei. Nun aber ist der Mensch mit einem Streben begabt, das ihn zur Höherentwicklung seiner Lebensverhältnisse befähigt. Durch solche Strebungen nimmt sein Fortschritt Stufe für Stufe zu. Seine überall gleichen Bedürfnisse und die Fähigkeiten, mit denen diese Bedürfnisse gestillt werden, haben auch überall eine bemerkenswerte Übereinstimmung in den verschiedenen Stufen seines Fortschritts gezeitigt. Bei einem Volk von Wilden müssen die Menschen, die ja unter dem Mangel an nahezu allem leiden, was zum Leben notwendig ist, ihr Streben auf einige wenige Dinge beschränken – Versorgung mit Nahrung und Bekleidung, oder Schutz und Zuflucht vor den Unbilden der Witterung. Diesen ihren Lebensverhältnissen entsprechend können auch die Gedanken und Gefühle natürlich nur eng umgrenzt sein. Alle Anstrengungen zielen naturgemäß zuallererst darauf ab, die Nahrung zu vermehren, indem man wilde Tiere einfängt oder überlistet und die natürlich wachsenden Früchte der Erde sammelt. Mit den unter solchen Beschäftigungen erworbenen Erfahrungen wird man nach und nach die Methoden der Zähmung und Aufzucht von Vieh und der Bodenkultur erlernen. Je mehr Erfolg den Menschen in diesen großen Fortschritten beschieden ist – so daß also die puren Lebensnotwendigkeiten weniger schwer erlangbar sind –, desto weitere Bereiche eröffnen sich allmählich; Gelüste und Begierden erwachen zunehmend oder stellen sich im Verfolg einer Reihe von Lebensgewohnheiten ein. Es entwickeln sich die verschiedenen Handwerkszweige und, mit ihnen zugleich untrennbar verbunden, entstehen Handel, daneben Wissenschaft und Literatur, die als natürliche Früchte von Muße und Wohlstand schließlich zu voller Reife gedeihen. Mit dieser schrittweisen Verbesserung der Annehmlichkeiten in den Lebensverhältnissen vollziehen sich auch die bedeutendsten Wandlungen in den Grundbedingungen eines Volkes: die Kopfzahl steigt an, die Beziehungen innerhalb der Gemeinschaft weiten sich aus, und da die Menschen nun nicht mehr vom unmittelbaren Mangel bedrückt werden, sind sie auch viel freier darin, die im eigentlichen Sinne menschlichen Empfindungen zu pflegen: Es entsteht das Eigentum, die große Quelle der Unterschiede zwischen den Menschen. Die verschiedenartigen Rechtsgebräuche innerhalb der Menschheit, wie sie aus der Vielfalt von Beziehungen der Menschen untereinander entstanden sind, finden Schutz und Anerkennung: es werden also die Gesetze eines Landes entsprechend zahlreich. Eine komplexere Regierungsform wird notwendig, wenn einem jeden Recht zugeteilt werden soll, wenn Unordnung und Unruhen vermieden werden sollen, die sich aus den widerstreitenden Interessen und Leidenschaften in einer großen, gutsituierten Gemeinschaft herleiten. Es ist zugleich auch leicht einzusehen, daß dergleichen Folgen fortgeschrittener Entwicklung, die so sehr angetan sind, im Dasein der Menschheit Wandlungen hervorzubringen und die Lebensverhältnisse der Menschen zu verändern, auch entsprechende Abweichungen in Neigungen und Empfindungen und ganz allgemein im Verhaltenskodex bewirken müssen.

Es gibt also in der menschlichen Gesellschaft einen natürlichen

Fortschritt vom Nichtwissen zum Wissen, von rohen Bräuchen zu kultivierten Sitten, und verschiedene Stationen dieser Entwicklung sind gewöhnlich auch durch besondere Gesetze und Gebräuche gekennzeichnet. Allerdings haben zahlreiche Zufallsursachen dazu beigetragen, einen solchen Fortschritt in verschiedenen Ländern entweder voranzutreiben oder aber aufzuhalten. So ist es auch gekommen, daß einzelne Völker durch die Ungunst der Verhältnisse auf der Entwicklungsstufe einer bestimmten Epoche so lange stehengeblieben sind, daß die für diese Epoche eigentümlichen Lebensgewohnheiten so festgefügt waren, daß sich starke Spuren davon durch alle späteren Umwandlungen hindurch erhalten haben. Hieraus dürften einige Hauptunterschiede in den Grundsätzen und Sitten von sonst auf gleicher Kulturstufe stehenden Völkern entstanden sein.

Der Charakter eines Volkes und sein Geist darf wohl dann dem eines anderen Volkes ungefähr gleichgesetzt werden, wenn die allgemeinen Lebensbedingungen dort ähnlich sind. Ganz anders verhält es sich hingegen im Falle von Einzelpersonen, wo oft eine so große Verschiedenartigkeit besteht, daß man sie nicht aus feststehenden gesicherten Ursachen ableiten kann: Wirft man eine Menge Würfel gleichzeitig aus, so kann zu verschiedenen Malen ziemlich das gleiche Ergebnis herauskommen; aber bei mehreren Einzelwürfen mit nur einem Stein kann es zuweilen sehr verschiedene Zahlen geben. Und so darf man vergleichsweise erwarten, daß wir auf der einen Seite das politische System eines Landes haben, das im großen und ganzen auch der gemeinsame Ausfluß der Kräfte eines ganzen Volkes ist; auf der andern Seite aber besteht eine Reihe besonders gearteter Einrichtungen, deren Ursprung im gelegentlichen Dazwischentreten von Einzelpersonen liegt, die als Haupt einer Gemeinschaft zufällig auch außergewöhnliche Gaben und besondere politische Anschauungen mitbringen. Für viele Schriftsteller ist dies die große Quelle, aus der all die Unterschiede in den Gesetzen und Regierungsformen der verschiedenen Nationen entspringen. In dieser Weise nimmt man an, daß Brahma die besonderen Gebräuche Hindustans eingesetzt, daß Lykurg den eigenartigen Charakter der Spartaner geformt hat, während Solon als der Schöpfer der so ganz anderen Lebensweise gilt, die in Athen herrschte. Und genau so versteht man auch die englische Verfassung als eine den seltenen Gaben und dem vaterländischen Geist König Alfreds entsprungene Schöpfung. Kurz, es gibt kaum ein Volk, – ob im Altertum oder in späterer Zeit[1] –, das sich nicht eines Monarchen oder Staatsmannes aus seiner Frühzeit rühmte, dem man alles das zu verdanken glaubt, was die eigene Staatsform an Bemerkenswertem aufzuweisen hat.

Nun mag man aber – unbeschadet der miteinander wetteifernden Zeugnisse der Geschichtsschreiber hinsichtlich der großen, von Gesetzgebern aus alter Zeit bewirkten politischen Veränderungen – doch mit einigem Grund zweifeln, ob denn die Wirkung ihres plötzlichen Auftretens tatsächlich so umfassend gewesen ist wie allgemein angenommen. Denn ehe ein Einzelner eine solche Machtfülle auf sich vereinigen kann und jenes Maß von Überlegung und Voraussicht besitzt, das ihn die Rolle eines Gesetzgebers übernehmen ließe, muß er doch eigentlich in dem ganzen Wissen um jene natürlich entstandenen Sitten und Gebräuche großgeworden und darin aufgewachsen sein, wie sie schon seit Urzeiten vielleicht unter seinen Landsleuten herrschend waren. Unter dem Eindruck all der nach Urvätersitte überkommenen Grundanschauungen wird ein solcher Mensch sich gewöhnlich lieber an die schon bestehende Ordnung halten, als daß er sich einer anderen, neuen anschlösse, deren Wert noch nicht von der Erfahrung bestätigt ist. Sollte er aber vielleicht doch irgendwie den Mut zu abweichenden Auffassungen haben, dann muß er ein Gespür dafür haben, daß jeder Versuch, die alte Ordnung umstoßen oder in ihren wesentlichen Teilen verändern zu wollen, gerade wegen der in der Allgemeinheit herrschenden Vorliebe für das althergebracht Bestehende, ein sehr gefährliches Unter-

1 (*ancient and modern* im Original. – Anm. d. Übers.)

fangen wäre – weil an sich schlechthin unpopulär –, weshalb er denn auch mit unliebsamen Folgen rechnen müßte.

Nun kommt uns Kunde von den meisten dieser Helden und Weisen, die als Gründer und Ordner von Staatswesen figurieren, ja nur aus ganz ungesicherten Überlieferungen oder direkt aus der Sagengeschichte. Und so sei uns die Vermutung gestattet, daß ihre Taten vielfach übertrieben, ihre Leistungen fehlgedeutet wurden, entweder weil es sich um Figuren aus dunkler Vorzeit handelt oder aber aus dem Moment großer Bewunderung seitens der sehr viel späteren Nachwelt heraus. Höchstwahrscheinlich haben jene vaterländisch gesinnten Staatsmänner, von denen man weiß, daß sie gelebt haben und deren Gesetzgebung mit Recht Würdigung findet, die größte Mühe damit gehabt, wie sie ihre neuen Vorschriften auf die Lebensverhältnisse des Volkes zuschneiden könnten, für das sie gedacht waren. Und es wird auch so gewesen sein, daß sie nicht aus dem Antrieb und Geist von Phantasten heraus oder mit prophetischen Mutmaßungen über irgendeinen einmal in später Ferne liegenden Nutzen umwälzende Veränderungen in die Wege leiten wollten; vielmehr werden sie sich in bescheidenem Ausmaß mit Verbesserungen begnügt haben, die nur wenig vom bisherigen Usus abwichen, sodann zu einem gewissen Grad von der Erfahrung gestützt wurden und sich dabei mit den herrschenden Vorstellungen des Landes in Einklang befanden. All die alten gesetzgeberischen Ordnungen, die uns mit einiger Echtheit überliefert wurden, sind deutlich von solchen ganz vernünftigen Absichten geprägt. Nirgendwo fällt das so sehr auf wie in den Vorschriften des Gesetzgebers Spartas, die in jeder Hinsicht so recht zu den urtümlichen Sitten dieses einfachen, unzivilisierten Volkes passen, zu dessen Nutzen sie verkündet wurden.

Unter den verschiedenen, die allmähliche Höherentwicklung der Gesellschaft beeinflussenden Umständen zählen die Klimaunterschiede zu den wichtigsten. In den warmen Zonen ist der Boden meist sehr fruchtbar, so daß er schon mit wenig Bearbeitung alles zum Leben Notwendige hervorbringt. Zugleich ist es aber höchst beschwerlich, wenn man in extremer Sonnenhitze arbeiten muß. Bewohner solcher Gegenden erfreuen sich deshalb zwar einer gewissen Reichlichkeit des Lebens und sind bei mildem Klima mancher Unannehmlichkeiten, vieler Nöte enthoben; sie sind aber eben deshalb auch kaum für mühsame Anstrengungen geschaffen; mit den Gewohnheiten eines bequemen Lebens entwickelt sich bei ihnen ein Hang zu sinnlichen Freuden, und sie kranken dann sehr leicht an den Leiden, die sich aus Faulheit und Trägheit nähren. Die Menschen in kälteren Zonen aber erfahren ganz im Gegenteil, daß man ohne Mühe nichts oder nur wenig bekommt. Sie sind unzähligen Beschwerlichkeiten ausgesetzt, haben in der Sorge um ein karges Auskommen mit dem unwirtlichen Boden und harten Klima zu kämpfen. Doch auf diese Weise werden sie tätige, fleißige Menschen, und Anlagen und Talente bilden sich bei ihnen heraus, die der ständigen kraftvollen Übung von Körper und Geist entstammen.

Einige Philosophen vertreten die Ansicht[2], daß die Temperaturunterschiede von Hitze und Kälte, Feuchtigkeit und Trockenheit oder andere klimatische Eigentümlichkeiten in stärkerem Maße direkt Charakter und Verhaltensweise der Völker beeinflußten. Insofern nämlich, als sie unauffällig auf den menschlichen Körper einwirkten und dabei die entsprechenden Veränderungen des Temperaments hervorbrächten. Es wird sogar behauptet, daß große Hitze die Gewebe erschlaffen und die Hautoberfläche sich erweitern lasse - also dort, wo die Nerventätigkeit sich hauptsächlich abspielt –, und daß auf diese Weise eine größere Sinnempfindlichkeit gegenüber äußeren Eindrücken entstehe, womit gleichzeitig die entsprechende Verlebendigung der Gefühls- und Gedankenbewegungen einhergehe. Darauf fußend sagt man den Bewohnern heißer Klimagegenden nach, daß es ihnen von Natur aus an Mut und auch an der beharrlich aufmerksamen Zielstrebigkeit fehle, wie sie zur richtigen Ausübung der höheren Verstandes-

2 [Zweifellos eine hauptsächlich auf Montesquieu gemünzte Anspielung; vgl. aber auch unten, S. 60.]

kräfte eben notwendig ist. Auf der anderen Seite zeichneten sie sich aber auch durch Äußerungen höchster Feinfühligkeit und durch lebhafteste Einbildungskraft aus. Außerdem verbiete ihnen die schwache Entwicklung ihrer Körperorgane, daß sie große Nahrungsmengen zu sich nehmen, während andererseits das klimabedingte übermäßige Schwitzen es notwendig mache, daß sie sich ständig mit leichten Getränken versorgen, damit sich der Flüssigkeitsverschleiß wieder ausgleiche. – Unter solchen Bedingungen wird dann Mäßigkeit im Essen und Trinken gleichsam eine Tugend der körperlichen Konstitution.

Für die Bewohner einer kalten Gegend hingegen ergebe sich, so heißt es, eine gerade entgegengesetzte physische Konstitution. Kälte mache die Gewebe straff und fest und lasse die Nerventätigkeit schrumpfen, so daß daraus eine Kräftigung des Körpers hervorgehe bei gleichzeitig geringer Empfindlichkeit oder Lebhaftigkeit. Aus diesem Sachverhalt sollten wir auf Tätigkeitsdrang, Mut und ein resolutes Wesen schließen, verbunden mit einer ruhigen, gelassenen, eindringlichen Anschauung der Dinge, wie man sie auch meist mit einem klaren Verstand in Verbindung bringt. Der robuste Körperbau der Menschen aus kälteren Klimagegenden, so meint man, mache zudem einen großen Verzehr an kräftiger Nahrung notwendig und schaffe auch den besonderen Hang zu berauschenden Getränken.

So ungefähr, stellt man sich vor, seien die verschiedenen Volkscharaktere im großen und ganzen durch die Luft, die man atmete, und den Boden, aus dem man sich ernährte, entstanden. Inwieweit solche Mutmaßungen in der Wirklichkeit begründet sind, läßt sich nur schwer entscheiden. Wir wissen zu wenig von der Struktur des menschlichen Körpers, als daß wir genau erkennen könnten, wie sich solche äußeren physikalischen Gegebenheiten auswirken, oder daß wir wahrzunehmen vermöchten, von welcher Art die Veränderungen des Gemütszustandes sind, die sich möglicherweise aus einer verschiedenartigen Struktur der Körperorgane herleiten. Nirgends in der Weltgeschichte können wir feste Anzeichen für jenes verborgene Wirken feststellen, das man Luft und Klima zugeschrieben hat. Wir können im Gegenteil gewöhnlich für die großen Unterschiede in den Sitten und Gebräuchen der Menschheit eine Erklärung aus anderen Ursachen herleiten, deren Vorhandensein mit sehr viel größerer Sicherheit festgestellt werden kann.[3]

Gibt es etwa nicht viele Nationen, für die die Lebensbedingungen in bezug auf das Klima offensichtlich ähnlich sind, und die dennoch in ihrem Charakter und in ihren politischen Institutionen einen völligen Gegensatz bilden? Man vergleiche in diesem Punkte nur das sanfte maßvolle Wesen der Chinesen mit den rohen Sitten und der unduldsamen Rücksichtslosigkeit ihrer Nachbarn, der Japaner. Wo gibt es noch solch eklatante Gegensätze zwischen Menschen, die nicht weiter voneinander entfernt leben als die Athener und Spartaner im Altertum? Kann man im Ernst der Auffassung sein, daß etwa der Klimaunterschied zwischen Frankreich und Spanien oder zwischen Griechenland und den benachbarten Provinzen des Türkischen Reichs die unterschiedlichen Sitten und Gebräuche der heutigen Bewohner erklärt? Und wie könnte man die bekannten nationalen Eigenheiten der Engländer, Iren und Schotten erklären wollen, wenn man sich dabei etwa auf unterschiedliche Temperaturen und Witterungsverhältnisse berufen würde?

Gerade die Unterschiede der menschlichen Sitten in ein und demselben Land, aber zu verschiedenen Epochen, verdienen besondere Beachtung; denn sie legen ein viel beredteres Zeugnis davon ab, daß der Nationalcharakter kaum von direkten Klimaeinwirkungen abhängig ist: Die heutigen Bewohner Spartas leben unter den gleichen Witterungsverhältnissen wie zu Leonidas' Zeit, – und die Italiener von heute leben im Land der Römer des Altertums.

3 [Millar hatte hier sicherlich Humes *Essay on National Characters* im Sinne.]

Die folgende Untersuchung möchte unter mehreren wichtigen Gesichtspunkten die Naturgeschichte der Menschheit darstellen. Es wird dabei der Versuch gemacht, die allgemeinen und leicht erkennbaren Fortschritte aufzuzeigen, die sich allmählich innerhalb der Gesellschaft vollziehen, um sodann die Wirkungen zu zeigen, die sich aus solchen Fortschritten für die Sitten, die Gesetze und die Regierungsform eines Volkes ergeben.

Was die in der nachstehenden Abhandlung verwendeten Fakten anlangt, so wird der in der Geschichte bewanderte Leser leicht einsehen, wie schwierig es war, das richtige Material für Überlegungen dieser Art zusammenzutragen. Die berühmten Historiker haben gewöhnlich über Begebenheiten der ganz frühen Zeitalter hinweggesehen, als verdienten sie nicht, daß man sie in Erinnerung brächte. Doch auch die Geschichtsschreibung späterer, schon kultivierter Epochen hat sich lieber damit beschäftigt, genaue Berichte von Schlachten und den großen politischen Begebenheiten zu liefern, als daß sie sich mit den inneren Ordnungen des Zusammenlebens und den Herrschaftsformen eines Landes befaßt hätte. Wir beziehen deshalb unsere Kenntnisse von der Daseinsform des Menschengeschlechts in den unzivilisierten Teilen der Welt vornehmlich aus den Berichten von Reisenden. Diese sind nun zwar ihrem Ruf und ihrer Stellung im Leben nach keineswegs über jeden Verdacht erhaben, daß sie sich nicht getäuscht haben könnten, noch auch, daß sie die von ihnen berichteten Tatsachen nicht auch hätten falsch darstellen wollen. Aber dadurch, daß es sich um eine große Zahl und ganz verschiedenartige Berichte handelt, wächst ihnen in vielen Details eine Überzeugungskraft und Verläßlichkeit zu, die uns eine sichere Grundlage gibt, – was wiederum die Erzählung einer bloßen Einzelperson, sei sie noch so zuverlässig, nie beanspruchen könnte. Wo beispielsweise sehr verschiedene Gewährsleute ohne eigentliche literarische Ansprüche und ohne Kenntnis der Schriften des jeweils anderen – und die auch nicht (von religiösen Themen abgesehen) zur Einkleidung ihrer Gedanken ein philosophisches System zur

Verfügung hatten – uns Darstellungen aus grauer Vorzeit oder aus den fernsten Ländern geben, in denen verschiedene Völker nach ihren ganz ähnlichen Lebensbedingungen beschrieben sind, da hat der Leser die Möglichkeit, die einzelnen Darstellungen miteinander zu vergleichen. Er kann dann jeweils nach Übereinstimmung und Nichtübereinstimmung die dem betreffenden Gewährsmann zukommende Glaubwürdigkeit selbst bestimmen. Bei einer solchen vergleichenden, abwägenden Betrachtungsweise, wobei die Frage nach der Wahrhaftigkeit des Berichtenden kaum noch ins Spiel kommt, gelangen die außergewöhnlichen wie auch die unseren eigenen Erfahrungen näherstehenden Begebenheiten zu echter Überzeugungskraft. Man darf sogar behaupten, je größer das Element des Einzigartigen in einer Begebenheit, desto weniger wahrscheinlich ist es, daß verschiedene Personen, deren jede zwar die Welt vielleicht täuschen möchte, die sich aber darüber nicht miteinander absprechen konnten, dann trotzdem in ihrem Bericht im Detail Übereinstimmung erzielt haben sollten. Können wir zu all dem auch noch die eigentlichen Ursachen jener bestimmten eigentümlichen Gebräuche, von denen so übereinstimmend die Rede ist, beisteuern, so werden dadurch die Beweise so vollständig einsichtig, wie es der Natur der Sache nach überhaupt möglich ist. Solcher Einsicht können wir uns dann nicht verweigern, wollen wir nicht in solchem Maße einer Skepsis verfallen, in der die Glaubwürdigkeit jeglichen historischen Zeugnisses weitgehend zerstört wäre. Wir dürfen hoffen, daß gerade diese Anmerkung als Rechtfertigung dienen möge für manche Häufung von Fakten, die zuweilen Verwendung findet, um unsere nachfolgenden Betrachtungen zu fundieren. Der Verfasser hat aber zugleich aus der Befürchtung heraus, er könnte langweilig wirken, andernorts nur einige wenige Fakten aus der Fülle weiterer bestätigender Umstände ausgewählt, die an sich mühelos in ihrer Gesamtheit hätten angeführt werden können.

Kapitel I
Rangstufe und Situation der Frau in den verschiedenen Epochen

1. Die Wirkungen von Armut und Unkultur im Blick auf die Situation der Frau

Von allen unseren Trieben sind wohl die Leidenschaften, die die Geschlechter zueinanderführen, am stärksten durch die besonderen Umstände bestimmt, in die wir gestellt sind; die Macht der Gewohnheit und Erziehung wirkt sich hier am unmittelbarsten aus. In dieser Hinsicht weisen unsere Leidenschaften eine erstaunliche Vielfalt der Erscheinungsformen auf, und sie haben folglich in den verschiedenen Zeiten und Ländern die größten Unterschiede in Sitten und Gebräuchen hervorgebracht.

Auf der primitivsten Gesellschaftsstufe der Menschheit bieten sich zur Verfeinerung gerade dieser Leidenschaften am allerwenigsten Möglichkeiten. Der Wilde, der seine Nahrung durch Jagd und Fischfang erwirbt oder die natürlich wachsenden Früchte der Erde sammelt, wird keine Gelegenheiten haben, seine Vergnügungen wesentlich zu verfeinern oder zu erhöhen. Zu vielen Widrigkeiten und Gefahren ist er ausgesetzt beim Erwerb der Grundnotwendigkeiten des Lebens, als daß er etwa Muße oder besondere Anreize hätte, sein Streben auf Luxusgüter und Annehmlichkeiten des Daseins zu richten. Die Bedürfnisse sind so gering, wie es der Enge seiner Lebensumstände entspricht. Sein einziges großes Streben bleibt dies: den Hunger zu stillen; und nach Erschöpfung durch Mühe und Geschäftigkeit will er sich durch Ausruhen und Nichtstun erholen. Er hat keine Zeit, im Umgang mit dem anderen Geschlecht besondere Formen zu kultivieren oder auch auf Annehmlichkeiten sein Augenmerk zu richten, die sich dann daraus ergeben. Seine Begierden werden nicht von Reichtum

angereizt und von keinen gegenseitigen Gunstbezeigungen entfacht, und deshalb verbleiben sie auch in jenem ausgeglichenen Zustand der Entwicklung, wo sie gerade noch zur Erhaltung der Art ausreichen.
Ein weiterer seine Situation besonders auszeichnender Umstand ist die Leichtigkeit, mit der er ganz allgemein diese elementaren Bedürfnisse befriedigen kann. In den höchst wilden und barbarischen Zeitaltern kann von einzelnen nur wenig oder gar kein Eigentum erworben werden. Demzufolge gibt es auch keinen Unterschied des Standes, der den freien Verkehr der Geschlechter untereinander beeinträchtigen könnte. Familienstolz etwa und Hochmut, der sich mit dem Reichtum einstellt, kennt man da nicht. Zwischen den einzelnen Individuen gibt es denn auch nur solche Unterschiede, die sich aus Alter und Erfahrung, aus Kraft, Mut und anderen persönlichen Qualitäten ergeben. Da die Angehörigen verschiedener Familien alle doch ungefähr auf demselben Niveau stehen, unterhalten sie ganz ungezwungene Beziehungen zueinander und geben sich, wenn die natürlichen Triebe sie drängen, den wechselseitigen Begierden ohne Zögern und Bedenken hin. Sie haben keine Kenntnis des Raffinements, aus dem der Hang für bestimmte Dinge geboren wird, wie ihnen gleichfalls die künstlichen Regeln des Anständigen und Sich-Geziemenden fehlen, die ihrem Verhalten Zügel auferlegen würden.
Die Annahme ist hier also auszuschließen, daß die geschlechtlichen Leidenschaften sich in der Brust eines Wilden zu etwas wesentlich Höherem entwickeln könnten. Das Vergnügen an den Dingen kümmert ihn recht wenig, wenn sie mit so geringem Aufwand zu haben sind. Keine Schwierigkeiten, keine Enttäuschungen treten auf, die den Wert seiner Genüsse steigern oder ihm in der Verfolgung solcher Genüsse Reiz oder Belebung bieten könnten. Er gelangt ans Ziel seiner Wünsche, ehe sie noch sein Denken genügend beschäftigt haben, – ehe sie ihn in jenen herrlichen Zustand der Vorfreude künftigen Glücks gestürzt hätten, die die Phantasie immer in den berückendsten Farben zu schildern bereit ist. Fremd sind ihm

das lange, fortgesetzte Werben oder der Wechsel von Hoffen und Fürchten, wie sie den Liebenden erschüttern und quälen, – die aber auch die Sensibilität wecken und die Kräfte des Geistes zwar vermindern mögen, aber doch die Gewalt der sich im Liebenden äußernden Neigungen um so unwiderstehlicher machen.

Das phlegmatische Temperament der Wilden in dieser Hinsicht ist daher schon oft als besonderes Merkmal ihres Charakters gekennzeichnet worden. Es gibt allen Grund für die Annahme, daß der Verkehr der Geschlechter in jenen einfachen Stadien, die aller Kultur und Höherentwicklung vorausgehen, hauptsächlich nach der ursprünglichen Neigung der Natur geregelt ist. Dieser Verkehr ist notwendigerweise völlig unterbrochen in Zeiten der Schwangerschaft, d. h. also, dieselben Gesetze, die im Blick auf die unterschiedlichen Perioden der Empfängnisbereitschaft für die Beschaffenheit der niederen Lebewesen gelten, haben ebenso Gültigkeit und Einfluß auf die Begierden der Spezies Mensch.[1]

Zwar weiß man, auch in den frühen Zeitaltern des Menschen

1 Ein neuerer recht einfallsreicher Schriftsteller behauptet, diese prinzipielle Gefühlskälte sei ein typischer Zug der Eingeborenen Amerikas. In höchst phantastischer Weise sieht er den Grund dafür in der klimatischen Feuchtigkeit, die nach seiner Ansicht die dortigen Bewohner gegenüber den Menschen in der alten Welt körperlich und geistig unterlegen mache. *(Recherches philosophiques sur les Américains.)* Wenn man vielleicht auch zugestehen muß, daß bestimmte Klimaverhältnisse die Geschlechtstriebe irgendwie beeinflussen, so muß man doch auch sagen, daß in diesem Punkt die Wesenszüge der Wilden in allen Weltteilen erstaunlich miteinander übereinstimmen. (Vgl. den Bericht über die Samojeden in *Histoire générale des voyages*, tome 18, pp. 509f; und ibid., tome 19, liv. 2, chap. 4, über die Bewohner von Kamtschatka.) – Auch bei etwas entwickelteren Völkerschaften trifft man häufig auf Spuren ähnlicher Veranlagung – wie Tacitus z. B. von den Germanen berichtet: »Erst spät erwacht bei den jungen Leuten die Liebe, und deshalb ist ihre Jugendkraft unverbraucht. Auch die Mädchen werden nicht zu eilig vermählt.« (Tacitus, Germ. § 20) – »Sie [die Frauen] leben darum in umhegter Keuschheit, durch keine lockeren Schaustellungen und durch keine aufreizenden Gelage verführt.« (ibid. § 19) – Ebenso äußert sich Caesar im Hinblick auf den Charakter der Gallier: »Wer am längsten keusch blieb, erntet bei ihnen den höchsten Ruhm. Hierdurch werde der Wuchs gefördert, wüchsen die Kräfte und würden die Muskeln gestärkt.« (Caesar, Gallischer Krieg, Buch 6, § 21.)

hat überall irgendeine Form der Ehe oder beständigen Union zwischen Personen verschiedenen Geschlechts gegolten. Aber wenn wir die Natur dieser ursprünglich einfachen Verbindung untersuchen, dann sieht es so aus, als ob sie von Motiven abgeleitet wäre, die sehr wenig mit den Leidenschaften gemein haben, die wir gegenwärtig einer Betrachtung unterziehen. Wenn ein Kind aus der zufälligen Verbindung seiner Eltern hervorging, so darf angenommen werden, daß die Eltern aus natürlicher Zuneigung dazu gebracht wurden, sich in der Sorge für seinen Unterhalt gegenseitig zu helfen: Zu diesem Zweck nehmen sie dann eine gemeinsame Wohnstätte, damit sie sich untereinander in dieser Aufgabe abwechseln können – dem Bemühen, ihren Nachwuchs zu erhalten und für ihn zu sorgen.
Bei niederen Tierarten können wir beim Zustandekommen einer Verbindung zwischen Wesen verschiedenen Geschlechts die Wirkung desselben Prinzips feststellen. Allerdings ist dann dort die Verbindung gewöhnlich nur von kurzer Dauer, weil nämlich das Junge schon sehr bald in der Lage ist, selbst für sich zu sorgen. Bei einigen Vogelarten allerdings sind die aus einer Brut stammenden Jungen oft noch nicht zur eigenen Nahrungssuche fähig, wenn das Muttertier schon wieder neue Eier legt. Und das dürfte nun zwangsläufig dazu führen, daß Männchen und Weibchen eine dauerhaftere Verbindung eingehen. Diesem Umstand wird auch die Rede von der vermeintlichen Treue der Turteltaube zuzuschreiben sein und überhaupt jener Tribut, den die Dichter der sanften Zärtlichkeit der Taube gezollt haben, die im übrigen ein Tier ist, das, ganz im Gegensatz zu diesem seinen weltweiten Ruf, doch ein bemerkenswert mürrisches, zänkisches Naturell hat. Hingegen findet sich bei gewöhnlichen Geflügelarten, wo die Aufzucht der Nachkommenschaft ohne den besonderen Beistand des Muttertiers sich abspielt, kaum Neigung, sich etwa dauernd in Paaren zusammenzufinden.
Bei der langen Pflege aber, die das Aufziehen eines Menschenwesens erforderlich macht, wird sich üblicherweise ein zweites Pfand des gemeinschaftlichen Verkehrs der Eltern einstellen,

noch ehe sie dem Erstgeborenen ihren Beistand entziehen könnten. Indem aber so ihre Sorge um das eine Wesen nun auch ein jeweils weiteres umfassen muß, wird auch die Gemeinschaft der Eltern so lange Bestand haben, wie die Mutter noch Kinder bekommen kann, und zwar aus den gleichen Gründen, die ursprünglich ihr Zusammenleben bewirkt hatten. Auch noch nach dieser Zeit werden beide ganz natürlich weiterhin in der Gemeinschaft derer verbleiben wollen, an die sie schon so lange gewöhnt sind. Besonders deshalb, weil sie, an der Spitze einer zahlreichen Familie stehend, ein gewisses Maß von Erleichterungen, Respekt und Sicherheit genießen, was sie sonst alles nicht hätten. Und es kommt noch hinzu, daß sie im Alter mit gutem Grund darauf rechnen, bei ihrer Nachkommenschaft den Beistand und Schutz zu finden, den sie brauchen, wenn all die vielen Krankheiten und Gebrechen sie außerstande setzen, alleine für sich zu sorgen.[2]

Dies waren höchstwahrscheinlich die ersten Beweggründe zur Bildung der Ehegemeinschaft bei den primitiven kulturlosen Bewohnern der Erde. Wenn also allem Anschein nach die Anfänge der Ehe in den zufälligen und gar nicht vorgesehenen Äußerungen elterlicher Zuneigung liegen, so dürfen wir auch annehmen, daß sie von beiden Teilen ohne jeden vorherigen Vertragsabschluß über die Bedingungen oder Dauer ihrer Beziehungen eingegangen wurde. Etwa so, wenn bei den Römern die älteste Form der Ehe anscheinend in einem bloßen *Gebrauchs-* oder *Gewohnheitsrecht* bestand – dann nämlich, wenn ein Paar für die Dauer eines Jahres beständig zusammengelebt hatte. Ein Zeitraum also, der nach dem gewöhnlichen Lauf der Dinge ausreichte, um beiden die Sorge für eine Familie aufzuerlegen.[3] Auch bei den frühen Griechen, so glaubt man,

2 Es scheint überflüssig zu betonen, daß das hier über die Ehe Gesagte sowie viele andere Bemerkungen, die im Folgenden hinsichtlich der Sitten bei den Völkern der Frühzeit noch gemacht werden, nur auf die Völker bezogen werden können, denen die Kenntnis solcher ursprünglicher Institutionen verloren gegangen war; denn aus den heiligen Schriften erfahren wir ja, wie diese Einrichtungen der Menschheit durch ganz außergewöhnliche Offenbarung des Himmels vorgeschrieben wurden.

3 Cicero, pro Flaco, Heineccius, antiq. Roman.

habe die Sitte geherrscht, auf die gleiche einfache Weise eine Heirat einzugehen.[4] Die kalmückischen Tataren kennen heute noch einen ähnlichen Brauch: Dort ist es üblich, daß ein junges Paar sich von den andern absondert und ein Jahr lang als Mann und Frau zusammenlebt. Gebiert die Frau nun in dieser Zeit ein Kind, so gilt die Ehe als geschlossen, wenn nicht, so steht es entweder in beider Belieben, sich zu trennen, oder sie entschließen sich zu einem weiteren Jahr der Probe. Spuren dieser urtümlichen Sitte mögen sich noch im schottischen Recht finden, wonach bei einer kinderlosen Ehe, die innerhalb von *Jahr und Tag* aufgelöst wird, keinerlei rechtliche Folgen entstehen, und wo einem jeden Partner sein Besitzstand so zurückerstattet wird, als ob die eheliche Verbindung überhaupt nicht bestanden hätte.

Zeit und Erfahrung entwickelten nun diese Verbindung allmählich weiter, – man entdeckte die mancherlei Vorzüge, die sie mit sich bringt. Rücksichten auf solche Vorteile, dazu die Wirkung von Sitte und Vorbildern, führten schließlich die generelle Festigung der ehelichen Verbindung herbei. Das Bestreben der Partner oder ihrer Verwandten, jene Streitigkeiten oder Nachteile zu verhüten, die häufige und gefürchtete Begleiterscheinungen waren, brachte es dahin, daß die Parteien auch die Bedingungen ihrer Verbindung mittels einer ausdrücklichen Bestimmung festlegen wollten. Es entstand daraus das feierliche Zeremoniell der Heirat. Aus der Nützlichkeit des Vertrages, durch den ja die geordnete Vermehrung der Bewohner eines Landes geregelt wird, ergaben sich denn auch die verschiedensten öffentlichen Bestimmungen, die die Institution selbst fördern und festigen, ihre Formen im einzelnen regeln und die überdies dem unfixierten und regellosen Umgang der Geschlechter entgegenwirken sollten.

Bei wilden, unzivilisierten Völkerschaften hingegen werden die Ehen in der Regel geschlossen, ohne daß zuvor eine Bindung

4 Vgl. Brisson, de vet. rit. nuptiar. [Verweise dieser Art werden hinfort ohne Kenntlichmachung ausgelasssen, wenn keine besonderen Gründe für deren Beibehaltung vorliegen.]

zwischen den Partnern bestanden hat. Auch die Erfüllung beiderseitiger starker Neigungen wird recht wenig in Betracht gezogen. Selten oder gar nie entschließt sich der Wilde zur Ehe aus gleichsam individuellen Wünschen oder Reizen des Geschlechts heraus; vielmehr geht er diese Verbindung gewöhnlich dann ein, wenn er sich in einem bestimmten Alter und den entsprechenden Verhältnissen befindet, wo der Bedarf an einer Familie und der Wunsch nach ihrem Zustandekommen als zweckmäßig oder für die Daseinserleichterung notwendig empfunden wird. Er zeigt dabei keine besondere Vorliebe für diese oder jene Frau, sondern überläßt seinen Eltern oder anderen Verwandten die Auswahl hinsichtlich einer passenden Person, die er heiraten solle. Auch braucht er sich nicht einmal die Mühe zu machen, ihr selbst einen Besuch abzustatten, sondern er läßt eben diese anderen alle vorbereitenden Verhandlungen führen und das Geschäft zum Abschluß bringen. Um diese Seite der Angelegenheit bekümmert er selbst sich überhaupt nicht: Werden seine Vorschläge abgewiesen, so nimmt er das ohne die geringste Erregung zur Kenntnis, werden sie günstig aufgenommen, bleibt er ebenso ungerührt. Die Ehe wird sodann von beiden Seiten mit vollkommener Indifferenz geschlossen.[5]

5 Pater Lafitau stellt bei den Wilden Amerikas eine besondere, für die Indifferenz bei der Eheschließung typische Sitte fest und betont zugleich das Desinteresse der dortigen Menschen an der Befriedigung ihrer Triebe: »Es gibt einen alten Brauch bei fast allen diesen wilden Völkerschaften, der besagt, daß ein volles Jahr seit der Eheschließung vergehen müsse, bevor die Ehe vollzogen werden darf. Andersgeartete Absichten vor Ablauf dieser Zeit zu zeigen, hieße die Braut beleidigen, die dies so auffassen könnte, als suche man die Verbindung mit ihr aus Lustbefriedigung und weniger aus Achtung der Person. Obgleich das junge Paar die Nächte gemeinsam verbringt, geschieht dies ohne Verletzung dieses althergebrachten Brauchs. Die Verwandten der Braut wachen ihrerseits sehr genau darüber, indem sorgfältig ein großes Feuer vor der Schlafmatte der Beiden unterhalten wird, welches alles genau beleuchtet, was sie tun, und auf diese Weise garantiert, daß nichts der vorgeschriebenen Ordnung Zuwiderlaufendes geschieht.« (Joseph Lafitau, *Mœurs des sauvages Ameriquains*, Paris, 2 vols. 1724, tom. I, p. 564, bzw. in der ed. v. 1724, 4 vols., vol. II, pp. 263f.)
In manchen Gegenden Großbritanniens gilt es bei einfachen Leuten als Sache des Dekors, daß nach den Hochzeitsfeierlichkeiten die Eheleute eine Nacht zusammen schlafen sollten, ohne die Ehe zu vollziehen.

Bei der ausgesprochenen Gefühllosigkeit – ein feststellbarer Charakterzug aller wilden Völker – ist es denn auch nicht verwunderlich, wenn sie recht grobschlächtige Ansichten von solchen weiblichen Tugenden hegen, die bei gesitteten Nationen Ehre und Würde des weiblichen Geschlechts ausmachen.

Die Indianer Amerikas sehen keinen Makel im Ruf einer Frau, wenn sie die Regeln der Keuschheit vor der Ehe nicht beachtet hat. Ja wenn wir den Reisenden, die das Land aufgesucht haben, Glauben schenken dürfen, so ist ein derartiges Vergehen geradezu eine Empfehlung der Frau in den Augen des künftigen Ehemanns; er wird sie um so höher schätzen – weil andere sie nämlich schon vorher geschätzt haben, und umgekehrt wiederum ist es für ihn Grund genug, die Frau zu verstoßen, wenn er annehmen muß, daß man sie bisher übergangen hat.

Den jungen Mädchen der Lydier z. B. war das Heiraten nicht eher erlaubt, als bis sie sich durch Prostitution ihre Mitgift verdient hatten.

Die Babylonier hatten eine in ihrer Religion gründende Sitte, die vermutlich aus der ältesten Vorzeit überliefert war, daß jede Frau, gleichgültig aus welchem Stand, sich einmal in ihrem Leben öffentlich einer rituellen Prostitution im Venustempel unterziehen mußte. Ein Ritual von derselben Art soll auch in gewissen Gegenden der Insel Zypern beobachtet worden sein.

Die Untreue einer verheirateten Frau wird natürlich in ganz anderem Lichte gesehen; sie erscheint gerade im Hinblick auf die in ihrem Gefolge auftretenden störenden Unannehmlichkeiten als ein Vergehen, das schwere Strafe verdient. Einen »falschen« Sprößling in die Familie hereinzubringen, eine Bindung mit einem Fremden zu unterhalten, die die Frau von ihren eigentlichen Beschäftigungen und Pflichten abbringt, wodurch sie überdies zur Veruntreuung der ihr anvertrauten Güter verleitet werden kann, das sind Vorkommnisse, die selbst in einem rohen Zeitalter die Eifersucht des Mannes entfachen müssen und woran sich Zorn und Ärger entzünden. Und doch gibt es Völker, die sich sogar über solche Rücksich-

ten hinweggesetzt und der strikten Einhaltung ehelicher Treue keine folgenreiche Wichtigkeit beigemessen haben.
Bei den alten Massageten war es üblich, daß Leute, die in einem Landesteil in Nachbarschaft siedelten, ihre Frauen als gemeinsamen Besitz hatten. Diodorus Siculus spricht davon, daß dieser Brauch bei den alten Troglodyten und Ichthyophagen an der Küste des Roten Meeres geherrscht habe.
Schließlich berichtet Caesar aus Britannien, daß dort zehn oder zwölf Männer, meistens nahe Verwandte, die Frauen in gemeinschaftlichen Besitz hielten; ein Kind aber, in solcher Promiskuität gezeugt, wurde als Kind des Mannes gezählt, mit dem die Mutter zuerst zusammengewesen war.
Verschiedene Autoren haben aus dem lobenswerten Wunsch heraus, unsere Vorväter mit einer Rechtfertigung zu entschuldigen, diese Tatsache in Zweifel gezogen und möchten glauben, daß Caesar zu diesem besonderen Detail zwangsläufig durch den Umstand geführt wurde, daß solchen Personengruppen ganz einfach ein und dieselbe Hütte als Behausung diente. Aber man kann sich schwerlich vorstellen, daß ein so urteilsfähiger und gut unterrichteter Mann wie der Eroberer Galliens, der mit den Gebräuchen einfacher Völker schon seit langem vertraut war und seiner ganzen Art nach diesen Sachverhalt als etwas Wissenswertes behandeln mußte, sich dabei so mangelhaft informiert oder so leicht mit oberflächlichen Auskünften zufrieden gegeben haben sollte, daß er einem groben Irrtum dieser Art zum Opfer fallen konnte.[6]
Das Ausleihen einer Frau an einen Freund, damit er von ihr Kinder haben könne, muß bei den Griechen und Römern des Altertums allgemein verbreitete Sitte gewesen sein. Und auch später, als diese Nationen wohlhabend und zivilisiert waren, ist ein solcher Brauch noch offen von Personen höchsten Standes und Ansehens gutgeheißen worden. Auf besondere Weise,

6 »Je zehn oder zwölf haben die Frauen unter sich gemeinsam, besonders Brüder mit Brüdern und Väter mit Söhnen; aber die bei ihnen geborenen Kinder gelten als Kinder derer, denen zuerst das Mädchen zugeführt wurde.« (Caesar, Gallischer Krieg, Buch 5, § 14.)

so heißt es, ist dies auch den Spartanern anempfohlen worden, nämlich durch die berühmte Gesetzgebung des Lykurg.[7]
Bei mehreren wilden Stämmen in der Kamtschatka bietet man als höfliche Geste guter Gastfreundschaft dem Gast auch die Besitzrechte an Frau oder Tochter an, und ein vorsätzlicher Affront ist es, wenn jemand seinem Gast diesen Akt der Höflichkeit versagt. Ein so beleidigendes Verhalten seitens des Gastgebers wird entsprechend übelgenommen. In Louisiana, an der Küste Guineas wie auch in manchen Gebieten Indiens, in Pegu, Siam, Kotschinchina und Kambodscha ist es in ganz derselben Weise üblich, daß die Bewohner allen Fremden, wenn sie als Besucher ins Land kommen, gegen ein kleines Geschenk ihre Frauen anbieten.
Alle Menschen aber, die auf dem Wege zur Kultiviertheit schon beträchtliche Fortschritte gemacht haben, verbinden mit den Beziehungen der Geschlechter auch bestimmte Gefühle der Schamhaftigkeit. Diese Empfindungen leiten sich aus den jeweils ganz andersgearteten Reaktionen her, von denen der Einzelne durchdrungen wird, je nachdem er nämlich unter der

7 Plutarch *in vita Lycurg.* [Vgl. auch:]
»Während die Sonne inzwischen die Kälte der Nacht vertrieb, hörte man lautes Klopfen am Tor, und Marzia, trauernd um Hortensius, stürzte herein, eben von dessen Feuerbestattung kommend. Als Jungfrau wurde sie zuerst einem edleren Manne vermählt [Cato]; als sie mit der Geburt des dritten Kindes Lohn und Gebühr der Ehe empfangen hatte, wurde sie an einen anderen Hausstand weitergegeben [an Hortensius], um auch dort fruchtbare Mutter zu sein und die beiden Häuser durch die mütterlichen Blutsbande enger aneinanderzuknüpfen. Doch jetzt, da sie Hortensius' Asche der Urne übergeben hatte, eilte sie herbei, ein mitleiderregender Anblick: zerrauft und zerwühlt ihr Haar, die Brust von vielen Schlägen verletzt; über und über mit der Asche der Bestattung bedeckt. Anders hätte sie auch von Cato keine Gunst zu gewärtigen gehabt. Und sie sprach in Betrübnis: ›Als noch warmes Blut in diesen Adern floß und ich noch die Kräfte zur Mutterschaft hatte, da bin ich deinem Gebot, Cato, gefolgt: Ich hatte zwei Ehemänner und schenkte ihnen Kinder. Jetzt kehre ich zurück, elend und erschöpft von den Schwangerschaften, und man darf mich nicht noch einmal einem anderen Mann zur Gattin geben. Gewähre mir die Erneuerung des Treuebundes meiner ersten Ehe; gewähre mir nur den Namen: Gattin ...‹ Ihre Worte rührten ihren Gatten, usw.«
Lucan, Pharsal. Lib. [2, v. 326–43, u. 350]. – (Übertragen nach der englischen Prosaübersetzung von J. D. Duff, Loeb Class. Library, London 1962. – Anm. d. Übers.)

direkten Gewalt seiner Begierden handelt oder aber sich in einer ganz anderen sonstigen Situation befindet: Wenn die heftige Leidenschaft abgeklungen ist und der Mensch die reguläre Gemütsruhe wiedererlangt hat, so kommen ihm nun die vorherigen Emotionen bis zu einem gewissen Grade als Verschwendung vor, und gemessen an dem sie auslösenden Gegenstand erscheinen sie ihm als unverhältnismäßig gesteigert. Wenn es nun aber schon so ist, daß uns – bei aller inneren Beteiligung – in dem hier angedeuteten Falle das bloße Erinnertwerden an unsere natürlichen Begierden selbst doch recht unangenehm sein kann, so dürfen wir auch mit gutem Grund folgern, daß das unverhüllte Zeigen solcher Gelüste im höchsten Grade Anstoß bei anderen Menschen erregen wird. Denn wer gerade nicht von den gleichen Gelüsten ergriffen ist, der wird sich beim Anblick unserer Lust angeekelt fühlen; wer aber selbst Gelüste verspürt, der muß bei diesem Anlaß zum eifersüchtigen Rivalen werden. Man darf also erwarten, daß die Menschen, in dem Maße sie sich solcher Wirkungen bewußt werden, den Versuch machen, solche unangenehmen Auftritte aus dem Weg zu räumen. Sie möchten einen Schleier über das Vergnügen werfen, sie wollen vor den Blicken der Gesellschaft alle Gedanken und Gelüste verbergen, von denen sie aus Erfahrung wissen, daß sie sich damit Verachtung und Abscheu zuziehen würden. Was also in dieser Hinsicht zunächst die Natur gebietet, wird durch ständiges Dazulernen noch stärker ausgeprägt. Unsere eigenen Gefühle gewinnen fortwährend an Festigkeit durch den Vergleich mit den Gefühlen der Menschen, die um uns sind, und so erröten wir immer dann, wenn wir einmal jenes Sichverbergen und Sichzurückhalten außer acht lassen, wie wir es gelernt und in langer Übung zur Gewohnheit gemacht haben. Auf diese Weise setzen sich die bestimmten Regeln des Anstandes und Dekors durch, was Kleidung, Ausdrucksformen und allgemeines Betragen angehen; und da eben diese Regeln sehr wesentlich zur Höherentwicklung und Verfeinerung des Umgangs in der Gesellschaft beitragen, hält man auch ihre Beobachtung gerade durch das

Geschlecht für besonders unerläßlich, von dem man aus offensichtlichen Gründen höchste Zurückhaltung und makelloses Betragen verlangen muß.

Doch bei den einfachen Wilden sind solche Raffinements kaum bekannt. Ihre ganzen Lebensumstände verhindern, daß es dazu kommt, den Verkehr der Geschlechter als etwas Wichtiges anzusehen und überhaupt auf jene bestimmten Situationen aufmerksam zu werden, die man vielleicht am schicklichsten verbergen sollte. Da sie in dem von der Natur in sie gelegten Instinkt nichts Verabscheuungswürdiges sehen, kennen sie auch keine Scham bei seiner natürlichen Befriedigung, und sie bedienen sich in diesem Falle weder in Worten noch in Taten irgendwelcher Verstellungskünste.

Aus Herodots Bericht über die Massageten entnimmt man, daß diesem unzivilisierten Volk Zurückhaltung oder Schamhaftigkeit im Umgang der Geschlechter fremd war. Caesar berichtet dasselbe von den Germanen, und dabei hatte dieses Volk schon einige höhere Entwicklungsformen in seiner Lebensweise erreicht.[8] Und wenn bei den Hottentotten die Sitte herrscht, daß der Mann bei der eigentlichen Liebeswerbung den Widerstand seiner Geliebten überwinden darf, so mag man darin den klaren Hinweis auf ähnliche Zustände erblicken, was ein eindrucksvolles Bild von der ursprünglichen Einfachheit und Ungekünsteltheit des Verhaltens vermittelt.

Als Mr. Banks 1769 auf der Insel Otaheite war, empfing er den Besuch einiger Damen, die ihm unter recht ungewöhnlichem Zeremoniell Stoffe als Geschenk brachten; darüber gibt Dr. Hawkesworth die folgende Schilderung.

Es waren neun Stück Stoff. Die vorderste der Frauen, mit Namen Oorattooa, legte zuerst drei Stücke aufeinander und stellte sich darauf. Dann hob sie rundum bis zur Hüfte ihre Gewänder hoch, drehte sich dreimal im Kreis, und dies alles in würdiger Haltung, mit großer Ernsthaftigkeit und dem Ausdruck vollendeter Unschuld

8 »Dabei gibt es in dieser Beziehung kein Verheimlichen, weil man in den Flüssen gemeinsam badet und nur Felle oder kleine Pelzüberwürfe trägt, wobei ein großer Teil des Körpers unbekleidet bleibt.« (Caesar, Gallischer Krieg, Buch 6, § 21.)

und Schlichtheit. Als sie damit fertig war, ließ sie den Schleier ihrer Gewänder wieder herab, trat von dem Stoff herunter, es wurden drei weitere Stücke daraufgelegt, und sie wiederholte das ganze Zeremoniell. Wie zuvor ging sie wieder herunter, die drei letzten Stücke wurden obenauf gelegt, und der Vorgang wiederholte sich genauso ein drittes Mal.[9]

Obwohl die Einwohner dieses Landes ohne große Anstrengungen überreichlich mit Nahrung versehen sind und man daher annehmen könnte, sie seien den Vergnügungen mehr zugetan als üblicherweise die Wilden in kälteren Zonen, so kennen sie doch offenbar jene Besitzunterschiede nicht, durch die das freie Ausleben der Gelüste sonst eingedämmt wird –, was wiederum einen gewissen Grad von Verfeinerung der Leidenschaften hervorbringen würde.

Als Kolumbus die Neue Welt entdeckte, fand sich, daß dort die Eingeborenen Kleidung als einen Begriff der Anstandsregeln nicht kannten: Zwar hatten die Männer ein Kleidungsstück, doch die Frauen, heißt es, trugen nicht das geringste zu ihrer Bedeckung. Bei diesen Indianern aber wird die Nacktheit, durch die Autorität der Sitte gebilligt, vermutlich genauso wenig irgendwelche Neigungen zu Ausschweifungen gefördert haben, wie man das von den niederen Lebewesen annehmen darf, die in ähnlicher Lage sind. Naturvölker zeichnen sich eben gewöhnlich dadurch aus, daß sie freier und einfacher in ihrem Verhalten sind, je ferner ihnen Luxus und Unmäßigkeit liegen.

9 Voyages for making discoveries in the Southern Hemisphere, vol. 2, chap. 12.
Dasselbe Werk enthält den Bericht von einer noch bemerkenswerteren Darbietung auf dieser Insel: »Ein junger, hochgewachsener Mann von fast sechs Fuß vollzog mit einem Mädchen von etwa elf oder zwölf Jahren die Riten der Venus in Gegenwart einiger unserer Leute und einer großen Zahl Eingeborener, ohne jeden Sinn dafür, daß es sich dabei um etwas Unanständiges oder Ungehöriges handelte; vielmehr geschah das offenbar in vollkommener Übereinstimmung mit den ortsüblichen Sitten. Unter den Zuschauern befanden sich mehrere Frauen höheren Standes, insbesondere Oberea, die, wie man schon sagen muß, bei dem Vorgang assistierten, denn sie gaben dem Mädchen Anweisungen, wie sie ihre Rolle zu spielen habe, deren sie, jung wie sie war, sichtlich nicht bedurfte.« (Ibid.)

Die Odyssee berichtet von Telemachos, wie man ihn nach seiner Ankunft zu Pylos nackt auszog und des Königs Tochter ihn badete und salbte.

> Während nun jene diensteifrig die sakralen Bräuche verrichten,
> Nahm die jüngste Schöne vom Stamme Nestors,
> Die sanfte Polykaste, die angenehme Mühe auf sich,
> Den Fürsten zu baden, ihn mit duftendem Öle zu salben.
> Danach, die schöne Gestalt von einem bunten Gewand umhüllt,
> Trat er, einem Gotte gleich, hervor unter die Blicke der Sterblichen.[10]

Ein bemerkenswertes Beispiel dieser Art Ungekünsteltheit und Einfachheit bezeugt sich in dem Verhalten der Ruth gegenüber Boas, ihrem Verwandten.

> Und da Boas gegessen und getrunken hatte, ward sein Herz guter Dinge, und er kam und legte sich hinter einen Kornhaufen; und sie kam leise und deckte auf zu seinen Füßen und legte sich.
> Da es nun Mitternacht ward, erschrak der Mann und beugte sich vor; und siehe, ein Weib lag zu seinen Füßen.
> Und er sprach: Wer bist du? Sie antwortete: Ich bin Ruth, deine Magd. Breite deine Decke über deine Magd; denn du bist *ein naher Verwandter.*[11]

Solche Gebräuche müssen sich außerordentlich nachteilig auf die Entwicklung des Begriffs von Rang und Würde der Frauen auswirken. Denn sie entbehren ja eben der Rücksichtnahme und Achtung, in deren Genuß sie bei einer gesitteten Nation gerade durch die leidenschaftlichen Beziehungen zwischen den Geschlechtern zu gelangen pflegen. Dabei ist es zugleich in einem unzivilisierten Zeitalter nicht möglich, daß sie sich etwa eine Wertschätzung verschaffen könnten durch die Art der Beschäftigungen, die man sie ausüben läßt.

Bei Menschengruppen, wo die Männer fast ununterbrochen mit

10 Odyssee, Buch 3, ca. v. 460f. (Übertragung nach Alexander Popes *Odyssey*, Buch 4, v. 58f. – Anm. d. Übers.)

11 Ruth 3, 7–9. – (Im Text [Authorized Version]: »for thou art *a near kinsman*«. Der Kontext macht eine wörtliche Wiedergabe der hier vom Übersetzer hervorgehobenen Stelle nötig. Vgl. die Luthersche Übersetzung: »Breite deine Decke über deine Magd; denn du bist der Erbe.« – Anm. d. Übers.)

Kriegführen oder Jagen beschäftigt und schon durch diese Lebensweise zahllosen Beschwernissen und Gefahren ausgesetzt sind, da genießen einzig die Taten, die aus Stärke, Mut und kriegerischer Geschicklichkeit vollbracht werden, die höchste Wertschätzung. Und solche Taten sind es, – zu allen Zeiten werden sie gewisse Bewunderung hervorrufen –, die in einem unzivilisierten Land dann die Hauptquellen von Rang und Würde darstellen, denn dies sind Leistungen, die für das Volk von ganz unmittelbarem Nutzen sind in bezug auf Nahrungsbeschaffung und den Schutz der persönlichen Sicherheit – die beiden großen Aufgaben, die die Menschen dort unablässig im Auge haben. Kehren die Männer eines wilden Stammes von ihren Unternehmungen zurück, so wird jeder einzelne ganz nach dem Wert der von ihm vollbrachten Taten gewürdigt, und beim Festmahl wird jener Mann einen ausgezeichneten Platz einnehmen, der sich auch draußen im Kampf besonders hervorgetan hat. Die besonderen Vorfälle beim Kampf oder bei der Jagd nehmen die Gedanken ein und als Gesprächsgegenstand das ganze Interesse gefangen. Die alten Männer haben ihre Freude daran, wenn sie von Taten aus früheren Zeiten berichten dürfen, die ihren eigenen Ruhm begründet haben, und sie geben an die jungen Männer den Schatz ihrer angesammelten Beobachtungen weiter oder vermitteln ihnen bestimmte Verhaltensregeln, denen ganz besonderes Augenmerk gebührt. Der zum Kampf ausziehende Sohn ist mit dem Schwert seiner Väter bewaffnet und wird durch die Erinnerung an den von ihnen einst erworbenen Ruhm zur edlen Nacheiferung ihrer Großtaten angefeuert.
Nun kann man sich aber leicht die Unterlegenheit der Frauen in dieser Hinsicht vorstellen. Zwar ist es natürlich, daß sie, bedingt durch die rauhen Lebensumstände, ein Maß von Stärke und Unerschrockenheit erlangen, das jeden überraschen muß, der nur die Sitten kultivierter Nationen kennt. So ist es üblich, daß sie die Männer auf ihren Jagd- und Kriegszügen begleiten, und zuweilen kommt es sogar vor, daß einzelne Frauen vom allgemeinen Geist der Zeiten dazu angestachelt

werden, sich in den Kampf zu stürzen, so daß sie mit dem Erfolg ihrer Taten sogar Berühmtheit erlangen. Und dennoch: was auch immer in einigen außergewöhnlichen Fällen dabei an Taten vollbracht worden sein mag, wir wagen den Schluß, daß die weibliche Natur in keiner Weise für kriegerische Verrichtungen geeignet ist, daß die Frauen in den rohen wie auch in den gesitteten Zeitaltern größtenteils nicht befähigt sind, mit dem anderen Geschlecht in Stärke und Mut in Wettstreit zu treten. Der Bereich ihrer Tätigkeit ist deshalb auf eine allgemein niedrigere Sphäre beschränkt. Ihnen fallen die untergeordneten Aufgaben des Hauswesens zu, sie führen alle häuslichen Pflichten aus, die aus den besonderen Lebensumständen des Volkes entstanden sind. Das aber sind Pflichten, die bei aller Nützlichkeit doch nur wenig Geschick verlangen, zu deren Ausübung keine auffallend glänzenden Talente gehören. Sie werden deshalb natürlicherweise als niedrige Dienste betrachtet, die so unwürdig sind, daß sich keiner damit abgeben könnte, der eine Respektsperson aufgrund seiner kriegerischen Leistungen vorstellt.

Wir können aus diesen Beobachtungen eine Vorstellung gewinnen von Stellung und Lebensbedingungen der Frauen in den Zeitaltern, denen jegliche Höherentwicklung abging. Man schenkte ihnen kaum Beachtung, weder im Hinblick auf Freuden, zu denen sie einem verhelfen, noch wegen der Arbeiten, zu deren Verrichtung sie sich eignen, und so werden sie unter den Rang des männlichen Geschlechts gesetzt, wodurch sie zugleich der Gewalt unterworfen sind, die der Stärkere über den Schwächeren ausübt – eine Gewalt, die in der Frühzeit durch keinerlei Regierung irgendeine Beschränkung erfährt und folglich auch mit einem Grad von Härte und Strenge ausgeübt wird, wie es der Natur des jeweiligen Menschenschlags entspricht.

Demzufolge stellen wir fest, daß in der Frühzeit die Frauen einer Familie meist wie Mägde und Sklavinnen der Männer behandelt werden. Sie werden im Zustand der allerschlimmsten Abhängigkeit und Unterwerfung gehalten, und das ihnen

auferlegte Maß an schwerer Arbeit und Sich-Abplagen ist unübertroffen. Unablässig werden sie zu Arbeiten angehalten wie Wurzelroden, Holzschleppen, Wasserholen, Melken, Nahrungszubereitung, Aufzucht der Kinder und was es an sonstigen Tätigkeiten gibt, deren Ausführung unter den herrschenden Lebensbedingungen auf sie gefallen ist. Der Mann hingegen, befindet er sich gerade einmal nicht auf irgendwelchen Kriegszügen, hängt ganz dem Nichtstun nach und wälzt alle Last der Hauswirtschaft auf die Frau ab. Er läßt sich nicht herab, ihr dabei behilflich zu sein, sie schläft auf ihrem besonderen Lager, und er gestattet ihr nur selten, mit ihm zu sprechen oder Umgang zu pflegen.
Bei den Negern der Sklavenküste etwa darf die Frau überhaupt nur in knieender Haltung vor ihrem Gatten erscheinen oder etwas aus seinen Händen entgegennehmen.
Im Reich des Kongo wiederum und bei nahezu allen Völkern an den Südküsten Afrikas ist den Frauen einer Familie fast nie das gemeinsame Essen mit den Männern erlaubt. Bei der Mahlzeit sitzt der Gatte allein, die Frau steht gewöhnlich direkt hinter ihm, verjagt die Fliegen, bedient ihn mit den Gerichten oder versorgt ihn mit Tabak und Pfeife. Erst wenn er gegessen hat, kann sie was übriggeblieben ist verzehren, sie darf sich aber keinesfalls dabei setzen, denn dies vertrüge sich offenbar nicht mit der niedrigen, unterwürfigen Stellung, wie sie dort für ihr Geschlecht angemessen erscheint. Steht ein Hottentotte mit seiner Frau in den Diensten eines Europäers und beide sind im selben Haus untergebracht, so muß der Herr unbedingt jedem von ihnen einzeln seine bestimmte Portion Essen zuteilen, und nach heimischem Brauch verschlingt jeder seinen Anteil in einer gewissen Entfernung vom andern.

Aus dem kürzlichen Bericht von Kommodore Byron über die Indianer Südamerikas erfahren wir:

Die Männer herrschen mit despotischer Gewalt über die Frauen, die wie irgendein beliebiges Stück Eigentum angesehen werden, und sie verfügen auch dementsprechend darüber. Selbst in gewöhnlichen

Dingen ist die Behandlung grausam: obgleich die Mühe der Nahrungsbeschaffung gänzlich auf die Frauen fällt, läßt man sie nichts davon anrühren, ehe der Mann satt ist. Dann erst teilt er ihnen eine Portion zu, gewöhnlich eine recht kärgliche und dazu das, wonach sein Magen keine Lust hat.

Vom Autor erfahren wir weiter, daß er diese Art Willkür bei vielen anderen wilden Völkern vorfand, die er seitdem kennenlernte.[12]

Diese Situation der Knechtschaft in unzivilisierten Ländern hat zur Folge, daß die Frau weithin nicht in der Lage ist, selbst Eigentum zu besitzen. Vielmehr gilt die Voraussetzung, daß sie keinerlei Anteil am Vermögen der Familie hat, der sie zugehört. Alles, was durch ihre Arbeit erworben wurde, steht unter der alleinigen Verfügungsgewalt des jeweiligen männlichen Verwandten und Freundes, unter dessen Schutz sie steht und von dem sie ihren unsicheren, gleichsam almosenartigen Unterhalt empfängt. Nach dem Tode eines Eigentümers verbleibt sein Besitz entweder im Eigentum der Söhne oder geht an die anderen männlichen Verwandten über. Der Gedanke hingegen, die Töchter in irgendeiner Weise an der Erbfolge zu beteiligen, ist so fern, daß sie einfach als Teil der Erbschaft betrachtet werden, worüber der Erbe nach Belieben zu verfügen alle Macht hat.

Im Königreich Benin am Kap der Guten Hoffnung, wie überhaupt an der ganzen West- und Südküste Afrikas, kann eine Frau niemals in die Nachfolge eines Erbes eintreten, weder in bezug auf Grundbesitz noch auf persönliches Eigentum.

Die gleiche Rechtssitte soll noch bei den Tataren herrschen, und es gibt einigen Grund für die Annahme, daß sie schon seit alters her auch bei den Bewohnern von Chaldäa und Arabien die Regel gewesen ist.

Um nun nach jener bekannten Entscheidung in diesem Punkt, wie sie von Moses übermittelt wird, zu urteilen, muß zu seiner Zeit die weibliche Erbfolge noch ohne Vorbild gewesen sein; und erst durch sein Gebot wurden dann Frauen zur Erbschaft

12 Byron's Narrative.

zugelassen, wenn es an männlichen Verwandten gleichen Grades fehlte:

Und die Töchter Zelophehads, . . . kamen herzu
und traten vor Mose und vor Eleasar, den Priester, und vor die Fürsten und die ganze Gemeinde vor der Tür der Hütte des Stifts und sprachen:
Unser Vater ist gestorben in der Wüste und war nicht mit unter der Gemeinde, die sich wider den Herrn empörte in der Rotte Korahs, sondern ist an seiner Sünde gestorben, und hatte keine Söhne.
Warum soll denn unsers Vaters Name unter seinem Geschlecht untergehen, weil er keinen Sohn hat? Gebet uns auch ein Gut unter unsers Vaters Brüdern!
Mose brachte ihre Sache vor den Herrn.
Und der Herr sprach zu ihm:
Die Töchter Zelophehads haben recht geredet; du sollst ihnen ein Erbgut unter ihres Vaters Brüdern geben und sollst ihres Vaters Erbe ihnen zuwenden.
Und sage den Kindern Israel: Wenn jemand stirbt und hat nicht Söhne, so sollt ihr sein Erbe seiner Tochter zuwenden.[13]

Eine derartige Geringschätzung der Frauen herrschte auch überall bei den germanischen Völkern, die die verschiedenen Provinzen des Römischen Reiches überrannten und unterwarfen, und damit setzten sich auch hier die entsprechenden Regeln des Erbrechts durch. Vermutlich waren Töchter und alle anderen weiblichen Verwandten nach der ursprünglich bei all diesen Völkern herrschenden Sitte zunächst vollständig vom Erbrecht ausgeschlossen; und erst später, als mit steigendem Wohlstand und Luxus auch das Ansehen der Frauen gestiegen war, ließ man auch ihre Erbfolge nach den männlichen Verwandten gleichen Grades zu.
Wenn in einem Lande die Frauen generell als Sklavinnen des anderen Geschlechts betrachtet werden, so ist es nur natürlich, daß man sie kauft und verkauft wie irgendein Stück Eigentum. Heiraten, eine Frau zur Gattin nehmen, kann da nicht mehr bedeuten als der Kauf einer bloßen Magd, die dann lediglich unter der Aufsicht des Ehemanns einen Großteil der Hauswirtschaft anvertraut bekommt.

13 4. Mose 27, 1–8 (Numeri).

So gilt denn allgemein, daß bei Naturvölkern, ob in Asien, Afrika oder Amerika, überall der Mann sich seine Frau von deren Vater abkauft oder von andern Verwandten, die über Rechte an ihr verfügen. So wurde hier schließlich das Moment des Abschlusses eines Geschäfts dieser Art im Verein mit der Bezahlung der Kaufsumme zur gebräuchlichsten feierlichen Form, in der eine Hochzeit begangen wird.[14]

So läge denn den Berichten der Geschichtsschreiber letztlich dieses zugrunde: In manchen Teilen der Erde ist es üblicherweise der Mann, der der Ehefrau oder ihren Angehörigen eine »Mitgift« zu übergeben hat, nicht aber die Frau, die dem Gatten ihre Aussteuer zu bringen hätte: *Dotem non uxor marito, sed uxori maritus offert* – »Eine ›Mitgift‹ bringt nicht die Frau dem Manne, sondern der Mann der Frau«, so drückt es Tacitus aus, wo er von dieser Sitte bei den Germanen spricht.[15]

Über die Werbung des Sichem um Jakobs Tochter heißt es:

Und Sichem sprach zu ihrem Vater und ihren Brüdern: Laßt mich Gnade bei euch finden; was ihr mir sagt, das will ich geben.
Fordert nur getrost von mir Morgengabe und Geschenk, ich will's geben, wie ihr heischet; gebt mir nur die Dirne zum Weibe.[16]

Als David König Sauls Tochter heiraten wollte, da verlangte man von ihm einen Brautpreis von ganz besonderer Art.[17]

Diese alte Sitte, wonach der Mann seine künftige Frau von deren Angehörigen abkaufen muß, gilt noch heute bei den Chinesen, die bei aller Wohlhabenheit und ungeachtet der dort hohen Entwicklung der Künste in großartiger Beharrlichkeit

14 Diese Form herrscht im Königreich Pegu; siehe *Modern Universal Hist.* vol. 7; in Sibirien, siehe Prof. Gmelins *Reisen nach Sibirien*, vol. 1, p. 29; bei den Tataren, siehe Dr. Cooks *Travels through the Russian Empire etc.*, vol. 2, chap. 21, *Hist. gén. des voy.*, tom. 9; bei den Negern der Küste Guineas, siehe ebenda, tom. 4; bei den Arabern, siehe D'Arvieux, *Reisen.* – »Gegenwärtig gilt glücklicherweise noch das Gesetz, daß der Ehemann einer Frau, die, ohne Kinder zu hinterlassen, dieses Leben verlassen hat, nicht jene Gabe zurückfordern kann, die er für sie gegeben hatte.« (Leges Burgundior. tit. 14, 2.3.)

15 (Vgl. Tacitus, Germ. § 18. – Anm. d. Übers.)

16 1. Mose 34, 11–12 (Genesis).

17 Vgl. 1. Samuel 18, 25.

an Gebräuchen festhalten, die sich in unkultivierten Zeiten entwickelt hatten.

So ist es Sir Thomas Smith aufgefallen, daß »nach frühem englischen Recht die Braut vom Vater oder einem andern Mann der nächsten Verwandtschaft am Tor zur Kirche dem Bräutigam übergeben wurde; dieser aber legte *Gold* und *Silber* auf die Bibel nieder, *so als ob er die Braut kaufte.*«[18] Die alte Geschichte Frankreichs kennt ähnliche Gebräuche, die teilweise dort noch in den heutigen Hochzeitsfeierlichkeiten weiterleben.

Nach demselben Prinzip gilt es auch als selbstverständlich, daß der Mann das Recht habe, seine Frau nach Belieben zu verkaufen oder zu verstoßen.[19]

Nun sei hier allerdings festgestellt, daß es sich um ein Privileg handelt, zu dessen tatsächlicher Ausübung der Mann kaum Anlaß findet, und zwar aus eben den Lebensumständen heraus, die bei einem Naturvolk gegeben sind. Denn als Mutter seiner Kinder ist die Gattin ja gerade die am ehesten geeignete Person, die für die Aufgabe, Kinder großzuziehen und zu versorgen, in Frage kommt. Je älter sie wird, desto umsichtiger und überlegter dürfte sie werden; das aber ist ein so wichtiger Umstand, daß demgegenüber irgendwelche Rücksichten auf geschlechtliche Begierden nicht ins Gewicht fallen können. Nur ein ganz schwerwiegendes Verbrechen könnte den Mann dazu bewegen, sich einer dienstbaren Person von solchem Nutzen zu entledigen, die er schon so lange kennt und deren Arbeit, ständige Dienstbereitschaft und treue Ergebenheit überdies einen anerkannt größeren Wert haben müssen als der Erlös, den man durch ihren Verkauf auf dem Markt erzielen könnte. Deshalb hört man auch aus der frühen Geschichte der Völker so selten von Ehescheidung.

Nun mag wohl die Frau unter diesen Umständen sich kein so starkes Mißfallen ihres Mannes zuziehen, daß er sie ganz aus dem Familienkreis ausstoßen würde, aber seine plötzlichen

18 The Commonwealth of England, Bk. 3, chap. 8.

19 [Zahlreiche Verweise gestrichen.]

Wutausbrüche und die schlimmen Folgen seiner Haßgefühle wird sie oft zu spüren bekommen. Bei unumschränkter Machtfülle in den Händen eines Wilden kann es nicht ausbleiben, daß bei vielen sich bietenden Gelegenheiten Machtmißbrauch getrieben wird. Er sieht sie ganz und gar als eine Person seines Hausgesindes und erwartet von ihr auch den entsprechend unbedingten Gehorsam gegenüber seinen Willensäußerungen. Beim geringsten Widerstand entfacht sich sein Zorn, der bei der ungezähmten Wildheit seines Naturells ihn so aufbringt, daß seine Gewalttätigkeiten zu einem unglücklichen Ausgang, nämlich zum Tod der Frau führen können.
Bei den Galliern besaß der Mann Gewalt über Leben und Tod seiner Frauen, die er mit der ganzen Strenge eines absoluten, tyrannischen Herrschers behandelte. Wenn dort eine Person von Rang eines gewaltsamen Todes gestorben war, so standen dessen Frauen genauso unter Tatverdacht wie das übrige Hausgesinde, und man unterwarf sie allesamt der Folter, um den Schuldigen herauszufinden.[20]
Das umfassendste und eindringlichste Bild aber von der weitverzweigten Machtfülle, mit der in den frühen Epochen der Ehemann gewöhnlich ausgestattet war, können wir aus dem alten Römischen Recht gewinnen. Danach galt ursprünglich die Frau in jeder Hinsicht als Sklavin ihres Mannes.[21] Sie konnte von ihm verkauft werden, sie konnte in willkürlicher Ausübung seiner Macht getötet werden. Aus dem bei den eigentlichen Hochzeitsfeierlichkeiten üblichen Zeremoniell ergibt sich mit Wahrscheinlichkeit, daß man in den frühesten Zeiten die Frau durch Zahlung eines echten Kaufpreises von deren Familie abkaufte.[22] Sie konnte in keiner Weise eigenes

20 Caesar, Gallischer Krieg, Buch 6, § 19: »Die Männer haben über die Frauen wie über die Kinder Gewalt über Leben und Tod. Wenn ein Familienvater vornehmeren Standes gestorben ist, kommen seine Verwandten zusammen und unterwerfen, wenn etwas bei dem Tode verdächtig erscheint, die Frauen der peinlichen Frage wie die Sklaven.«
21 Von ihr hieß es »convenire in manum mariti«, und sie befand sich so auf gleicher Stufe mit einer »filia-familias«.
22 Es handelt sich um die Gebräuche der »coemptio« (= Kaufehe – Anm. d. Übers.)

Vermögen besitzen, und was ihr zum Zeitpunkt der Eheschließung gehörte, wurde ausschließliches Eigentum des Mannes.

Das alles mag vielleicht ein recht beschämendes Bild sein, wenn wir uns, wie das hier geschieht, aus den ältesten Zeiten die barbarische Behandlung des weiblichen Geschlechts vor Augen führen und dabei die menschlichen Leidenschaften in ihren rohesten Formen kennenlernen, in denen gleichwohl die Ursprünge der Gesellschaft liegen dürften. Aber gerade diese typische und bei den frühen Menschen überall auf der Erde vorgefundene Rohheit und Barbarei paßt doch recht gut zu ihren niederen Lebensverhältnissen, zu den zahllosen Fährnissen und Beschwerlichkeiten, auf die sie stoßen. Wo den Menschen ständig der Hungertod droht, wo sie ihr Äußerstes tun müssen, um sich auch nur die elementarsten Lebensnotwendigkeiten zu verschaffen, wo sie weder vor Raubtieren noch vor den nicht minder gefährlichen Feinden der eigenen Gattung Schutz finden, da wäre doch die Konstitution dieser Menschen gewiß nur schlecht den Umständen angepaßt, wenn sie etwa mit einem feinausgebildeten Sinn für das Vergnügen begabt wären, wenn sie die zarten Schmerzen und Freuden der Liebe fühlen könnten und all der höheren Empfindung fähig wären, die sich in gesitteten und aufgeklärten Zeiten ganz natürlich aus den Leidenschaften der Liebe herausentwickeln. Derartige Neigungen wären in der Brust des Wilden gänzlich fehl am Platz. Sie wären für ihn sogar im höchsten Grade schädlich, weil er dadurch von den wirklichen Bedürfnissen abgelenkt würde und stattdessen auf unreale, eingebildete, und das hieße in seiner Lage geradezu groteske Phantasiegenüsse aus wäre. Man kann also aus allem nur erkennen, wie völlig unvereinbar eine solche Lebensverfeinerung mit seinen anderen Charakterzügen wäre. Völker, wo die Menschen einen so geringen Sinn für Eigentum haben, daß sie ein Leben fortgesetzten Stehlens und Plünderns führen, die so bar jeden menschlichen Empfindens sind, daß sie kaltblütig und unter den scheußlichsten Qualen ihre Gefangenen in den Tod schicken, die in entsetzlicher Barbarei Geschöpfe ihresgleichen auffressen, was selbst bei den gefährlichsten und blutgierigsten Raubtieren selten ist, – es leuchtet wohl ein, daß es für solche Völker einen Bruch in den gegebenen Lebensgewohnheiten und Handlungsgrundsätzen bedeutete, wollten ihre Menschen einen Aufwand an Zartgefühl und gegenseitigem Wohlwollen zeigen im Gefolge eben jener blinden Lust, die die Geschlechter eint. Zugleich sollte man sich aber auch daran erinnern, daß schon in diesem Frühzustand der Menschennatur, bei aller Ärmlichkeit und Niedrigkeit, die man an ihr wahrnimmt, die Keime der Höherentwicklung vorhanden sind, und wie sie durch lange und sorgsame Pflege zur Reife gebracht werden können. Je primitiver die Menschennatur, so könnte man also sagen, desto gewaltigere Anstrengungen und Energien sind vonnöten, und dieser Zustand provoziert die immer weiter ausgreifende Betätigung der erstaunlichen Kräfte und Fähigkeiten, die schließlich in stetem Fortschritt aus den rohen Anfängen heraus in Kunst und Wissenschaft zu den schönsten Entdeckungen und in Sitte, Umgang und Bildung zu höchster Vollendung geführt haben.

2. *Einfluß der Mutter einer Familie vor der Festigung der Ehe als Institution*

Wir kennen nun die unter den Bedingungen von Not und primitiver Unkultur natürlichen Auswirkungen auf die Lebensverhältnisse, einmal im Blick auf den Entwicklungsstand der geschlechtlichen Triebe, zum andern im Blick auf die Rangstufe, die den Frauen in einer Gesellschaft zugebilligt wird, wo solche Bedingungen herrschen. Und doch gibt es in den Lebensgewohnheiten der rohen Frühzeit einen besonderen charakteristischen Umstand, der in dieser Hinsicht Beachtung verdient, weil er offenbar in einigen Ländern eine sehr bemerkenswerte Ausnahme von unseren bisherigen Beobachtungen herbeigeführt hat.

Daß die Ehe ohne Zweifel eine sehr alte Institution ist,

leuchtet aus den besprochenen Gründen zwar ein, aber es ist doch einige Zeit und Erfahrung erforderlich, bis sie sich in einer noch primitiven Gemeinschaft endgültig durchsetzen kann. So lesen wir denn, daß die Ehe bei verschiedenen Völkern entweder ganz unbekannt ist, oder aber daß Heiraten nur in einem eingeschränkten Sinne und in wenig entwickelter Form stattfinden.

Bei einem Volk, das diese Institution noch wenig kennt, wird es den Menschen so vorkommen, daß Kinder eine viel engere Verbindung mit der Mutter als mit dem Vater haben. Wenn die Frau keinen Begriff von Zugehörigkeit oder Treue zu einer bestimmten Person hat, wenn sie auch bei zeitweiligem Umgang mit verschiedenen Männern weiterhin allein bleibt oder mit ihrer Verwandtschaft zusammenlebt, dann muß auch das von ihr geborene Kind, das unter ihrer Aufsicht steht, als Glied ihrer eigenen Familie betrachtet werden; und da der Vater ja in einiger Entfernung lebt, hat er gar keine Möglichkeit, seine Autorität über das Kind geltend zu machen. Verallgemeinernd können wir dies dahingehend zusammenfassen, daß Grundsätze gegenüber unehelichen Kindern, ähnlich denen wie sie bei kultivierten Nationen üblich sind, im Prinzip auch während der primitiven Zeiten gegolten haben und zwar so, daß davon die Mehrzahl der im Lande geborenen Kinder betroffen wurde.

So erhielten bei den Lyciern die Kinder den Namen ihrer Mutter, nicht den des Vaters. Wenn also jemand angeben sollte, welcher Familie er angehörte, so war es natürlich, daß er die mütterliche Geschlechterfolge nach der weiblichen Linie aufzählte. Das war der Fall bei den frühen Bewohnern Attikas, und dieselbe Sitte herrscht heute noch bei mehreren Eingeborenenstämmen Nordamerikas sowie bei den indischen Völkerschaften an der Küste von Malabar.[1]

1 Herodot, hist. lib. 1. – Vgl. Goguet, Origin of Laws, etc., vol. 2, book 1. – Charlevoix, Journal historique d'un voyage de l'Amér. – Nouveaux voyages aux Indes Orientales, tom. 2, p. 20. – Mod. Univ. Hist. vol. 6, p. 561. Spuren dieser Gebräuche finden sich auch in den Schriften der römischen Rechtsgelehrten [längeres Zitat getilgt].

Unter diesen Umständen kann die Frau, die als Mutter einer zahlreichen Familie von ihren anderen Verwandten getrennt lebt, oft zu Rang und Ansehen aufsteigen, wie sie ihr nach ihrem Geschlecht allein sonst nicht zuständen. Kinder wachsen in den jüngeren Jahren ganz im Schutz ihrer Sorge und Zärtlichkeit auf; gewohnt, sich der Autorität der Mutter zu beugen, ist es natürlich, daß sie auch noch später, wenn sie erwachsen und im Vollbesitz ihrer Kräfte und Fähigkeiten sind, der Mutter mit einem bestimmten Maß von Ehrfurcht und natürlicher Zuneigung begegnen. Wenn sie auch an ihr keine kriegerischen Fähigkeiten bewundern, so mögen sie doch der Erfahrung und Klugheit der Mutter Respekt zollen. Und sollten sie im unbedingten Gehorsam nicht immer ganz gewissenhaft sein, so werden sie sich vermutlich im Streitfalle immer auf ihre Seite stellen und die Sache der Mutter gegen jeden anderen unterstützen.

Wie wir wissen, ist es bei den Hottentotten sogar üblich, daß der junge Mann zu dem Zeitpunkt, da er, gleichsam volljährig, regelrecht in die eigentliche Männergemeinschaft aufgenommen wird, seiner Mutter Schmähungen und Schläge austeilt zum Triumphzeichen seiner Befreiung von ihrer Oberaufsicht. Ein solches Verhalten wird man bei Naturvölkern antreffen, wo die Ehe als Institution schon existiert und die physische Überlegenheit den Mann zum Familienoberhaupt hat werden lassen, so daß seine Autorität die der Frau entweder ganz ausgelöscht oder doch zum mindesten ihr Ansehen und ihre Bedeutung erheblich herabgesetzt hat. Dort aber, wo die Kinder ihren Vater nicht einmal kennen, ihm also weder Nahrung noch Schutz verdanken, kann es auch nicht ausbleiben, daß man für einen beträchtlichen Lebensabschnitt in der Mutter die wichtigste Person der Familie sieht.

Hier liegt sehr wahrscheinlich die Quelle des beherrschenden Einflusses der Frau, wie er in manchen unzivilisierten Gegenden der Erde nachzuweisen ist.

Auf Formosa soll es so sein, daß der Mann, sobald er jene flüchtige und vorübergehende Verbindung der Geschlechter eingeht, die unsere Reisenden in Analogie zu europäischen Verhältnissen als Ehe bezeichnen, seine angestammte Familie verläßt und von da an der Familie der Frau zugerechnet wird, in deren Gemeinschaft er für die Dauer seiner Verbindung mit der Frau verbleibt. Ebenso soll es in Peru bei dem Volke der Moxos sein.

Auf den Diebsinseln ist die Frau absolute Herrin des Hauses, ohne ihre Erlaubnis kann der Mann grundsätzlich über nichts frei verfügen. Sie züchtigt oder verstößt ihn ganz nach Belieben. Kommt es zur Trennung der Ehe, behält sie alle bewegliche Habe ebenso wie ihre Kinder für sich, und diese betrachten dann den nächsten Gatten als ihren Vater.

Bei den Stämmen Nordamerikas gewährt man den Frauen Zutritt zu den Beratungen. Sie genießen sogar das Vorrecht, daß sie zuerst aufgerufen werden, um ihre Meinung über jede zur Debatte stehende Sache zu sagen. Zwar kann eine Frau niemals das Amt eines Häuptlings ausüben, aber die Nachfolge in dieser Würde geht über eine Frau, insofern nämlich, als beim Tod eines Häuptlings der Nachfolger nicht dessen eigener Sohn, sondern der Sohn seiner Schwester ist, und gibt es diesen nicht, so tritt der nächste Verwandte der weiblichen Linie in diese Nachfolge ein. Ist aber die ganze Sippe eines Häuptlings ausgestorben, so hat die geachtetste Mutter des Dorfes gleichsam das Matronatsrecht, den Nachfolger zu bestimmen.

Allerdings vermerkt der Schriftsteller, dem wir die ausführlichsten Berichte von diesen Besonderheiten verdanken, daß dort in Nordamerika den Frauen diese einflußreiche Würde erst in einem angesehenen Alter zuteil werde, das heißt, wenn die Kinder schon solche Erfolge haben, daß sie dadurch ihrer Mutter den entsprechenden Respekt verschaffen. Vorher aber seien sie nur Sklavinnen der Männer, und es gebe überhaupt kein Land der Erde, wo das weibliche Geschlecht in größerer Vernachlässigung und Verachtung stehe.

Auch in Attika wurden im Altertum die Frauen in ähnlicher Weise an den öffentlichen Beratungen beteiligt. Diese Sitte herrschte noch bis zur Regierungszeit des Kekrops, als sich eine

Revolution abspielte, wovon einige Geschichtsschreiber die folgende Sagenüberlieferung mitteilen: Nach der Gründung Athens, so heißt es, stritten sich Minerva und Neptun um die Ehre, der Stadt einen Namen zu geben. Kekrops berief also eine Versammlung aller Männer und Frauen zusammen, damit sie den Streit entscheiden sollten. Die Frauen ergriffen die Partei Minervas, die Männer hingegen die des Neptun. Schließlich brachten die Frauen ihre Sache mit nur einer Stimme Mehrheit durch. Kurz darauf richtete das Meer eine Überschwemmung an, die schweren Schaden verursachte und die Bewohner in großen Schrecken versetzte, weil sie glaubten, daß dieses Unheil von Neptun über sie verhängt worden sei aus Rache für die erlittene Schmach. Um ihn zu besänftigen, beschlossen sie, das weibliche Geschlecht zu bestrafen, von dem diese Lästerung Neptuns ja ausgegangen war. Es wurde bestimmt, daß künftig keine Frau mehr zu den öffentlichen Versammlungen Zutritt haben und kein Kind mehr den Namen seiner Mutter führen dürfe.

Diese Episode aus der antiken Mythologie ließe sich dahingehend ausdeuten, daß die Entwicklung der Ehe als Institution bei den Athenern in die Regierungszeit des Kekrops fallen muß. Ihre feste Einrichtung hatte zur Folge, daß die Kinder nun nicht mehr den Namen der Mutter, sondern den des Vaters trugen, dessen Stärke und kriegerische Leistungen seine Überlegenheit erwiesen hatten und ihn so zum herrschenden Oberhaupt einer Familie machten. Damit aber mußte die Bedeutung der Frau beträchtlich sinken, was wiederum schon nach kurzer Zeit zwangsläufig dazu geführt haben muß, daß die Frauen gänzlich aus den großen Versammlungen ausgeschlossen wurden, in denen die Beratungen über öffentliche Angelegenheiten stattfanden.

Auch bei den Briten des Altertums herrschte noch der Brauch, daß die Frauen bei öffentlichen Versammlungen ihre Stimme abgaben. Bei noch nicht festgefügter und unentwickelter Ehe, bei der damals in Britannien noch herrschenden Form des gemeinschaftlichen Besitzes an den Frauen wird es den Kindern wohl kaum möglich gewesen sein, eine engere Verbindung mit dem jeweiligen Vater zu entwickeln; sie richteten sich also nach den mütterlichen Lebensverhältnissen und waren auf die Wahrung der Interessen und der Würde ihrer Mutter bedacht.

Eine Frau, die auf diese Weise an der Spitze einer großen Familie steht, hat damit zugleich eine hohe und einflußreiche Machtposition erlangt. Sie hat als Weib die Position des Oberhaupts inne, hält sich naturgemäß eine Anzahl Diener und ist bestrebt, die dazugehörige Pracht und Herrscherwürde aufzuwenden. Dem gewissen Luxus und Überfluß ihrer Lebensverhältnisse entsprechend, unterliegt sie um so eher den Versuchungen sinnlicher Gelüste, und so mag es gelegentlich vorkommen, daß in einer Zeit, wo bei den Geschlechtern noch kaum die Gewohnheit besteht, die eigenen Triebe zu zügeln oder zu verbergen, eine solche Frau sich mit verschiedenen männlichen Bediensteten einläßt, die ganz einfach zu ihrem Hausstand gehören und über die sie mit der Machtvollkommenheit eines Herrn und Meisters gebietet.

Diese Bemerkung mag das treffen, was im einzelnen von Geschichtskennern mitgeteilt wird: Im Reich der Meder war es in einigen Provinzen Brauch, daß die Frauen mehrere Gatten besaßen, und in einigen anderen besaßen wiederum die Männer mehrere Gattinnen oder Konkubinen. Und der Herrschaftsbereich der Meder erstreckte sich über sehr weite Gebiete, darunter solche, wo die Bewohner höchst unzivilisiert waren, und solche, wo üppigster Luxus herrschte.

Diese ungewöhnliche Polygamie, wenn mir dieser Ausdruck gestattet sei, besteht heute an der Küste von Malabar.[2] Sie ist auch in einigen Wohnbezirken der Irokesen in Nordamerika üblich. Wenn dies nun auch eine Sitte ist, die ganz und gar den Ansichten und Gesellschaftsformen zivilisierter Nationen zuwiderläuft, so muß sie doch mit großer Wahrscheinlich-

2 Modern Universal History, vol. 16. Capt. Hamilton berichtet, bei den Bewohnern der Küste Malabars dürfe eine Frau nicht mehr als zwölf Männer haben.

keit in vielen Einzelfällen Geltung gehabt haben, nämlich überall da, wo den Menschen die feste Institution der Ehe unbekannt war.[3]
So ist es denn sehr wahrscheinlich, daß die vielberufenen Überlieferungen um die Amazonen, die in den wildesten Gegenden Skythiens beheimatet waren, und Erzählungen vom Dasein eines ähnlichen Volkes in bestimmten Gegenden Amerikas aus eben solchen hier besprochenen Lebensgewohnheiten herausgewachsen sein müssen. Gewiß sind solche Berichte mit sagenhaften Elementen durchsetzt, und sie scheinen auch große Übertreibungen zu enthalten; aber es ist doch kaum anzunehmen, daß so viele Schriftsteller davon Kunde verbreitet hätten und daß diese Geschichten überall große Beachtung hätten finden können, wenn ihnen jegliche Fundierung in der Wirklichkeit abgegangen wäre. In Ländern, wo die Ehe unbekannt ist, führt die allgemeine Entwicklung dahin, daß Frauen sich jeweils zum Oberhaupt von Familien aufschwingen –, daß sie schließlich gleichsam Häuptlings-, Anführerwürden erlangen. Das aber beinhaltet eine Herrschergewalt, die sich auch auf die Leitung von Kriegszügen oder anderen Unternehmungen erstrekken kann, unbeschadet der an sich bestehenden physischen Unterlegenheit der Frau. Der Kriegszug einer Frauenarmee, unter weiblicher Führung, – Männer hatten dabei nur untergeordnete Aufgaben –, dies muß ein so eindrucksvolles Schauspiel abgegeben haben, daß es die erstaunten Gegner wie ein Wunder wahrgenommen haben müssen. Daraus mögen dann leicht die märchenhaften Erzählungen von einer *Republik der*

3 Pater Tachard, Superior der französischen Jesuiten-Missionare in Indien, berichtet von den Bewohnern der Umgebung von Kalkutta: In diesem Land mit Namen Malleami gibt es, wie auch sonst in Indien, Kasten. Meist beobachten sie alle die gleichen Sitten, vor allem aber verachten sie in gleicher Weise Religion und Gebräuche der Europäer. Aber ein Umstand wird vielleicht nirgends mehr gefunden, den ich zunächst auch kaum glauben konnte, und der darin besteht, daß bei diesen Barbaren, und *ganz besonders in den adligen Kasten*, eine Frau durch Gesetz berechtigt ist, mehrere Ehegatten zu haben. Einige davon haben zehn Gatten gleichzeitig und betrachten sie alle als Sklaven, die ihrem Zauber erlegen sind. Vgl. *Lettres édifiantes et curieuses*, transl. by Mr. Lockman, vol. 1, p. 168.

Frauen, einem »Weiber-Staat«, oder von anderen gleichermaßen wunderbaren Geschehnissen genährt worden sein, wie wir ihnen bei den Dichtern des Altertums begegnen.

Ducit Amazonidum lunatis agmina peltis
Penthesilea furens, mediisque in milibus ardet,
Aurea subnectens exsertae cingula mammae,
Bellatrix, audetque viris concurrere virgo.[4]

3. *Das pastorale Zeitalter – Die Verfeinerung der erotischen Leidenschaften unter den Bedingungen von Weidewirtschaft und Hirtendasein*

Nachdem wir die Lebensbedingungen der rohen Frühzeit untersucht haben, die die Frauen nach Aufgabe und Ansehen auf einen ganz niedrigen Platz verweisen, können wir nun leicht ermessen, in welcher Richtung sich ihre Stellung in den späteren Epochen der Gesellschaft ändern und bessern sollte. Die Situation der Frau wird sich von Natur aus immer dann verbessern, wenn Tendenzen entstehen, die eine stärkere Betonung der erotischen Gefühle bedeuten und den im eigentlichen Sinne typisch weiblichen Beschäftigungen einen höheren Wert beimessen. Dazu gehören die Fortschritte in der Technik der allgemeinen Lebensbeherrschung, die Ansammlung von Lebensgütern und die allmähliche Verfeinerung an Lebensart überhaupt. Unter diesem Gesichtspunkt vom Fortschritt der Gesellschaft läßt sich auch weitgehend die Verschiedenartigkeit der einzelnen Völker begreifen, nämlich im Blick auf die Rangordnung der Geschlechter, auf die Absichten und Gefühle, die sie gegeneinander hegen, und auf die Regeln, nach denen in den einzelnen Zweigen ihrer Haushaltung gewirtschaftet wird.

4 Dort führt Penthesilea voll Wut ein Heer Amazonen,
Rundliche Schilde tragend, sie glüht in der Tausenden Mitte,
Unter der offenen Brust mit goldener Spange gegürtet,
Kriegsentflammt, sie wagt mit Männern zu kämpfen, die Jungfrau.
(Vergil, Aeneis I, 490–93. – Anm. d. Übers.)

Hier darf nun die Zähmung und Haltung von Weidevieh als ein Einfall des Menschen betrachtet werden, der den ersten wirklich bedeutenden Fortschritt für das Leben des Primitiven bedeutet und damit zugleich zur Quelle sehr weitreichender Veränderungen in Lebensordnung und Sitten eines Volkes wird.

Der Hirte ist in der Versorgung mit Nahrung viel gesicherter und dabei im allgemeinen sehr viel weniger Härten und Unglücksfällen ausgesetzt als Menschen, die von Jagd und Fischfang leben. Einmal kann er die Stückzahl seiner Herden der Größe seiner Familie anpassen und die Herden entsprechend vermehren. Dann ist dabei aber auch die notwendige Versorgung und Beaufsichtigung keine sehr beschwerliche Mühe. Da er nun mit den Lebensnotwendigkeiten versehen ist, kann sich sein Interesse auf Dinge richten, die das Dasein angenehmer machen und erleichtern. Hier aber sind die Genüsse, die dem Umgang mit dem anderen Geschlecht entspringen, in erster Linie vertreten, und ihnen gilt das besondere Streben.

Muße, Ausgeglichenheit und Abgeschiedenheit im Hirtendasein scheinen geradezu darauf berechnet, daß man sich den Annehmlichkeiten des bequemen Lebens besonders leicht hingibt. Geht man doch von einem höheren Begriff der Lebensformen aus und hat dadurch auch ein feineres Unterscheidungsvermögen für das Ziel seiner Wünsche, und zwar in der Weise, daß zur bloßen animalischen Lust sich nunmehr häufiger eine Regung gesellt, in der innere Empfindung und ganz bestimmte Neigungen zusammenfallen. Da aber hierdurch die Geschmäcker der Menschen sehr individuell geworden sind, erweist sich gerade dieser Umstand in vielen Fällen als Hindernis in ihrem Glücksstreben – der Liebende kann eine rechte Erwiderung seiner Leidenschaft nicht finden. Die entstehenden Verzögerungen aber und die sich einstellende innere Unruhe bringen ihn nun keineswegs dahin, daß er sein heißes Begehren etwa zügelt, vielmehr fachen sie es noch weiter an. Sein Leben bietet ihm Muße, es hat ihn auch von mancherlei Daseinssorgen befreit; er kann dann aus dieser Situation heraus so vollkommen von jenen zärtlichen Gedanken erfüllt sein, daß sich seine Einbildungskraft an ihnen entzünden muß und sie schließlich den Stoff für seine kraftvoll-natürlichen Gesänge abgeben, wie er sie zum eigenen Zeitvertreib und Vergnügen zu dichten vermag.

Es ist eine Folge dieser Entwicklungen, daß auch die Keuschheit allmählich als eine Tugend gewertet wird, denn wenn die Liebe eine menschliche Leidenschaft ist und nicht mehr pure sinnliche Begierde, liegt natürlich der Gedanke nahe, daß bestimmte Gefühle der Zuneigung da wirklich rein und stark sind, wo sie nicht einfach unterschiedslos vergeudet und genossen werden.

Auch der Erwerb von Eigentum hat bei den Hirten beträchtliche Auswirkungen auf den Umgang der Geschlechter untereinander.

Menschen, die keine andere Quelle für ihren Lebensunterhalt haben als die natürlich wachsenden Früchte oder die jeweilige Jagdbeute des Landes, kennen auch keine anderen Unterschiede des Ranges der Person als die aus den persönlichen Leistungen hervorgegangenen. Solche Unterschiede können sich aber kaum für längere Zeit innerhalb derselben Familie halten. Sie werden sich folglich überhaupt nicht auf die dauernde Begründung von Macht und Ansehen auswirken. Dagegen entwickelt sich mit der Technik der Zähmung und Haltung des Weideviehs ein auch in sehr viel stärkerem Maße sichtbarer und dauerhafter Unterschied in den Rangordnungen. Schon in kurzer Zeit können nämlich Personen durch größere Tüchtigkeit, Geschick oder auch Glück einen größeren Bestand an Schaf- und Rinderherden erlangen als andere. Dadurch hebt sich ihr Wohlstand deutlich von anderen ab, und dies gestattet ihnen, daß sie sich eine bestimmte Dienerschaft und eine Anzahl Gefolgsleute halten, – daß sich ihre Macht und Würde überhaupt entsprechend erhöht. Da der auf diese Weise zustandegekommene überragende Besitzstand einer Einzelperson in der Regel bei den Nachkommen verbleibt, entsteht daraus eine Kette fortlaufender Abhängigkeit für die

Personen, die schon immer irgendwie mit dem Besitzer zusammenhängen. Es entsteht ein Abhängigkeitsverhältnis, das sich allmählich immer stärker auswirkt und sich in dieser Form von Generation zu Generation fortsetzt.

Der Umfang an Reichtum, den einzelne Hirtenfamilien auf sich vereinigen konnten, ist weit größer, als man gemeinhin glauben möchte. Im Osten des Tatarenlandes, wo die Menschen sich hauptsächlich vom Fleisch des Rentiers ernähren, besitzen die Reichen oft zehn- oder zwanzigtausend Stück Vieh; von einem Oberhaupt jenes Landes heißt es in einem kürzlich veröffentlichten Bericht, daß er nicht weniger als einhunderttausend Stück Vieh in seinem Besitz hatte.

Mit dem Besitz von Vermögen und dem damit einhergehenden Unterschied in der Rangordnung muß im freien Umgang der Geschlechter untereinander ein Bruch eintreten; die Befriedigung der Begierden wird in sehr vielen Fällen erschwert. Sobald einzelne Personen wohlhabend werden, stellen sich auch die entsprechenden Vorstellungen von der eigenen Würde ein. Wenn sie sich also die Erhöhung und Verfeinerung von Freuden und Annehmlichkeiten zum Ziel setzen, werden sie es für unter ihrer Würde halten, mit Menschen Bindungen einzugehen, die sich in einem Abhängigkeitsverhältnis zu ihnen selbst befinden oder eine gesellschaftlich niedrigere Stellung einnehmen. Zwischen einander benachbarten großen Familien, die an sich ebenbürtig sind, herrscht oft der Zustand beiderseitigen Raubes. Folglich wird sich jede Partei genötigt sehen, das Verhalten der anderen mit wachsamen Augen zu verfolgen, wenn Personen und Besitz geschützt werden sollen. Die aus Ehrgeiz und Beutegier entstehenden Streitigkeiten und die Feindseligkeit, geschürt durch gegenseitige Beleidigungen, bringen die Menschen grundsätzlich zu einem von Distanz und Reserve bestimmten Verhalten, so daß zuweilen ihrem Umgang unüberwindliche Schranken gesetzt sind.

Wenn solche Daseinsformen unter Menschen herrschen, so können die Leidenschaften des Geschlechts nicht mit der gleichen Leichtigkeit ausgelebt werden, wie das unter Jägern und

Fischern der Fall ist. Die menschlichen Verhaltensformen, die sich als natürliche Folge gegenseitigen Neids entwickelt haben, erweisen sich leicht als Hinderung des Vertrautwerdens der Geschlechter, wodurch Annäherungsversuche auch nur Schritt für Schritt vonstatten gehen und verhältnismäßig langwierig sind. Die zwischen verschiedenen Familien bestehenden Rivalitäten und die gegeneinander seit langem ins Spiel gebrachten Voreingenommenheiten müssen dazu führen, daß man sich vielfach einer Verbindung von Angehörigen zweier Familien entgegenstellt. Wenn also in einem Menschen die Begierden durch derartige Widerstände vergeblich niedergehalten worden sind, so müssen sie auf die Dauer mit um so größerer Gewalt hervorbrechen und dann zu einer Höhe anschwellen, die sich an den bewältigten Hindernissen messen mag.

Von einigen Völkerschaften von der Ostküste des Tatarenlandes mit Weidekultur heißt es, daß sich so etwas wie Eifersucht hinsichtlich der Keuschheit der Frauen entwickelt habe; und dies steht nun ganz im Gegensatz zu bestimmten anderen, allein vom Fischfang lebenden Bewohnern desselben Landes, die einen solchen Umstand für unwichtig halten.

Nach den in den Geschichten um den Erzvater Jakob berichteten Verhältnissen scheint es so gewesen zu sein, daß schon ganze im Altertum über Arabien verstreute Hirtenfamilien oder -stämme in den Regeln des Zusammenlebens ein gewisses höheres Niveau erlangt hatten:

Und Jakob gewann die Rahel lieb, und sprach: Ich will dir sieben Jahre um Rahel, deine jüngste Tochter, dienen.
Laban antwortete: Es ist besser, ich gebe sie dir als einem andern; bleibe bei mir.
Also diente Jakob um Rahel sieben Jahre, und sie deuchten ihn, als wären's einzelne Tage, so lieb hatte er sie.[1]

In den Dichtungen Ossians, die von den Sitten eines mit der Weidekultur vertrauten Volkes handeln, gibt es solche Beispiele der Zartheit des Empfindens, wie sie auch in den erhabensten Werken einer hochkultivierten Epoche wohl

1 1. Mose 29, 18–20 (Genesis).

schwerlich erreicht werden. Gewiß muß man einiges den Überhöhungen zugute halten, die hier einem Dichter mit ungewöhnlichem Genie und hoher Empfindsamkeit zu danken sind. Es ist aber auch möglich, daß die wirkliche Geschichte seiner Landsleute die Grundlage der von ihm berichteten Geschehnisse bildet mit all den tragischen Folgen, die er vielfach den Leidenschaften zwischen den Geschlechtern zuschreibt.[2]

Lorma saß in Aldos Halle beim Licht des brennenden Scheits der Eiche: Es kam die Nacht, doch er kehrte nicht zurück und Lormas Seele ist traurig. – Was hält dich ab, Jäger von Cona? versprachst du mir doch, zurückzukehren. – War vielleicht das Wild zu weit entfernt, seufzen die düsteren Winde rings um dich her auf der Heide? Ich bin im Lande der Fremdlinge, und wer ist außer Aldo mein Freund? Komme herab von deinen hallenden Berghöhen, O du mein Liebster!

Ihre Augen sind zum Tor gewandt, und sie horcht auf den raschelnden Ton des Sturms. Sie glaubt, es seien Aldos Schritte, und da ging Freude auf in ihrem Antlitz: – doch der Kummer zieht wieder darüber hin wie eine dünne Wolke über den Mond. – Und wirst du nicht wiederkehren, mein Geliebter? Laß mich das Antlitz des Berges sehen. Der Mond ist im Osten. Still und schimmernd ist der Busen des Sees! Wann werde ich seine Hunde erblicken, wie sie von

2 Da der Dichter im wesentlichen mit der Darstellung hoher und erhabener Stoffe befaßt war, hatte er kaum Gelegenheit, Bilder aus dem pastoralen Leben selbst zu verwenden. Es ergibt sich aber aus den folgenden Stellen ohne jeden Zweifel, daß in seiner Zeit die Menschen im Westen der schottischen Hochlande und an der benachbarten Küste Irlands die Viehhaltung kannten: »Das Wild steigt von den Bergen herab. Kein Jäger ist in der Ferne zu sehen. Kein pfeifender *Kuhhirte* ist nah.« (aus *Carric-thura).*

»Cairbar sprach, Cuchullin soll die *Herde* auf dem Berg teilen. In seiner Brust wohnt Gerechtigkeit. Geh nun, du schönes Licht. Ich ging und *teilte die Herde*. Ein weißer Bulle blieb übrig, ich gab Cairbar den Bullen. Da erhob sich Deugalas Zorn.« (aus *Fingal*, Buch II).

Ich bin belehrt worden, das in der gälischen Sprache geläufige Wort, mit dem ein Mann bezeichnet wird, der nichts besitzt, bedeute eigentlich »ein Mann, der kein *Stück Vieh* hat«. Das legt die Vermutung nahe, daß in den Gegenden, wo diese Sprache gesprochen wurde, das Auftreten von Viehhaltung und der Begriff des Eigentums zeitlich etwa zusammengefallen sein müssen. Man kann sich dabei ebenfalls schwerlich vorstellen, wie Menschen, die bereits die Lenkung des pferdebespannten Wagens beherrschten, nicht auch schon vorher verstanden haben sollten, wie mit Schaf- und Rinderherden umzugehen sei. Ganz zu schweigen davon, daß in den den Römern bekannten Gebieten Britanniens die Viehhaltung und Weidewirtschaft schon lange geübt wurde, lange vor der Zeit, in der Ossian gelebt haben soll.

der Jagd heimkehren? Wann werde ich seine Stimme hören, laut und ferne im Wind? Komm von deinen hallenden Berghöhen, du Jäger des waldigen Cona!

Sein dünner Schemen erschien auf dem Fels, gleich den wässrigen Strahlen des Monds, wenn er plötzlich aus zwei Wolken hervorbricht und der Mitternachtsregen über dem Gefild ist. – Sie folgte der leeren Gestalt über die Heide, denn daß ihr Held gefallen, wußte sie nun. – Ich hörte ihre Schreie sich nahen im Wind, gleich dem Klageton des Windhauchs, wenn er durchs Gras der Höhle seufzt.

Sie kam, sie fand ihren Helden: ihre Stimme ward nicht mehr gehört: sie rollte schweigend die traurigen Augen; bleich war sie wie eine feucht-wässrige Wolke, die aus dem See zu den Strahlen des Monds aufsteigt.

Wenige waren ihre Tage auf Cona: sie sank ins Grab: Fingal gebot seinen Barden, und sie besangen Lormas Tod. Die Töchter von Morwen klagten um sie an einem Tag in jedem Jahre, wenn des Herbstes dunkle Stürme wiederkamen.[3]

In den liebenswürdigen Darstellungen des Goldenen Zeitalters, überliefert aus dem fernen Altertum, können wir erkennen, wie man sich gemeinhin Sitten und Gebräuche der Hirtenwelt dachte. Daher denn jene bestimmte Dichtungsart, die inzwischen als Gattung in Mode gekommen ist, wo die Freuden ländlicher Abgeschiedenheit in ihrer Unschuld, Einfachheit und die Genüsse der zarten Triebe geschildert werden. Mit gutem Grund darf man glauben, daß die Darstellungen der Schäferwelt nicht unvereinbar sind mit den Lebensverhältnissen des tatsächlichen Hirtendaseins, daß also die Dichter, die ja die ersten Geschichtsschreiber waren, hier nur die Überlieferung ältester Zeiten ausgeschmückt haben. In Arkadien, in Sizilien und in einigen Gegenden Italiens mit ihrem der Viehzucht günstigen Klima, oder wo die Menschen den Überfällen der Nachbarn weniger ausgesetzt waren, da war es sehr wahrscheinlich möglich, daß die im Hirtendasein schon natürlich gesitteteren Lebensformen einen hohen Grad der Verfeinerung erreichten. Diese hohe Entwicklung mußte

3 Die Schlacht von Lora. – (Übersetzung in Anlehnung an: Die Gedichte Ossian's, aus dem Gaelischen von Christian Wilhelm Ahlwardt, 3. Bd., Leipzig 1811, S. 443–447. – Anm. d. Übers.)

sich vermutlich überhaupt schon deshalb Übertreibungen und poetischer Ausschmückung leihen, da sie – aus der Sicht der fortschreitenden Höherentwicklung der Gesellschaft – einen Kontrast bildete auf der einen Seite zu den noch gänzlich unkultivierten Gebräuchen der Wilden, und auf der andern Seite zu dem nun gerade entgegengesetzten vornehmen Lebensstil der Kulturnationen, die ja bei ihrem ständigen Gewinnstreben, ihrem völligen Aufgehen in der Besorgung der Geschäfte, sich schließlich Emsigkeit, Habgier und Eigennutz zur Gewohnheit gemacht haben.

Nondum caesa suis, peregrinum ut viseret orbem,
Montibus, in liquidas pinus descenderat undas:
Nullaque mortales, praeter sua, littora norant.
Nondum praecipites cingebant oppida fossae:
Non tuba directi, non aeris cornua flexi,
Non galeae, non ensis erant. Sine militis usu
Mollia securae peragebant otia mentes.
Ipsa quoque immunis, rastroque intacta, nec ullis
Saucia vomeribus, per se dabat omnia tellus;
Contentique cibis, nullo cogente, creatis,
Arbuteos foetus, montanaque fraga legebant;
Cornaque, et in duris haerentia mora rubetis:
Et quae deciderant patula Jovis arbore glandes:
Ver erat eternum, placidique tepentibus auris
Mulcebant zephyri, natos sine semine flores.[4]

4 Fichten fällte man nicht, um Stämme hernieder von ihren
Höhn in die Meere zu rollen, nach fremden Ländern zu fahren;
Außer den ihrigen kannten die Sterblichen keine Gestade.
Keinerlei steil abschüssige Gräben umzogen die Städte;
Keine geraden Posaunen, nicht eherne Hörner, gekrümmte,
Gab es, nicht Helme noch Schwert, des Soldaten bedurften die Völker
Nicht: sie lebten dahin sorglos in behaglicher Ruhe.
Selbst die Erde, vom Dienste befreit, nicht berührt von der Hacke,
Unverwundet vom Pflug, so gewährte sie jegliche Gabe,
Und die Menschen, zufrieden mit zwanglos gewachsenen Speisen,
Sammelten Früchte des Erdbeerbaums, Erdbeeren der Berge,
Kornelkirschen, in stachligen Brombeersträuchern die Früchte
Und die Eicheln, die Jupiters Baum, der breite, gespendet.
Ewiger Frühling herrschte, mit lauem und freundlichen Wehen
Fächelten Zephyrdüfte die Blumen, die niemand gesäet.
(Ovid, Metamorphosen I, 94–108: – Hrg. und übersetzt v. Hermann Breitenbach. Bibliothek der Alten Welt, Zürich 2 1964. – Anm. d. Übers.)

4. *Die Auswirkungen einer Ackerbaukultur auf die Beziehungen der Geschlechter*

Eine weitere Höherentwicklung können die Leidenschaften erfahren, die den Umgang der Geschlechter betreffen, sobald die Menschen die Kultivation des Bodens betreiben und dabei Fortschritte in den verschiedenen Zweigen der Landwirtschaft erzielen.

Der Ackerbau als höhere Entwicklungsstufe kam in den meisten Teilen der Welt nach der Kenntnis der Viehzucht auf. Er hat höchst bedeutsame Wandlungen in der Gesellschaft hervorgebracht und ganz besonders im Blick auf den Gegenstand unserer gegenwärtigen Untersuchung. Diese Tätigkeit erfordert zwar größere Anstrengungen und Arbeitsleistungen, als dies von Menschen verlangt wird, die nur Schaf- und Rinderherden zu besorgen haben. Da aber hierbei größere Mengen an pflanzlicher und tierischer Nahrung produziert werden, entstehen auch vielfältige Lebenserleichterungen, und so wird in den Menschen das Verlangen nach den Freuden noch gesteigert, zu denen sie schon die natürlichen Triebe drängen. Auch müssen die Menschen nun dort eine feste Niederlassung gründen, wo sie nahe am Ort ihrer Hauptbeschäftigungen sind. Dies bedeutet wiederum den Beginn des Besitzes an Grund und Boden, der wertvollsten und dauerhaftesten Form des Vermögens. Durch die ungleiche Verteilung des Bodens entsteht aber auch die beträchtliche Ungleichheit nach Vermögen und Rangstufe einzelner Personen, wodurch natürlich auch die Anlässe von Uneinigkeit, Zwist und Neid zunehmen.

Aus der heroischen Zeit Griechenlands können wir teilweise entnehmen, welche Auswirkungen diese Umstände auf Charakter und Lebensgewohnheiten des Volkes hatten.

Die Bewohner dieses Landes waren damals in Clans bzw. Sippen oder Stämme aufgeteilt, die das nomadenhafte Wanderleben der Hirten aufgegeben, meist schon mit Ackerbau begonnen hatten und in zahlreichen voneinander unabhängigen

Dorfgemeinschaften lebten. Unter diesen Miniaturgesellschaften bestand nun aber ständige Rivalität. Immer wieder kam es zu Feindseligkeiten; sie waren also in einer Lage, die bei weitem nicht dazu angetan war, etwa engere freundschaftliche Beziehungen zu fördern. Kam es nun aber in besonderen Fällen, etwa bei förmlichen Besuchen, zu einer Zusammenkunft und Unterredung dieser Menschen – also auch zwischen Männern und Frauen –, so war das oft von bestimmten Auswirkungen begleitet, wie man sie bei der den Menschen sonst auferlegten Zügelung vorhersehen kann. Hatte ein reicher, hochgestellter Mann einmal eine brennende Leidenschaft für die Frau oder Tochter eines benachbarten Fürsten gefaßt, so war er entschlossen, alles zu riskieren, um sein Verlangen zu stillen. Hatte er die Dame verführt oder sie gewaltsam entführt, kam es normalerweise zu kriegerischen Verwicklungen mit ihren Verwandten und all denen, die zur Wahrung der Familienehre Beistand leisteten. Geraume Zeit über waren es Wirren dieser Art, die die Hauptquelle der Feindschaften zwischen den verschiedenen griechischen Staaten wie auch zwischen diesen selbst und den Bewohnern Kleinasiens bildeten. So werden der Raub der Io, der Europa, der Medea und der Helena als Grund sich nacheinander abspielender Streitigkeiten angegeben, was schließlich und endlich zu dem berühmtesten Kriegsunternehmen führte, das die Geschichte jener Epochen kennt.

Wenn es nach diesen Ereignissen scheinen mag, daß die Leidenschaften der Geschlechter entscheidende Wirkungen auf das Verhalten der Menschen zueinander ausübten, so gibt es nichtsdestoweniger keinen Grund zu der Annahme, die Griechen jener Zeiten hätten völlig die alten kulturlosen Sitten abgestreift oder etwa in ihrer Einstellung zur Frau schon ein hohes Maß von Zartgefühl besessen.

In der Ilias bewertet man die Gattin des Menelaos kaum höher als den Schatz, den man gleichzeitig mit ihr gestohlen hatte. Von der Rückerstattung der Dame ist immer im selben Atemzug die Rede wie von der Rückerstattung des Schatzes.

Dies letztere wurde offenbar als vollwertige Entschädigung für den dem Menelaos zugefügten Schimpf betrachtet: denn obgleich es bekannt war, daß Helena freiwillig mit dem Paris geflohen war, äußert ihr Gemahl keinerlei Anzeichen von Groll in diesem Punkt, wie er auch nicht abgeneigt scheint, sie wieder in seine Gunst aufzunehmen.

Sogar Odysseus' Gemahlin, deren Tugend in der Odyssee bei der Abweisung der Freier so sehr gefeiert wird, scheint ihr höchstes Verdienst darin gefunden zu haben, daß sie die eingebrachte Mitgift für das Geschlecht ihres Gatten bewahrt hat, welche sonst offenbar, wäre sie eine zweite Ehe eingegangen, an ihren Vater Ikarios hätte herausgegeben werden müssen.

Wenn dort auch Telemachos immer als ehrerbietiger, guter Sohn dargestellt wird, zeigt sich doch an der Art, wie er einmal seine Mutter zurechtweist, daß er keinen sehr hohen Begriff von ihrer Würde oder dem dem weiblichen Geschlecht gebührenden Respekt hatte:

> Verbringe deine verwitweten Stunden zurückgezogen und mit weiblichen Tätigkeiten,
> Und den mancherlei Arbeiten des Webstuhls;
> Da herrsche, fern und befreit von den Sorgen des Palasts;
> Diese Sorge ist Männersache, jedoch am ehesten meine.[1]

Weit davon entfernt an seiner Rede Anstoß zu nehmen, scheint Penelope dies vielmehr als Merkmal außergewöhnlicher Klugheit und Besonnenheit für einen so jungen Menschen anzusehen:

> Die Königin bewundert die verständige und für seine Jahre reife Antwort des Sohnes und zieht sich mit dem Gefolge zurück.[2]

In allen Gegenden der Erde, wo mit der Entfaltung des Ackerbaus die Inbesitznahme von Ländereien stattfand, wird man bei den Menschen Gebräuche antreffen, in denen sich wesentliche Fortschritte im Umgang der Geschlechter anzeigen. Bei jenen kulturlosen Völkern aber, die ungefähr im

1 Vgl. Odyssee, Buch 1. (Übersetzt nach A. Popes *Odyssey*, Buch 1, v. 453. Anm. d. Übers.)
2 Ibid.

fünften Jahrhundert ins Römische Reich einfielen und sich später in den verschiedenen eroberten Provinzen niederließen, müssen der Erwerb von Grund und Boden, die in den Rangunterschieden begründete Eifersucht sowie die bei dem Nebeneinander von großen unabhängigen Familien fast zwangsläufig ausbrechenden Streitigkeiten die weitaus folgenreichsten Wirkungen nach sich gezogen haben.
Diese Völker waren klein, und da sie weitläufige Gebiete in Besitz nahmen, verteilten sich die verschiedenen Stämme oder Sippen, aus denen sie sich zusammensetzten, weit über das ganze Land, so daß sie jeweils ausgedehnte Ländereien besaßen. Einzelne Oberhäupter oder Stammesfürsten gewannen nach Maßgabe ihres Reichtums große Macht, so daß sie ein großes Gefolge von Anhängern und Getreuen unterhalten konnten. Mehrere von ihnen bildeten eine Einheit jeweils unter einem Souverän. Denn da die verschiedenen Landesteile einer römischen Provinz ja miteinander verflochten waren, fielen sie auch insgesamt in die Hand eines bestimmten Heerführers, und darüber wurde dann ein Königreich errichtet. Aber in jenen wilden Zeiten ohne wirklichen Sinn für Unterordnung war einem Monarchen kaum echte Herrschergewalt über so weitausgedehnte Gebiete gegeben. Die einzelnen reichen Grundherren dachten nicht an Anerkennung einer ordentlichen Regierungsgewalt und führten unbekümmert immer wieder Raubzüge in die Gebiete ihrer Nachbarn aus. Dadurch war jede eigenständige Familie darauf angewiesen, sich selbst ihrer Haut zu wehren, weil ein Schutz seitens der öffentlichen Gewalt weitgehend fehlte. Solche aus den Privatfehden verschiedener Familien entstandenen Wirren innerhalb eines Herrschaftsbereiches konnten jahrhundertelang nicht wirksam eingedämmt werden. Während dieses langen Zeitraums dauerten solche Verhältnisse fort und wirkten ursächlich an der Bildung des Charakters und bestimmter Verhaltensweisen der Menschen mit; ganz typische Gebräuche und Institutionen begannen sich herauszubilden, für die es sonst keine Beispiele in andern Ländern oder Zeiten gibt.

Daß die modernen Nationen Europas einem so hohen Begriff kriegerischer Ehre den Vorrang geben und dabei der Ritterlichkeit und einer romantischen Liebesauffassung huldigen, leitet sich eben aus den hier umschriebenen besonderen Lebensumständen ab.
Der Krieg als Hauptbeschäftigung jener Völkerschaften wurde von ihnen folglich auch in recht eigener Weise geführt. Ihre Kriegsunternehmungen galten weniger einem gleichsam auswärtigen Feind, sondern richteten sich meist gegen die Bewohner eines benachbarten Bezirks. Bei dergleichen Auseinandersetzungen waren nun die hervorragendsten Personen innerhalb der gegnerischen Kriegerscharen, die ja zahlenmäßig klein waren, einander genau bekannt, auch nach dem unterschiedlichen Grad ihrer Stärke und Tapferkeit. Bei den schon alten Feindschaften zwischen den Familien waren deren einzelne Mitglieder auch von starken persönlichen Haßgefühlen beseelt. Kam es nun zum Gefecht, so suchte man sich einen ganz bestimmten Gegner heraus, so daß eine Schlacht in Wirklichkeit häufig nichts anderes war als eine Reihe von Zweikämpfen zwischen Kriegern, die eifersüchtig um jeweils höheren Kriegsruhm stritten. Die einzelnen Kämpfer der Parteien wurden vom gegnerischen Widerstand angestachelt, die Krieger der eigenen Partei hingegen sahen sich ständig unter den Augen ihrer Kampfgefährten und wetteiferten miteinander im Vollbringen von Heldentaten, die Ruhm und Beifall eintrugen. Diese Situation führte dazu, daß die Krieger Kampfgewohnheiten entwickelten, die sie in Gefahr nicht nur kühl und unerschrocken machten, sondern ihnen auch respektvollen Großmut im Kampf Mann gegen Mann lehrten. Die Menschen, die nach höherem Rang und Einfluß trachteten, kämpften allein um den Ruhm ihrer Waffentaten, und alle anderen Beweggründe galten als niedrig oder unedel. Mit nur diesem Ziel im Auge war der Angriff auf einen unvorbereiteten Feind, der sich nicht verteidigen konnte, etwas Unehrenhaftes, man mußte ihn zumindest durch Zuruf herausfordern und warnen. Die Krieger verschmähten es, durch unfaires Vor-

gehen den Sieg zu erringen und als Sieger rücksichtslos und grausam zu verfahren. Diese Ehrauffassung brachte bestimmte Regeln und Grundsätze hervor, von denen sich die Männer des Kriegeradels in ihrer ganzen Kampfesweise leiten ließen und von denen es kein Abweichen gab, wollte man den eigenen Ruf nicht mit einem unauslöschlichen Makel beflecken. Ein derart auf die Spitze getriebener Begriff von persönlicher Ehre in den jeweils benachbarten Sippen war vollends unvereinbar mit der Idee einer geregelten Rechtssprechung. Von den nach Besitz und Ansehen Ausgezeichneten war keiner bereit, ein Gericht anzurufen, wenn er Genugtuung für empfangene Schmach und Kränkung suchte, denn das wäre dem Bekenntnis gleichgekommen, daß er nicht Manns genug war, am Übeltäter Rache zu nehmen und also selbst für die Behauptung von Rang und Namen einzutreten. Hatte sich ein Streitfall in Sachen des Eigentums entwickelt, so kam es durchaus vor, daß im Verlauf der Auseinandersetzungen eine Partei die andere so sehr beleidigte, daß man zur Entscheidung der Differenzen durch das Schwert entschlossen war. Da ein Richter einen solchen Entschluß nicht verhindern konnte, suchte er den Schaden für die Gemeinschaft wenigstens dadurch zu mindern, daß er die Freunde der streitenden Parteien davon abhielt, in den Kampf einzugreifen. In dieser Absicht machte er vom Vorrecht Gebrauch, die Kampfesregeln zu bestimmen, und dann beim Zweikampf selbst nur Zuschauer zu sein. Und in jener Zeit, als die Menschen ebenso abergläubisch wie von Kriegsruhm berauscht waren, galt der Zweikampf als direkte Anrufung des himmlischen Richtspruchs. Solche Zweikämpfe als Richtsprüche haben zwar nicht das Duell als solches erst eingeführt, aber doch zu dessen allgemeiner Weiterverbreitung beigetragen; sie sind Ursache dafür, daß bei der Austragung des Duells seither ein bestimmter Kodex von Regeln beobachtet werden mußte.

Die verschiedenen Spielarten des Zeitvertreibs stehen immer irgendwie in Zusammenhang mit Charakter und Lebensgewohnheiten der Menschen. Es ist deshalb nur natürlich, wenn bei so überaus kriegerischen Völkern geradezu eine Lust an Kampfesübungen entstand. Zu Zeiten, da verschiedene Stämme oder Familien einmal nicht miteinander in Streit lagen, bürgerte es sich ein, daß die Männer sich gegenseitig herausforderten, um Stärke, Geschicklichkeit und kriegerischen Mut auf die Probe zu stellen. Daher denn das Lanzenstechen zu Pferde und Turnierspiele überhaupt – diese eigentlichen Schaubilder eines Kampfs –, an denen sich so oft Personen von Rang und Namen beteiligten, wobei dann all die peinlich genauen Formen und Regeln weiterentwickelt und verfeinert wurden, nach denen überall jeder ernste Wettstreit zwischen Kriegsleuten sich abspielte.

Unter dem herrschenden Geist der Zeiten galt der Kriegskunst das eigentliche Streben eines jeden, der sich den Ruf eines Edelmanns erhalten wollte. Die jungen Männer wurden frühzeitig in die Waffenübungen eingeweiht und leisteten eine Art Lehrzeit im Dienste hochgestellter Personen ab. Als Schildknappe diente der junge Edelmann einem ritterlichen Herrn, dem er sich angeschlossen hatte und dessen Tugenden ihm als nachahmenswertes Vorbild vor Augen standen. Bestimmte ritterliche Übungen hatten sowohl repräsentativprunkvollen wie auch nützlichen Charakter: sie mit Anmut und Geschick auszuführen, darin wurde er unterwiesen. Zugleich strebte er nach Vollkommenheit in den Gaben und Eigenschaften, die man in seinem Stand von ihm erwartete. Man lehrte es ihn als seine Pflicht, den Überheblichen zu zügeln, den Unterdrücker in Schach zu halten, Schwachen und Schutzlosen beizustehen – auch dem Feind offen, ehrlich und mit Menschlichkeit zu begegnen und allen Menschen gegenüber Bescheidenheit und höfliches Wesen zu zeigen. Je größer darin die Fortschritte, desto höher stieg er in der Stufenleiter neuer Ehrentitel und Auszeichnungen, bis er schließlich selbst zum Ritter geschlagen wurde. Ritterschaft aber bedeutete eine so besondere Würde, daß selbst mächtige Fürsten nach ihrem Glanze trachteten, weil hier das Ideal vollkommenster Beherrschung der Kriegskünste mit all den hohen Eigenschaften sich zu verbinden schien, denen die Welt damals Anerkennung und Bewunderung zollte.

War diese Einstellung bei Personen von hoher kriegerischer Rangstufe die Keimzelle, woraus die Institution des Rittertums erwuchs, so war es derselbe anspruchsvolle Ehrgeiz, aus dem später die verschiedenen eigentlichen *Ritterorden* hervorgehen sollten; in ihnen wurde schließlich – als Ergebnis einer analogen Entwicklung innerhalb mancher ordenshaften Gemeinschaften in den einzelnen Königreichen Europas – eine genaue Stufenordnung festgelegt für Amtswürden und Ehrenstellungen, die dem einzelnen jeweils verliehen werden konnten.

Darüber hinaus war die Situation des Menschen jener Zeit deutlich dazu angetan, die Leidenschaften der Geschlechter zu erhöhen und sie in ihrer Natur zu verfeinern. Man durfte von den reich begüterten Feudalherren – wo sie doch in dauernder Gegnerschaft zueinander standen – nicht erwarten, sie würden es zulassen, daß zwischen einzelnen Angehörigen der jeweiligen Familie ein irgendwie vertrauterer Umgang sich anbahnte. Abgeschlossen, wie jeder auf seiner Burg lebte, von zahlreichen Vasallen umgeben, sahen sie in ihren Nachbarn entweder nur Personen niedrigeren Ranges oder ganz einfach Feinde. Man begegnete einander in wohlerzogenem Zeremoniell, wie es die Regeln höfischen, ritterlichen Wesens verlangten, war aber auf der anderen Seite genau so auf Zurückhaltung und Vorsicht bedacht, wie es die Rücksicht auf die eigene Sicherheit zu gebieten schien. Wenn der junge Ritter beispielsweise ins Turnier zog, konnte er in einiger Entfernung die Tochter dessen erblicken, der als Haupt einer Familie das Kampfspiel veranstaltete. Aber es war mit großen Hindernissen verbunden, wollte er bei ihr Zutritt erlangen, um sich etwa zu den Gefühlen zu bekennen, die sie in ihm entfacht hatte. Die Verwandten empfingen ihn mit jener kühlen Ehrerbietung, an der sich zeigte, wie ihre ganze eigene Würde auf den Plan gerufen wurde, sobald er eine engere Verbindung einzugehen wünschte. Die junge Dame selbst wurde angehalten, sich mit dem Stolz der Familie zu wappnen und immer daran zu denken, daß keiner ihrer Neigung würdig sei, wenn er nicht in hohem Rang und Ansehen stand. Einer plötzlichen Neigung nachzugeben, das hätte sie in den Augen der Ihren für immer entehrt. Einzig über den Weg langer, aufmerksamer Werbung und unter Beweisen der ehrerbietigsten Ergebenheit durfte sich der Liebende eine Gunstbezeigung seiner Gebieterin erhoffen.[3]

Bei der damals allgemeinen Kulturlosigkeit, dem Unglück und Unrecht, denen im ganzen Lande die Menschen, besonders aber das schwache Geschlecht, ausgesetzt waren, öffnete sich ein weites Feld zur Ausübung kriegerischer Tugenden. Der Ritter, der zuhause nichts zu tun hatte, sah sich so veranlaßt, von Ort zu Ort, von Hof zu Hof zu ziehen auf der Suche nach Abenteuern. Er suchte größeren Waffenruhm zu gewinnen, wollte in die hohe Gunst der Schönen gelangen, zu der seine Liebe entbrannt war, indem er mit jedem kämpfte, der unbedachterweise etwa ihre beispiellose Schönheit, Tugend oder menschliche Vollkommenheit in Zweifel zu ziehen wagte. Die ganze Zeit über blieben seine Gedanken demselben hohen Gegenstand zugewandt, seine von den Sehnsüchten nach der Fernen, den fortwährenden Enttäuschungen höchst entzündliche Phantasie machte all ihre Reize in hellstem Glanze erstrahlen, sie brachten seine Begierden immer wieder in Wallung, bis die Leidenschaften sich schließlich zu den höchsten Gipfeln steigerten, mit der hohen Liebe zu besagter Dame in eins verschmolzen und von nun an als der alles beherrschende Grundtrieb seines Wesens dem ganzen Fühlen und Denken die ihm eigene Wendung gab.

Nun gab es ja viele Menschen, die in der gleichen Lage und

3 Bei den Franken scheint schon zu Zeiten der Aufzeichnung des sogenannten Salischen Rechts das Gebot großer Zurückhaltung zwischen den Geschlechtern geherrscht zu haben. M. L'Abbé Velly zitiert aus diesem alten Gesetzeskodex den folgenden Artikel: »Wer einer freien Frau zum Gruß die Hand gibt, muß als Buße 15 Gold-Sous bezahlen.« Und er sagt dazu: »Wenn unser Zeitalter zugegebenermaßen gesitteter ist als das unserer altehrwürdigen Gesetzgeber, so ist es wenigstens weder ganz so ehrerbietig noch ganz so zurückhaltend.« Histoire de France. tom. 1, p. 134.

also alle auch von ähnlichen Gefühlen beflügelt waren. Schon Rivalen im Streben nach Waffenruhm, waren sie, wie Milton es einmal ausdrückt, auch häufig darin Konkurrenten, *to win her grace whom all commend* – »deren Gunst zu erlangen, die alle preisen«. Das gleiche eifersüchtige Streben, das sie zu Triumphen in dem einen Punkte trieb, spornte sie mit nicht geringerer Macht an, einander auch das größere Ansehen im andern Punkte streitig zu machen. Solches Sinnen und Trachten wurde schließlich herrschender Brauch und fand durch Erziehung und Beispiel mehr und mehr Verbreitung. Die Liebe galt als eine unerläßliche Wesensbestimmung des Ritters. Mit gleich hohem Ehrgeiz wie in den kriegerischen Tugenden strebte er nach Bewährung in Standhaftigkeit und Treue zu seiner Herrin. Ganz als ihr Sklave, ihr Diener sah er sich, – und unter dem Zeichen dieses Dienstes stand jede Auszeichnung, die er im Kampfe gewinnen sollte. Sein Waffenglück gereichte ihr nicht weniger zur Ehre als ihm selbst. Hatte sie ihm ein Geschenk gemacht, das er zum Zeichen ihrer Wertschätzung im Kampfe tragen sollte, so sah er darin ein Siegespfand, das ihm die höchste Verpflichtung auferlegte, sich dieser Gunst würdig zu erweisen.

Diese unwandelbar tiefe und treue Leidenschaft, die vom Herz eines jeden Ritters Besitz ergriffen hatte und sich bei jeder Gelegenheit bezeugte, mußte naturgemäß die höchste Untadeligkeit des Betragens, Hochachtung und Verehrung des weiblichen Geschlechts zur Folge haben. Es lag in der erhabenen Reinheit dieses Empfindens begründet, wenn das Augenmerk sich ganz vom sinnlichen Vergnügen abwandte und die völlige Verabscheuung der Wollust herrschte. Wer selbst von der exaltierten Neigung durchdrungen war, das Ziel des eigenen Strebens so abgöttisch zu verherrlichen, der mochte auch für eben diesen Hang bei seinen Mitmenschen alles Verständnis aufbringen und ihre Empfindungen respektieren. Wo die Menschen sich den Schutz von Namen und Würde ihrer Dame, der sie ganz ergeben waren, zur Ehrenpflicht gemacht hatten, da waren sie überaus vorsichtig, daß sie den Ruf einer anderen Dame durch keine Anspielung, kein unziemliches Betragen schädigten und sich so etwa den gerechten Zorn derer zuzogen, die sie beschützten. Eine Frau nun, die den festgefügten Moralkodex ihrer Zeit so weit mißachtete, daß sie sich gegen das Gesetz der Keuschheit vergangen hatte, war von aller Welt verlassen und zu Schimpf und Schande verurteilt.[4] Die Damen aber, die die strikten Regeln der Tugendhaftigkeit genau beachteten und ihren Ruf unbefleckt erhielten, wurden als Wesen höherer Ordnung verehrt. Liebe zu Gott und zu den Damen bekam der junge Mann als allererste Pflicht von Anfang an tief eingeprägt, wenn er sich dem ritterlichen Stand weihen wollte. Mit aller Sorgfalt unterwies man ihn in den Formen gesitteten Betragens, die nach den überkommenen Begriffen von Ritterlichkeit und höfischem Wesen in peinlichster Genauigkeit festlagen. Häufig unterstellte man ihn der Ägide einer bejahrten, vornehmen Dame von hohem Rang, die seine Erziehung in diesen Dingen leitete und der er alle seine Empfindungen, Gedanken und Handlungen zu eröffnen verpflichtet war. Einen Eid mußte er leisten, mit dem er stets für die Ehre der Frauen einzutreten und sie vor jeglichem

4 M. de la Curne de Sainte Palaye hat einige besondere Beispiele dafür zusammengetragen, welchen großen Eifer die zu Ritterehren Berufenen darauf verwandten, jede schuldig gewordene Dame bloßzustellen, die ihren guten Ruf verwirkt hatte. – Bei einem alten Autor findet man: »Et vous diray encore plus comme j'ay ouy racompter à plusieurs Chevaliers qui virent celluy Messire Geoffroy, qui disoit que quant il chevauchoit par les champs, et il veoit le chasteau ou manoir de quelque Dame, il demandoit tousjours à qui il estoit; et quant on lui disoit, *il est a celle*, se la Dame estoit *blasmee de son honneur*, il se fust plustost detourné d'une demie lieue qu'il ne fust venu jusques devant la porte; et là prenoit ung petit de croye qu'il portoit, et notoit cette porte, et y faisoit ung signet, et l'en venoit.« (Und noch mehr berichte ich euch, wie ich eines Tages selbst eine Erzählung mitanhörte, die dieser Messire Geoffroy einigen Rittern, die ihn besuchten, erzählte. Er sagte: als er noch durch die Lande ritt und etwa die Burg oder das Schloß einer Dame erblickte, da habe er immer danach gefragt, wem dies gehörte. Wenn man ihm nun antworte, *es gehört jener*, und es handelte sich dabei um eine Dame *mit schlechtem Ruf*, so sei er auf jeden Fall lieber eine halbe Meile von seinem Weg abgewichen, um ja vor deren Tor zu gelangen, und dort nahm er ein Stück Kreide, das er immer bei sich trug, und markierte das Tor mit einem entsprechenden Zeichen, bevor er weiterzog. – Übertragung durch den Übers.)

Unrecht zu schützen gelobte. Der unritterliche Krieger aber, der sich häßlich den Frauen gegenüber betrug, sie zu beleidigen oder zu beschimpfen wagte, er wurde allgemeiner Verachtung und Vergeltung preisgegeben und als Feind aller angesehen, in denen das echte und reine Ideal des Ritterlichen lebendig war.

Diese Hochschätzung der Waffenehre sowie die Ideale der Liebe und des galanten Frauendienstes, wie sie bei solchen Völkern herrschend waren und selbst ihre Spiele und Lustbarkeiten noch durchdrangen, waren naturgemäß von entscheidendem Einfluß für den Geist und literarischen Geschmack ihrer Dichtungen. Die Menschen fanden Gefallen an der Schilderung dessen, was sie im wirklichen Leben bewunderten, und in ihren poetischen Darstellungen bemühten sich diese ersten Geschichtsschreiber, die ihre Phantasie beflügelnden Geschehnisse auszuschmücken, wo immer ihnen schien, daß sie der Bewahrung im Gedächtnis würdig seien.

Darin fanden nun die Minnesänger oder Troubadours ihren Beruf. Es heißt, daß sie ungefähr im 11. Jahrhundert mit ihren Spielleuten bei Festlichkeiten und Unterhaltungen der Fürstenhöfe aufwarteten und mit Instrumentenbegleitung verschiedenerlei eigene kurze Lieddichtungen vortrugen, in denen Waffentaten, Liebe und das ritterliche Wesen der Zeiten besungen werden.

Ihre Nachfolger waren die Dichter des höfischen Romans, die eine längere Geschichte zusammenhängender Abenteuer erzählten und in welchen von geradezu phantastischen Beispielen an Tapferkeit, Großmut, ausdauernder Geduld, Standhaftigkeit, Ehrerbietung für die Damen, uneigennütziger Liebe und unwandelbarer Treue die Rede ist. Lauter Stoffe, so recht beschaffen, die Einbildungskraft zur Entzündung zu bringen und Beschreibungen von großartiger Erhabenheit zu entwerfen. Nur werden sie allerdings recht oft verdorben durch ein gewisses Ungeschick des Autors, vor allem aber durch groteske Übertreibungen und den Hang zum Wunderbaren, wie dies in jenem finsteren, abergläubischen Zeitalter herrschend war.

Bei allen Mängeln müssen dergleichen Werke jedoch als eindrucksvolle Denkmäler des nach Stil und Geschmack *Bizarren*[5] gesehen werden, das in den Dichtungen der Antike nicht seinesgleichen hat. Zugleich aber sind sie nützliche Dokumente, die einige Aspekte der wirklichen Geschichte enthalten mit getreuen Darstellungen von Sitten und Gebräuchen aus diesen denkwürdigen Epochen.

Diese Beobachtung trifft in gewissem Sinne auch auf die zunächst folgende epische Poesie zu, wo zwar nicht mit überzeugender Richtigkeit, so doch mit den Mitteln anmutiger Verskunst ebenfalls von ritterlichen Waffen- und Liebestugenden berichtet wird, – eine Poesie, die schon von der geistig-persönlichen Eigenart verschiedener Dichter getönt ist.

Das Heldengedicht von Karl dem Großen und seinen zwölf Pairs[6] – dem Erzbischof Turpin zugeschrieben, einem Zeitgenossen des Herrschers, aber vermutlich ein Werk aus dem 11. Jahrhundert – stellte den Stoff zur Verfügung für *Morgante*, *Orlando Innamorato* und schließlich *Orlando Furioso*. Die letztere Dichtung überschattete vollends den Ruhm der beiden anderen. Sie mag für den Italiener vielleicht manche Schönheiten enthalten, was Anmut und Harmonie des Ausdrucks angehen, ist aber doch ein Bündel zusammenhangloser Abenteuer, das keinerlei Einheit im Aufbau erkennen läßt, oder auch nur eine passende Auswahl unter den Dingen trifft, die zur Bewunderung Anlaß geben könnten. *Gierusalemme Liberata*[7] verbindet schließlich diese Welt der Verzauberung und romantischer Abenteuer, die in den modernen Epochen aufgekommen war, mit den Regeln der griechischen und

5 (Im Text *Gothic*. – Für den Kontext ist der Bedeutungsbereich hier folgendermaßen zu fassen: – 1. Im Sinne von Goethes etwa gleichzeitiger Bestimmung von *Gotisch* [1772/3] als »alle synonymischen Mißverständnisse ... von Unbestimmtem, Ungeordnetem, Unnatürlichem, Zusammengestoppeltem, Aufgeflicktem, Überladenem ...« [vgl. Goethe, Von deutscher Baukunst]; – 2. Die früh- und hochmittelalterlich-feudalistischen Lebensformen betreffend. – Anm. d. Übers.)

6 (das Rolandslied – Anm. d. Übers.)

7 (von Torquato Tasso – Anm. d. Übers.)

römischen Dichter der Antike. Zwar mag der Dichter weniger Talent für das Tragisch-Erhabene als für eindrucksvolle Beschreibung haben, aber der ganze Aufbau seiner bewundernswerten Dichtung ist doch ein sehr gutes Beispiel der Vorzüge, die sich aus den höfischen Lebensgewohnheiten und den eigentlichen Institutionen des Ritterstands für den Stil des Erhabenen gewinnen ließen. Auch für Spensers *Fairy Queen* gaben die legendären Geschichten um König Arthur und die Ritter von der Tafelrunde die Grundlage ab, aber der Dichter – statt aus dem ungestalten Vorbild[8] etwas Schöneres zu machen – befand für richtig, es mit dem Schleier der Allegorie zu überziehen. Sie ist aber viel zu dunkel, um genug eigene Anmut zu haben, im Gegenteil, diese Allegorie zerstört – trotz einer vielfach grandiosen Bildkraft – den Anschein des Wirklichen, den die Werke der Einbildungskraft haben müssen, wenn der Mensch daran Anteil nehmen soll.

Als nun, nachdem öffentliche Schauspiele überhaupt eine Höherentwicklung erfahren hatten, eigentliche Dramen aufgeführt wurden, fanden auch in diese Unterhaltungen die beschriebenen Umgangsformen Eingang. Die ersten Tragödien – wenn sie nicht von religiösen Themen handelten – stellten die Liebe dar als mächtige Triebfeder aller Handlungen, Quelle aller Hoffnungen und Ängste, von denen die Hauptfiguren des Stücks erschüttert, als Ursache allen Kummers und Leids, in das sie schließlich gestürzt werden. Das ist an sich schon als Leistung sehr bemerkenswert, weil nach dem strengen Moralkodex der Zeit Frauen selbst keine Rollen in solchen Aufführungen übernehmen durften; die Frauenrollen aber, die also von Männern gespielt wurden, waren vom Dichter meist so angelegt, daß sie nur einen sehr kleinen Platz im Rahmen des ganzen Stücks einnahmen.

Von dem herrschenden Geschmack in solchen Literaturformen kam man zuerst in Italien ab, wo die Wiedergeburt der Dichtkunst von Anfang an mit einer gewissen Auflockerung der

8 (im Text *Gothic model*. – Vgl. S. 108 – Anm. d. Übers.)

Institutionen des Feudalismus und seiner höfischen Verkehrssitte einherging.[9]

Der schon im 13. Jahrhundert hohe Entwicklungsstand von Handel und Gewerbe in den italienischen Staaten hatte einen gewissen Standard an Wohlhabenheit und Luxus mit sich gebracht, was schon bald besondere Pflege der schönen Künste, Geschmacksverfeinerung und Fortschritte im Wissen nach sich zog. In den großen Städten Italiens schwoll die Zahl der Handwerker und Kaufleute schnell an; ihre ganz unkriegerische Gesinnung befand sich in Übereinstimmung mit ihrer Lebensweise und übertrug sich begreiflicherweise unschwer auf die Menschen ihres täglichen Umgangs. Dazu kommt noch der Einfluß des Klerus, der in hellen Scharen nach Rom strömte, wo Aufstieg in der Kirchenhierarchie winkte. Die Geistlichkeit aber unterschied sich in Lebensregeln und Anschauungen von denen des Ritterstandes, und so vermochte sie die eigene Haltung und Denkweise in weiten Bevölkerungsgruppen zur Geltung zu bringen.

Der Verfall des kriegerischen Geistes bei den Italienern tut sich auch darin kund, daß dort der Zweikampf außer Übung kam, – dies fein ausgebildete Instrument der Privatrache –, und an dessen Stelle nun die weit kunstvolleren, jedoch hinterhältigen Praktiken der Giftmischerei traten. Und auch der literarische Geschmack änderte sich hier entsprechend den Wandlungen der Lebensverhältnisse. Man begann, an schamlosen Darstellungen aus dem niederen Leben und lasterhaften Sitten Gefallen zu finden, wie wir sie in den Erzählungen des Boccaccio und bei vielen anderen Schriftstellern finden, die der Gemessenheit und guten Lebensart früherer Zeiten ganz zuwiderliefen, – Sitten übrigens, die von den Mönchen auszugehen schienen infolge bestimmter Neigungen und Gepflogenheiten, die durch das Gezwungene und Naturwidrige ihrer Lebensweise begünstigt wurden. Dergleichen Dichtwerke waren offenbar jedoch ganz spezielle Gewächse Italiens, denn die

9 (im Text *Gothic institutions and manners*. Vgl. hierzu S. 108 – Anm. d. Übers.)

Autoren, die so etwas in andere Länder zu bringen trachteten, was etwa Chaucer in England versucht hat, sind weiter nichts als sklavische Nachahmer oder eigentlich nur Übersetzer der Italiener.

In anderen Ländern Europas aber hatten die Lebensregeln des Ritterwesens tiefer Wurzel gefaßt. Durch lange Gewohnheit wurden sie immer fester gefügt, und so kommt es, daß sich ihre Wirkung auch noch in den Verhaltens- und Denkformen unserer Gegenwart deutlich bemerkbar macht. Es waren im Grunde die veränderten Lebensumstände, mehr noch als Cervantes' unnachahmlicher Spott, die die alten Ritterromane schließlich ganz unmöglich machten. Nun entstanden jene ernsten Romane, die jetzt noch in Frankreich und England Lieblingslektüre sind. Hier werden in eher gemäßigter Weise kriegerischer Ehrenkodex, Liebe und Kavalierswesen dargestellt, die in der älteren Literatur noch ganz beherrschend gewesen waren. Die Lebensformen der früheren Zeiten haben sich auch in unseren Theaterstücken erhalten, und es gab wohl bis vor kurzem kaum einen Schriftsteller, der im Ernst an den Erfolg einer Tragödie, in der es ohne Liebesverwicklungen abging, geglaubt hätte.

Die hohe Achtung und große Ehrerbietung, wie sie in jenem vergangenen Zeitalter allgemein den Damen entgegengebracht wurden, bestimmen also immer noch in entscheidender Weise unser heutiges Verhalten. Seitdem begegnet man den Frauen mit jenem Ausdruck von Takt, Höflichkeit und Zuvorkommenheit, wie dies weder bei Griechen und Römern, noch vielleicht bei allen andern Völkern des Altertums bekannt war. Der Umgang der Geschlechter hat dadurch eine Kultiviertheit angenommen, die dem eleganten Gesellschaftsleben erst seinen besonderen Reiz verleiht. Man darf darin einen wertvollen Fortschritt sehen, der eben jener schon merkwürdig hohen Eleganz der ritterlichen Lebensform des hochmittelalterlichen Feudalismus entstammt.[10]

10 (im Text *Gothic institutions and manners.* Vgl. S. 108 – Anm. d. Übers.)

5. *Die veränderte Bedeutung der Frau aufgrund von Fortschritten in den praktischen Bereichen von Handwerk und Gewerbe*

Zu den hervorstechendsten Unterschieden zwischen dem Menschen und anderen Lebewesen gehört ohne Zweifel sein staunenswertes Vermögen zur Vervollkommnung der ihm gegebenen Anlagen. Nie zufrieden mit dem gerade Erreichten, treiben ihn seine Wünsche ununterbrochen von einem Ziel zum nächsten, und so beginnt er, sich mehr und mehr auf den verschiedensten Gebieten der Kunstfertigkeiten zu betätigen, die das Leben leichter und annehmlicher machen. Aber dies ist ein langsamer und nur allmählicher Prozeß; gleichzeitig bedingt jedoch die überall gleiche Natur des Menschen es auch, daß dieser Prozeß in verschiedenen Gegenden der Erde ähnliche Erscheinungen hervorbringt. Hat einmal der Ackerbau reichliche Nahrungsversorgung gebracht, so richten die Menschen ihren Blick auf andere, weniger grundnotwendige Dinge. Die Bemühungen gehen nun dahin, Kleidung, Behausung und allgemeine Ernährungsweise zu verbessern. Sie wenden sich also Tätigkeiten zu, die auf solche nützliche Zwecke gerichtet sind. Indem sich nun die Arbeitskraft sehr verschiedenen Dingen zuwendet, entstehen auch Gebrauchsgegenstände der verschiedensten Art. Sie werden je nach dem Bedarf einzelner Personen gegenseitig ausgetauscht. Auf diese Weise kommen schließlich jeweils einzelne Herstellungszweige für Waren und damit auch der Handel auf.

Diese Errungenschaften sind Quelle bedeutsamer Wandlungen in der Gesellschaftsform, und zwar gerade für die Frauen. Mit zunehmender Geschicklichkeit des Menschen in gewerblichen Fertigkeiten und der Erweiterung des Handels bahnt sich auf natürlichem Wege eine Entwicklung an, wodurch jene Umstände zurücktreten, die der freien Begegnung der Geschlechter hinderlich sind, Umstände, die einst zur Hochzüchtung und Entzündlichkeit leidenschaftlicher Gefühle beigetragen hatten. In der Ausübung der allein friedlichen Zwecken dienenden menschlichen Tätigkeiten müssen die verschiedenen Gruppen der Gesellschaft mehr und mehr zusammenkommen, wobei sich im eigentlichen Sinne die verschiedenartigsten Geschäfte entfalten, aus denen jeder seinen Nutzen zieht. Je zivilisierter die Menschen, desto eher begreifen sie die Vorteile, die die Existenz einer regelrechten Regierungsgewalt in sich birgt. Lebten verschiedene Stämme bisher im Zustand der Unabhängigkeit, so verringern sich nun die Möglichkeiten gegenseitiger Schädigung, indem sie sich den Gesetzen unterstellen müssen. Die früher herrschenden Verfeindungen, – Ursache so mancher Unruhen –, werden durch keine neuerlichen Provokationen mehr geschürt, gehegt und gepflegt und fallen auf die Dauer ganz der Vergessenheit anheim. Voneinander nicht mehr durch Angst- und Neidgefühle ferngehalten, kann man Schritt für Schritt Bekanntschaft miteinander schließen, und es wird sich überhaupt ein vertrauterer Umgang anbahnen. Männer und Frauen verschiedener Familien begegnen einander viel freier und ungezwungener, und der Erfüllung wechselseitiger Wünsche und Neigungen setzt die Umwelt dann weniger Widerstand entgegen.

Wenn also hier das schöne Geschlecht zwar vielleicht nicht mehr so oft das Ziel der romantisch übertriebenen Leidenschaften ist, die teilweise den einst ungeregelten Zuständen der Gesellschaft entstammen, so steigen die Frauen nun in der allgemeinen Achtung wegen der ihnen eigenen nicht nur nützlichen, sondern auch angenehmen Gaben.

Sobald die Menschen die primitiven barbarischen Gewohnheiten aufgeben, nicht mehr ausschließlich auf kriegerischen Ruhm bedacht sind und auch schon einigen Fortschritt in Kunst und Handwerk und dabei ein entsprechendes Niveau an Lebensverfeinerung erlangt haben, werden sie notwendigerweise darauf gestoßen, auch die weiblichen Kenntnisse und Tugenden schätzen zu lernen, die von so großem Einfluß auf jede Art von Höherentwicklung sind und darüber hinaus auf verschiedene Weise an der Vermehrung der Annehmlichkeiten des Lebens mitwirken. Diese Situation bedeutet, daß die Frau nun nicht mehr Dienstmagd oder aber Idol des andern Geschlechts ist, sondern zur Gefährtin und Partnerin des Mannes wird. Die Ehefrau erlangt eine Rangstufe und Bedeutung, die mit der Vernunft deshalb im besten Einklang steht, weil sie auch mit der weiblichen Natur und ihren Begabungen übereinstimmt. Die Natur hat ihr als erste und unmittelbarste Aufgabe das Erziehen und Betreuen der Kinder zugewiesen. Und folglich ist sie auch mit Anlagen ausgestattet, die zur Erfüllung einer so wesentlichen Pflicht befähigen, während sie sich zugleich besonders gut für Beschäftigungen eignet, die mehr Geschick und Umsicht als Kraft erfordern, wie man sie für die innere Verwaltung der Familie braucht. Entweder von Natur aus oder durch ihre bestimmte Lebensweise mit besonders zartem Wesen und Empfindsamkeit ausgestattet, besitzt sie die Gaben, um sich der Wertschätzung und Zuneigung ihres Gatten zu versichern, indem sie seine Sorgen teilt, seine Freuden miterlebt und ihn im Unglück tröstet.

Der hohe Wert, der in dieser Hinsicht den nützlichen Fähigkeiten und Leistungen der Frauen beigemessen wird, muß sich unmittelbar auch in der Art ihrer Erziehung und in ihren Umgangsformen zur Geltung bringen. Sie lernen es, sich in ihrem Verhalten auf veränderte Situationen einzustellen und sich nach dem jeweils geltenden Muster von Anstandsregeln und Vorbildlichkeit zu richten. Da sie sehen, wie sie sich durch Fleiß und Geschicklichkeit in den verschiedenen Sparten der Hauswirtschaft Achtung verschaffen, sind sie auch bestrebt, sich in diesen wertvollen Eigenschaften weiter zu vervollkommnen und ihre Fähigkeiten zu erweitern. Eifer und Beharrlichkeit in der Erfüllung aller in ihren Bereich fallenden Aufgaben zu entwickeln, prägt sich ihnen ebenso ein wie die Einsicht, daß Nichtstun den schlimmsten Schandfleck des weiblichen Wesens bedeutet. Frühzeitig schon werden an den Frauen die Eigenschaften ausgebildet, die sie für die ihrer Stellung entsprechenden Pflichten brauchen und die zu Schmuck und Verschönerung des privaten Daseins beitragen können. Da sie solchen grundvernünftigen Beschäftigungen nachgehen,

wird man es bei ihnen selten finden, daß sie in Talenten brillieren, mit denen sie in ausgelassenem, vergnügtem Kreise eine Rolle spielen könnten. Sie sind ein Leben der Zurückgezogenheit gewohnt, verkehren nur mit ihren nächsten Verwandten und Freunden und sind daher ganz von bescheidener Zurückhaltung beseelt, wie dies für Menschen natürlich ist, die am buntgemischten Gesellschaftsleben nicht teilhaben. Sie vergeuden deshalb auch ihre Gefühle der Zuneigung nicht in purer Lust oder lassen sie inmitten der Sittenverderbnis der Welt verkommen. Ganz gehen sie in Gefühlen liebender Fürsorge für die Personen des eigenen Familienkreises auf und haben dadurch in besonderer Weise Gelegenheit, all ihre Herzensempfindungen zu veredeln und zarte Bande zu hegen, so daß man sagen kann, der Sinn ihrer Erziehung ist, daß sie in allen häuslichen Tugenden vollkommen werden mögen.
Salomo hat das berühmte Bild der tugendhaften Frau entworfen, in dem sehr gut Vorstellungen und Empfindungen zum Ausdruck kommen, wie sie gemeinhin bei einem Volke herrschend sind, das schon eine gewisse Beweglichkeit in Handel, Umgang und allgemeiner Lebensart kennt.

Sie geht mit Wolle und Flachs um, und arbeitet gern mit ihren Händen.
Sie ist wie ein Kaufmannsschiff, das seine Nahrung von ferne bringt.
Sie steht vor Tage auf, und gibt Speise ihrem Hause und Essen ihren Dirnen.
Sie denkt nach einem Acker und kauft ihn und pflanzt einen Weinberg von den Früchten ihrer Hände. –
Sie merkt, wie ihr Handel Frommen bringt; ihre Leuchte verlischt des Nachts nicht.
Sie streckt ihre Hand nach dem Rocken, und ihre Finger fassen die Spindel.
Sie breitet ihre Hände aus zu dem Armen, und reicht ihre Hand dem Dürftigen.
Sie fürchtet für ihr Haus nicht den Schnee; denn ihr ganzes Haus hat zwiefache Kleider.
Sie macht sich selbst Decken; feine Leinwand und Purpur ist ihr Kleid.
Ihr Mann ist bekannt in den Toren, wenn er sitzt bei den Ältesten des Landes.

Sie macht einen Rock und verkauft ihn; einen Gürtel gibt sie dem Krämer.
Kraft und Schöne sind ihr Gewand, und sie lacht des kommenden Tages.
Sie tut ihren Mund auf mit Weisheit, und auf ihrer Zunge ist holdselige Lehre.
Sie schaut, wie es in ihrem Hause zugeht, und ißt ihr Brot nicht mit Faulheit.[1]

Auch in der Hochblüte vieler Staaten des alten Griechenland sah man offenbar die Frauen etwa in diesem Lichte. Demzufolge zielte auch ihre Erziehung im wesentlichen darauf ab, sie zu fleißiger Arbeit anzuhalten und ihre Gaben weiter auszubilden, damit sie nützliche Glieder der Gesellschaft würden. Ihr Sinn war sichtlich völlig von den Belangen der eigenen Familie gefangen genommen; sie gingen auch ganz in den einfacheren handwerklichen Verrichtungen auf, zu deren Ausführung sie die erforderliche Eignung mitbrachten. Meist waren sie in einem entlegenen Teil des Hauses untergebracht und erhielten außer von den nächsten Verwandten höchst selten Besuch. Schüchterne Zurückhaltung, bescheidenes Wesen und ihre Begriffe von dem der weiblichen Natur geziemenden Verhalten, dies waren Eigenschaften, wie man sie bei Personen in derart zurückgezogenen Lebensumständen erwarten darf. Nie sah man sie außerhalb des Hauses ohne Schleier, und an öffentlichen Festlichkeiten durften sie überhaupt nicht teilnehmen. »Was euch Frauen angeht« – sagt Perikles in einer Rede bei Thukydides, »so sollte es stets das Streben eures Geschlechts sein, zu verhüten, daß man von euch in der Öffentlichkeit spricht; dies aber gereicht euch zum höchsten Ruhm, wenn ihr weder zum Gegenstand des Lobs noch des Tadels werdet.«[2]
Lysias läßt in einer seiner Reden eine Witwe auftreten, Mutter von mehreren Kindern, für die die Notwendigkeit, in der Öffentlichkeit zu erscheinen, geradezu einen Akt der Verzweiflung bedeutet, zu dem ein unglückliches Schicksal sie

1 Sprüche 31, 13–16; 18–27.
2 Thukydides, lib. 2.

treibt. Sie bittet und bestürmt ihren Schwiegersohn, er möge ihre Verwandten und Freunde zusammenrufen, damit sie ihnen ihre Lage erklären könne. »Niemals zuvor«, so sagt sie, »habe ich in Gesellschaft von Männern gesprochen, aber nun zwingt mich meine Not zur Klage über das mir zugefügte Unrecht.«[3]

Der gleiche Autor verzeichnet auch die Rede eines Bürgers, der unter der Anklage steht, den Galan seiner Frau ermordet zu haben, wobei er die folgende einfache Darstellung seines Hauswesens gibt:

Athener! – Als ich in den Stand der Ehe trat, da war ich bemüht, einen Mittelweg zu steuern zwischen der schroffen Strenge einiger Ehemänner und der übertriebenen Milde anderer. Meine Frau wurde zwar liebevoll behandelt, aber sorgsam bewacht. Als Gatte machte ich ihr das Leben angenehm, doch sie als Frau durfte niemals vollkommen Herrin meines Vermögens oder ihrer eigenen Handlungen sein. Als sie Mutter wurde, da wurde nun dieser Anlaß weiterer Zuneigung zur Ursache, daß ich meine bisherige kluge Umsicht milderte und schließlich ganz aufgab, und das hat mich dazu gebracht, unbegrenztes Vertrauen in sie zu setzen. Für kurze Zeit, Athener, hatte ich nun keinerlei Grund, diese Änderung zu bereuen: Sie zeigte sich als die beste Gattin, und bei größter Umsicht in ihrem persönlichen Betragen besorgte sie auch meine Belange mit höchstem Eifer und größter Sparsamkeit. Aber seit dem Tod meiner Mutter ist sie der Grund all meines Unglücks. *Damals, wegen des Begräbnisses, kam sie zum ersten Mal aus dem Haus,* und dabei sah der Eratosthenes sie, und bald darauf wurde sie von ihm verführt. Das gelang ihm mit Hilfe unserer Sklavin, an die er sich auf ihrem Gang zum Markt herangemacht und durch Versprechungen und Schmeicheleien für seinen Anschlag gewonnen hatte.

Dazu aber müßte ihr wissen, Athener, daß mein Haus zwei Stockwerke hat; der obere Stock ist ähnlich angeordnet wie der untere: *dieser beherbergt die Männer, der obere Stock ist für die Frauen.* Nach der Geburt unseres Sohnes stillte ihn meine Frau selbst, und um ihr nun die Anstrengung zu ersparen, daß sie jedesmal, wenn er gebadet werden sollte, hinuntergehen mußte, räumte ich das Parterre für die Frauen und zog selbst nach oben. In der Nacht allerdings schlief sie auch weiterhin bei mir. Wenn nun das Kind unleidlich wurde und zu schreien anfing, ging sie oft nach unten und

3 Lysias, Orat. cont. Diogit.

reichte ihm die Brust. Das wurde nun auf lange Zeit hinaus weiterhin so gehalten, ohne daß ich je Verdacht schöpfte, denn ich, einfältiger Mensch der ich bin, hielt mein Weib für ein Muster an Tugendhaftigkeit.[4]

Solon soll Vorschriften erlassen haben, mit denen verhindert werden sollte, daß Frauen die Regeln des guten Tons verletzten, die man zur Erhaltung ihres makellosen Rufs für richtig hielt. Er legte fest, daß keine Hausfrau von zuhause weggehen dürfte mit mehr als drei Kleidern oder mit einer größeren Menge von Nahrungsmitteln, als man für einen Obolus kaufen konnte. Er schrieb ebenfalls vor, daß jede Hausfrau, wenn sie aus dem Hause ging, immer eine Begleitung bei sich haben sollte und eine brennende Fackel vor sich her tragen lassen müsse.

In Athen war es keinem Mann gestattet, sich etwa den Wohnräumen seiner Stiefmutter oder deren Kinder zu nähern, auch wenn sie alle im selben Haus wohnten. Mr. Hume gibt das als Grund an, weshalb es nach athenischem Recht möglich war, daß ein Mann seine Halbschwester, wenn sie von seinem eigenen Vater stammte, heiraten konnte. Weil sich nämlich die Art des Umgangs dieser Verwandten miteinander in keiner Weise von dem der Männer und Frauen verschiedener Familien unterschied, war hier auch die Gefahr nicht größer, daß sich zwischen ihnen irgendwelche ungesetzlichen Beziehungen gebildet hätten.

Es ist wahrscheinlich, daß diese eingezogene Lebensweise der griechischen Frauen, die ursprünglich zu den Lebensumständen eines Volkes paßte, das in den handwerklichen Künsten die ersten Fortschritte gemacht hatte, auch in späterer Zeit beibehalten wurde aus unverletzlicher Achtung vor den althergebrachten Ordnungen. Der demokratischen Staatsform, die sich schließlich fast überall in Griechenland herausbildete, entsprach es überdies, daß die Menschen sich mehr und mehr mit der Lenkung öffentlicher Angelegenheiten befaßten, wobei ihnen dann solche Ziele immer wichtiger wurden, von denen

4 Rede des Lysias zur Verteidigung des Euphiletus.

die Frauen naturgemäß ausgeschlossen waren. Nun stimmt es sicher einerseits, daß man bei einer solchen Ordnung der Verhältnisse den grundlegenden Freuden des Lebens bessere Seiten abgewinnen kann; andererseits aber war dies zweifellos auch ein Hindernis dafür, daß sich die Geschlechter in der Kunst des geselligen Verkehrs hätten vervollkommnen und sich im Ausdruck ihrer Gedanken und Gefühle gegeneinander eines zivilisierten Tons hätten befleißigen können. Eben deshalb ging den Griechen, bei all ihrem großen Wissen und Verstand, der Sinn für Dezenz und höflichen Umgang in erstaunlichem Maße ab, deshalb auch waren sie im guten Geschmack für Komik und witzige Rede so schlechte Richter, daß sie an den ordinären Zoten eines Aristophanes ihren Spaß hatten, und das eben zur gleichen Zeit, da sie in den Genuß der hohen Redekunst eines Demosthenes und der großen tragischen Dichtungen des Euripides und Sophokles kamen.

Betrachtet man den Typus des Soldaten im alten Griechenland, was höfliche Umgangsformen angeht, vor allem aber verglichen mit dem Typus des Kriegers in der neueren Zeit, so ergibt das ein recht genaues Bild von dem, was hier gesagt wurde. Der Soldat kommt viel herum und entwickelt als Mann von Welt gewöhnlich die Umgangsformen, wie sie sich durch Geselligkeit und Unterhaltung bilden. Aber in Griechenland waren die Soldaten genau so berühmt für ihr bäurisches und ordinäres Benehmen, wie sie sich bei den späteren europäischen Nationen als Kavaliere mit guten Manieren auszeichnen: bei dem Komödiendichter Menander können wir lesen, er könne sich nur schwerlich vorstellen, daß selbst die Macht eines Gottes so etwas wie einen höflichen und wohlgebildeten Krieger zuwege bringen könnte.

Als die Römer etwa gegen die mittlere Zeit der Republik schon einige Kultur aufwiesen, wird bei ihnen die Stellung der Frauen vermutlich ungefähr der bei den Griechen des hier erwähnten Zeitraums entsprochen haben. Jedoch waren in Rom die Lebensumstände des Volkes in dieser Hinsicht in einer sehr raschen Wandlung begriffen. Mit der Unterwerfung vieler in Luxus lebender Völker flossen plötzlich große Reichtümer in die Hauptstadt des Reichs, wodurch die althergebrachten Sitten verfielen und sich ein großer Umschwung in bezug auf das rechte Verhalten und in der Denkweise der Menschen vollzog.

Auch bei den späteren Nationen Europas können wir erkennen, wie die Entwicklung der Künste und das allmähliche Entstehen einer festen Staatsgewalt ihre unmittelbaren Auswirkungen hatten auf die Rangordnung der Geschlechter und ihr Betragen zueinander. Nachdem die im Feudalismus[5] ursächlich angelegten ungeordneten Verhältnisse einmal überwunden waren, wurden auch hier die Frauen ihren nützlichen Talenten und Leistungen gemäß eingestuft. Ihre Rangstufe und -stellung bestimmte sich schließlich daraus – bei gleichzeitiger Berücksichtigung von Resten jenes romantisch-ritterlichen Wesens, wie es früher einmal herrschend war –, welche Bedeutung ihre ureigensten Tätigkeitszweige im Gesamtablauf des gesellschaftlichen Lebens jeweils einnahmen. Gewisse Sitten und Gebräuche, die aus solchen Anschauungen über die Bestimmung der Frau einst entstanden waren, haben sich denn auch teilweise gerade in den Ländern Europas erhalten, die von den raschen Entwicklungen zu hoher Kultur und üppigem Wohlleben der allerletzten Zeit noch am wenigsten berührt wurden.

6. *Großer Luxus und Pflege der Annehmlichkeiten des Lebens – Ihre Auswirkungen auf die jeweilige Situation von Mann und Frau*

Die fortschreitenden Besserungen in den Lebensbedingungen eines Landes bringen überdies weitere vielseitige Wandlungen in den Denkgewohnheiten und Gebräuchen der Bewohner mit sich.

5 (im Text *Gothic system*. – Vgl. Anm. S. 108 – Anm. d. Übers.)

Die allererste Sorge eines Volkes gilt der unmittelbaren Sicherung der Grundbedürfnisse des Menschen und damit auch denjenigen Tätigkeiten, die zur reinen Lebenserhaltung dringend notwendig sind. Gelingt das in immer größerem Maße, so steigern sich nach und nach die Bedürfnisse entsprechend, und die Menschen empfangen erneute Impulse, sich mit frischem Tatendrang die Mittel zu verschaffen, mit denen die neuen Wünsche gestillt werden können. Auf die Fortschritte im praktisch-handwerklichen Können folgt die Pflege der den Genüssen und Vergnügungen förderlichen Künste. Die Menschen werden, ganz den Lebenserleichterungen entsprechend, über die sie zunehmend verfügen, auch kultivierter in den Lebensformen und also in Geschmack und Lebensweise viel üppiger und wählerischer: Man lebt frei von eigentlich beschwerlicher Arbeit, hat gleichsam alles und mehr als man unbedingt braucht und will nun auch seine Genüsse verfeinern. Die Menschen geraten ganz in den Bann kurzweiliger Unterhaltungen und Vergnügungen, die einmal anregend sind und zum andern von Stumpfsinn und Erschlaffung frei machen – den Folgen von Nichtstun und sinnloser Zerstreuungen. In dieser Situation werden nun die Freuden, die die Natur an die Liebe zwischen Mann und Frau geknüpft hat, zur Quelle für einen bestimmten vornehmen Reiz in den Beziehungen, und es dürfte dies wohl auch nicht ohne spürbare Auswirkungen bleiben auf die Umgangsformen der Gesellschaft. Frauen guten Standes genießen nun allgemein Bewunderung; ihren liebenswürdigen Eigenschaften zuliebe und wegen der Unterhaltsamkeit des Umgangs mit ihnen macht man ihnen den Hof. Man sieht es jetzt gerne, wenn sie die Zurückgezogenheit, die bisher ganz natürlich ihrem guten Ruf angemessen schien, aufgeben, wenn sie ihren Bekanntenkreis erweitern, an allgemeiner Geselligkeit teilnehmen und auch an öffentlichen Vergnügungsstätten zugegen sind. Spindel und Spinnrocken legen sie beiseite und zeigen stattdessen die gefälligeren Lebensäußerungen, wie es der herrschende Ton verlangt. Mehr und mehr ins gesellschaftliche Leben einbezogen, bilden sie auch zusehends jene Talente an sich aus, die alle Welt schätzt: Sie möchten sich durch eine Art vollendeter Eleganz auszeichnen, die Reize der Person besser zur Geltung bringen und damit auch die besonderen Empfindungen und Leidenschaften erregen, die in ihnen als Frauen selbst das natürliche Ziel finden.

Solche Fortschritte in der gesellschaftlichen Stellung und Bildung der Frauen lassen sich etwa durch Aspekte der Sitten bei verschiedenen Nationen Europas näher erläutern. So hat diese kulturelle Entwicklung in Frankreich und in einigen Landesteilen Italiens ihren höchsten Stand erreicht, wo Kunst und Bildung in voller Blüte stehen und auch ein verfeinerter Geschmack für Eleganz und Kultiviertheit in den Annehmlichkeiten des Lebens zum Allgemeingut geworden ist. England und Deutschland sind gleichfalls von diesen Entwicklungen ergriffen worden, aber weil die Menschen dort mehr den unmittelbaren Lebensnotwendigkeiten und praktischen handwerklichen Fertigkeiten zugewandt sind und sich nur langsam in den Künsten weiterentwickeln, die dem Vergnügen dienlich sind, ist es in diesen Ländern bisher nicht dazu gekommen, daß der gesellschaftliche Umgang von Mann und Frau eine ähnlich ungezwungene Ausweitung gefunden hat. Selbst in Spanien, wo die Künste entweder durch schlechte Regierungsformen oder aus sonstigen Gründen seit langem in hohem Grade vernachlässigt werden, machen sich allmählich die Auswirkungen der kulturellen Höherentwicklung bemerkbar, was daran zu sehen ist, daß auch hier die Frauen die gleichen gesellschaftlichen Freiheiten genießen wie in den anderen Ländern Europas.

So können wir also feststellen, daß in den kultivierten und gebildeten Nationen die gleiche Freiheit im Verkehr der Geschlechter miteinander herrscht wie bei den Menschen auf primitiven Kulturstufen. Nur besitzen hier die Frauen völlig unbeschränkte Freiheit, weil bei Barbarenvölkern die Ansicht herrscht, daß es ganz gleichgültig sei, welchen Gebrauch sie davon machen. Bei den Kulturnationen hinwiederum genießen sie das Recht auf ungebundene Freiheit aufgrund ihrer lie-

benswürdigen Eigenschaften, ihrer Rangstufe und des Ansehens innerhalb der Gesellschaft.
Es will jedoch scheinen, als gäbe es gewisse Schranken, über die hinaus eine echte kultivierte Höherentwicklung, soweit sie in Reichtum und Überfluß gründet, nicht mehr möglich sei. In den ganz einfachen Zeiten ist der freie ungehinderte Umgang der Geschlechter ohne schlimme Folgen. Jedoch bei den in Reichtum und Luxus lebenden Völkern führt dies zu Libertinage und Zügellosigkeit der Sitten, was weder mit einer geregelten Ordnung noch mit den grundsätzlichen Interessen der Gesellschaft in Einklang steht. Wird die Lust am Vergnügen im Übermaß getrieben, so muß sie gerade die Leidenschaften schwächen und zerstören, an denen sie ihren Genuß haben will, und eben die elementaren Begierden werden pervertiert, die die Natur dem Menschen eingegeben hat, damit sie ihm zu besonders wohltuenden Zwecken dienten. Daher wohnt großem Luxus und aller Vergeudung eine natürliche Tendenz inne, Rang und Würde der Frau zu mindern, weil dies verhindert, daß sich kultivierte Umgangsformen mit dem anderen Geschlecht herausbilden und die Frau dabei nur zu einem Zweck, nämlich zum Objekt der Befriedigung animalischer Lust, herabgewürdigt wird.

> Prima peregrinos obscena pecunia mores
> Intulit; et turpi fregerunt secula luxu
> Divitiae molles. Quid enim Venus ebria curat?[1]

Die starke Sinnlichkeit bei den orientalischen Völkern – sei sie nun der gemeinsame Ausfluß eines gewissen kulturellen Fortschritts, klimatischer Verhältnisse sowie der mühelosen Verfügbarkeit des zum Leben Notwendigen – hat die Entstehung der Vielweiberei verursacht; hier geraten die Frauen in den Stand der Sklaverei und Gefangenschaft. Und zugleich wird ein sehr beträchtlicher Teil der Bevölkerung zu Beschäftigungen herangezogen, die ihrer Natur nach so beschaffen

1 Zuerst führte das verderbliche Geld fremdartige Sitten ein; und üppiger Reichtum brachte mit seinem schändlichen Luxus die Generationen zu Fall. Was kümmert es nämlich die trunkene Venus? (Übertragung von H. Plett. – Anm. d. Übers.)

sind, daß dabei dem Menschen die Befähigung abhanden kommt, ohne die er weder zur Vermehrung der Bevölkerung beitragen noch sonst mit nützlicher Tätigkeit dem Fortschritt des Landes dienen kann.[1a]

Der ausschweifende Luxus, wie er in Rom während der Endphase der Republik und nach der Errichtung der Despotie herrschend geworden war, rief eine solche lasterhafte Zuchtlosigkeit hervor, die bei anderen europäischen Nationen ohne Beispiel ist. Trotzdem hat dies dort nicht zur Entstehung der Polygamie geführt, weil sie den ursprünglichen und festgefügten staatlichen Lebensordnungen zuwiderlief. Immerhin soll Julius Caesar ein Gesetz vorbereitet haben, wonach dem *Imperator* so viele Ehefrauen gestattet sein sollten, wie er es für richtig hielt. War den ausschweifenden Neigungen der Menschen in diesem Falle Einhalt geboten – kraft althergebrachter Sitte –, so gaben sie sich dafür nun jeder anderen Schwelgerei hin, denn die allgemeine Prostitution der Frauen trieb solche Auswüchse, daß sich dies auf die Fortpflanzung der menschlichen Gattung höchst nachteilig ausgewirkt haben muß. Auch das Recht zur Scheidung wurde so ausgeweitet und mißbraucht, daß die Ehe für angesehene Standespersonen allmählich nur noch eine sehr lose, vorübergehende Bindung darstellte.[2]

1a Was hier von der Polygamie gesagt wird, trifft auf diesen Brauch nur dann zu, wenn er bei den in Luxus und Ausschweifung lebenden Völkern existiert; denn in unzivilisierten Ländern entsteht die Polygamie im wesentlichen aus praktischen Gründen, und Motive der Eifersucht kommen hier kaum in Betracht, weshalb denn auch die genannten Folgen nicht entstehen können.

2 Nach Römischem Recht jener Zeit konnten Ehescheidungen aufgrund jedes nur erdenklichen Vorwands ausgesprochen werden, die Scheidung konnte überdies auf Verlangen jedes Ehepartners erteilt werden. Zugleich sorgten die mit diesem Gesetz auftretenden Verhaltensnormen dafür, daß die Menschen auch recht häufig von dem Privileg, das ihnen das Gesetz bot, Gebrauch machten, und zwar in solcher Häufigkeit, daß wir nur von wenigen Römern mit Rang und Namen hören, die nicht wenigstens einmal, meist sogar öfters, geschieden waren. Nennen wir nur einige der geachtetsten und ehrenwertesten Namen: M. Brutus verstieß seine Frau Claudia, obwohl ihrem Ruf keinerlei Makel anhaftete. Cicero schickte seine Frau Terentia weg, nachdem sie 30 Jahre zusammengelebt hatten, und ebenso machte er

Bei den Römern war die Häufigkeit der Scheidungen von schlimmen Auswirkungen begleitet, die sich in allen Zweigen eines Haushalts bemerkbar machten. Da Mann und Frau den Fall einer Trennung immer im Auge behielten, setzten sie auch kein Vertrauen ineinander, sondern waren ständig mit Rücksichten auf ihre jeweiligen Sonderinteressen beschäftigt. In dieser Lage geschieht es wohl kaum, daß sich starke gegenseitige Neigungen entwickeln oder die gemeinsamen Belange der Familie mit Vorrang behandelt werden. Ganz im Gegenteil: das in Erwartung der Scheidung praktizierte gegenseitige Bestehlen wurde so gang und gäbe, daß es nicht einmal mehr mit dem Namen Diebstahl gebrandmarkt wurde, vielmehr wurde dafür, wie für andere modische Laster, eine beschönigende Bezeichnung gefunden.[3]

Dieses schlechte Verhältnis zwischen den Eheleuten im Verein mit der weitverbreiteten Untreue der Frau war natürlich dazu angetan, den Vater seinen Kindern zu entfremden. In vielen Fällen vernachlässigte er folglich nicht nur ihre Erziehung, sondern ging auch so weit, daß er ihnen ihr väterliches Erbe entzog. Das scheint einer der Hauptgründe dafür gewesen zu sein, weshalb die Menschen überhaupt immer mehr dazu übergingen, daß sie ihr Vermögen lieber durch *Testament* jemanden vermachten. Nach den vielerlei Bestimmungen, die

es mit seiner zweiten Frau Publilia, die er noch im hohen Alter geheiratet hatte. Ciceros Tochter Tullia wurde von Dolabella verstoßen, und Terentia soll nach ihrer Scheidung von Cicero noch drei Ehegatten gehabt haben, wovon der erste Ciceros Gegner war, der Geschichtsschreiber Sallust. M. Cato gab, wie schon früher angemerkt wurde, seine Frau Marcia, nachdem sie ihm drei Kinder geboren hatte, an seinen Freund Hortensius weiter. Viele belanglose Gründe, die eine Scheidung veranlassen konnten, sind von Valerius Maximus verzeichnet worden. Seneca versichert, daß einige Frauen von höchstem Rang und Namen ihr Alter nicht nach der Zahl der Konsuln, sondern nach der Zahl der Ehemänner berechneten. [De beneficiis]. Als weiteren Beweis des lasterhaften Lebenswandels jener Zeiten hat man festgestellt, daß Männer manchmal eine Ehe eingingen allein wegen der Aussicht auf Bereicherung, weil die Mitgift der Frau an den Mann fiel, wenn sie Ehebruch beging. Vgl. Valerius Maximus, lib. 6, c. 3.

3 Das Einklagen solchen Diebesguts hieß nicht *conditio furtiva*, sondern *actio rerum amotarum* (etwa: gestohlenes Gut bzw. Rückerstattung des Fortgenommenen. Anm. d. Übers.).

eine solche letztwillige Verfügung enthielt, und den Schiedssprüchen der Richter zur Behebung von Mißbräuchen zu urteilen, hat dieser Brauch jenen Zweig des Römischen Rechts, wo die Testamentserrichtung behandelt wird, sehr viel umfangreicher und komplizierter werden lassen als jeden andern. Fälle solcher Vermächtnisse, die zum Nachteil der gesetzlichen Erben ausfielen, häuften sich derart, daß ganze Scharen von Erbschleichern[4] dadurch auf den Plan gerufen wurden, deren Gewerbe der unfehlbarste Weg zum Reichtum war, wie uns Horaz berichtet. Diese Umstände leisteten auch den glatten Testamentsfälschungen oder -verfälschungen Vorschub, eine Form des Betrugs, von denen die Schriftsteller jener Zeiten immer wieder zu berichten wissen, und eine Erscheinung, die eben irrtümlicherweise als ein allgemeiner Ausfluß von Reichtum und Luxus betrachtet wird.[5]

In der Epoche üppiger Ausschweifungen dürften die Menschen Roms zu sehr einer leichtfertigen Vergnügungssucht gefrönt haben, als daß sie der glühenden Leidenschaft für eine bestimmte Person noch fähig gewesen wären. Der Umgang der Geschlechter ging in einer so wahllosen und unfeinen Art vonstatten, daß für höhere Empfindungen des Geziemenden kein Platz war. So darf auch angemerkt werden, daß die Schriftsteller des Augusteischen Zeitalters, die ja in anderen Gattungen so viele mustergültige Werke schufen, keine einzige Dichtung über die Sitten ihrer eigenen Landsleute hinterlassen haben, in der etwa der Liebe eine zentrale Rolle als Quelle großer Tragik oder ernster Geschehnisse zukommen würde.

4 *Heredipetae.*

5 »Aber du, da du doch ein Seher bist, sag' wie ich Reichtümer und einen Haufen Geld zusammenscharren kann. – Nun, ich habe es dir gesagt und sag dir's wieder. Sei schlau und angle nach den Testamenten von Greisen: aber gib nicht gleich die Hoffnung oder das Gewerbe auf, wenn dir die Absicht daneben geht, weil der eine oder andere schlaue Fuchs dir den Köder wegschnappt und entkommt.« (Vgl. Horaz' ganze 5. Satire, 2. Buch.) *Volpone* von Ben Jonson ist gänzlich unter diesem Aspekt alter Sitten aufgebaut; aber das Komische des Ganzen muß in vieler Hinsicht verloren gehen, weil das Modell der Handlung, nach dem der Autor verfahren ist und deren getreues Abbild er darstellt, in keinem Land der Neuzeit mehr anzutreffen ist.

Hier können auch die vom Tod der Dido handelnden Abschnitte der Aeneis oder die Liebes-Epistel des Ovid keineswegs zurecht als Ausnahme dessen angeführt werden, was oben behauptet wurde, – beruhen doch beide Dichtungen auf Geschehnissen aus fernen Ländern und Zeiten. Außerdem verdient die Tatsache Beachtung, daß die römischen Dichter, wo sie dieses Thema nach eigenen Auffassungen darstellen, entweder die Liebe zu einer Konkubine oder das Verhältnis mit einer verheirateten Frau sich zum Gegenstand nehmen – von anderen sittenwidrigen Gelüsten einmal ganz zu schweigen. Dies ist in den zart empfundenen Elegien des Tibull und Properz so deutlich wie in der heiteren und schon eher anzüglichen Dichtung des Horaz, Ovid und Catull. Zweifellos haben Stil und Niveau dieser Dichtungsgattungen im Verein mit den tatsächlichen Sitten der Menschen, von denen sie ihr Gepräge erhielten, einmal den Wert der tugendhaften Frau herabgesetzt und zum andern die ausgehaltene Mätresse in ihrem Ansehen erhöht. Es sind vermutlich die in dieser Hinsicht ganz anderen Lebensverhältnisse der neueren Zeit, weshalb wir in den modernen Sprachen keine entsprechende Bezeichnung für das lateinische *amica* haben.
Durch die Anhäufung großer Reichtümer und Entwicklung gebildeter Unterhaltungsformen im Zusammenwirken mit den freien ungezwungenen Beziehungen der Geschlechter zeitigten sich auch bei einigen europäischen Nationen der Neuzeit ähnliche Folgen wie im Rom des Altertums, insofern dadurch die Menschen immer vergnügungssüchtiger wurden. Das sticht ganz deutlich in Frankreich und Italien ins Auge, wo luxuriöse Lebensverhältnisse zuerst entstanden und auch die hochentwickelte Gesellschaftskultur am weitesten gediehen sein soll. Nun kommt für diese Länder jedoch hinzu, daß die Autorität der Kirche nach dem Sieg des Christentums überhaupt und die Grundsätze, denen die Geistlichkeit in bezug auf Enthaltsamkeit von allen sinnlichen Gelüsten Geltung verschaffte, mit den noch wirksamen älteren Gesetzen und Gebräuchen insofern zusammengingen, als dadurch einerseits die

Vielweiberei ganz ausgeschlossen und andererseits die Auflösung der Ehe aus freien Stücken im großen und ganzen unmöglich gemacht wurde. Viele Mißstände, die sich in Roms Zeitalter des Luxus und Überflusses noch geltend gemacht hatten, konnten so hier vermieden werden. Doch für das moderne Europa liegen die hauptsächlichen Auswirkungen ausschweifender Lebensweise – neben der zunehmenden Neigung für die niederen Arten der Prostitution – darin, daß die Interessen der Menschen sich von den Zielen geschäftlichen oder beruflich-ständischen Ehrgeizes abgewendet und den galanten Kavaliersvergnügungen zugewendet haben, – oder genauer, daß dies letztere sich zu einer ernsthaften Bestimmung des kultivierten Menschen wandelte.
Diese Abhandlung bezweckt nun nicht, die sich verändernden Umstände in der Stellung der Frauen daraufhin zu untersuchen, wie sie aus den politischen oder religiösen Ordnungen erwachsen oder aber anderen bestimmten Ursachen entstammen können, die jeweils für die Bewohner verschiedener Länder charakteristisch sind. Die von mir aufgeführten Wandlungen in den Standesformen und Sitten der Geschlechter leiten sich vielmehr im wesentlichen aus der kulturellen Fortentwicklung des Menschen in seinen Lebensformen her: sie sind deshalb Teil der allgemeinen Geschichte der Gesellschaft.

Kapitel II
Gerichtsbarkeit und Gewalt des Vaters über seine Kinder

1. Die Machtstellung des Vaters in der Frühzeit

Der Vater besaß in der Frühzeit auf die gleiche Weise Gerichtsbarkeit und Gewalt über seine Kinder wie der Ehemann über die Frau. Solange eine reguläre Staatsgewalt sich nicht etabliert hat, kann der Stärkere den Schwächeren unterdrükken; daher wird bei einem primitiven Volk jedermann die ihm zugefallene Macht normalerweise mißbrauchen.
Bald nachdem sich innerhalb einer Gemeinschaft die Ehe als feste Institution durchgesetzt hat, wird der Ehemann, wie zuvor schon bemerkt, zum Oberhaupt der Familie. Er lenkt und regiert all ihre Mitglieder. Man kann durchaus erwarten, daß er in der Ausübung seiner Machtbefugnis auch von dem Gefühl bestimmt sei, stets für Wohl und Gedeih seiner Kinder Sorge tragen zu müssen. Ist doch der Zustand bedauernswerter Hilflosigkeit, in dem sie zur Welt kommen, ganz dazu angetan, sein Mitleid zu erregen und auf besonders eindringliche Weise an die schützende Fürsorge der Person zu appellieren, der jene Wesen ihre Existenz verdanken. Deshalb nimmt er die Bürde ihrer Aufzucht und Ernährung auf sich; er wird sich um so intensiver um sie kümmern, je größer die Anstrengungen sind, unter denen er sich zu ihrem unmittelbaren Nutzen einsetzt. Mit jedem neuen Akt der Hilfeleistung festigen sich auch die Gefühlsbande zu seinen Kindern. Unter seiner Pflege und Unterweisung wachsen sie heran, beginnen die Kosenamen der Eltern zu stammeln, und so erfüllt es ihn mit Zufriedenheit, wenn er sie allmählich zur Reife gelangen sieht, – sieht, wie die Anlagen und Fähigkeiten sich im Keim entwickeln, in deren künftige volle Entfaltung er die schmeichelhaftesten Erwartungen setzt. Später hält er sie fest in der

Familiengemeinschaft – in ihr gründet der Fortbestand einer dauerhaften Beziehung zu ihnen –, und zwar dadurch, daß er sich ihrer Hilfeleistung bei den ihm auferlegten Tätigkeiten versichert, indem er sie in alle seine Vorhaben und Bestrebungen miteinbezieht. Die väterlichen Bande festigen sich und bleiben also erhalten durch eben die Gewohnheiten und Grundsätze, die unter anderen Bedingungen zu Freundschaft oder guter Bekanntschaft führen. Da dies nun ein von Vater und Mutter gemeinsam geteiltes Gefühl ist, so wäre es fast natürlich anzunehmen, daß dieses Einverständnis miteinander wiederum zu einem gewissen Teil ihrem gemeinsamen Nachwuchs zugute kommt, nämlich so, daß es ein zusätzliches Motiv dafür bildet, daß sie sich nun umso stärker den Wesen widmen, denen ihre vereinte Fürsorge und Liebe gilt.

So etwa wird man sich das Entstehen der elterlichen Liebe zu den Kindern vorstellen müssen, die ja ein so allgemeingültiges Gefühl ist, daß es weithin als Ausfluß eines ursprünglichen Triebes angesehen wird. Aber wie stark der Vater auch immer an Glück und Gedeihen seiner Kinder interessiert sein mag, so wirkt solchen Gefühlen in der Brust eines Wilden eben doch meist das eigentliche Selbsterhaltungsinteresse entgegen, ja sie werden geradezu erstickt von der Bürde des Elends seines eigenen Daseins. Vielfach ist er einfach gezwungen, die Kinder völlig im Stich zu lassen, er läßt sie vor Hunger umkommen oder von wilden Tieren auffressen. Aus den in Not und Entbehrungen bestehenden Lebensbedingungen heraus unterliegt er zuweilen der Versuchung, daß er seine Kinder als Sklaven verkauft. Und die Kinder, deren Unterhalt aufzubringen er erträglich findet, sehen sich einer ganzen Reihe von Bedrückungen ausgesetzt, die der Wildheit seines Naturells entstammen. Manchmal werden sie mit größter Nachsicht behandelt, müssen aber andererseits genauso oft seine plötzlichen gefährlichen Zornesausbrüche erdulden. Da die Haßgefühle des Wilden sich leicht entzünden, im Nu hoch auflodern und er sich in der Familie als Herrscher fühlt, der weder auf Widerstand zu stoßen noch sich selbst Zügel anzulegen gewohnt ist, so dürfen wir uns nicht wundern, wenn unerwarteter Widerspruch und Respektlosigkeit ihn in einen solchen Zustand von Aufwallung versetzen, daß ihn dies bis zu der grausamsten aller Handlungen treibt – dem Mord am eigenen Kind.

In den ersten Jahren müssen sich die Kinder notgedrungen jeder Brutalität und Willkür des Vaters unterwerfen. Aus physischer Unterlegenheit sind sie gar nicht in der Lage, sich etwa seinen Befehlen zu entziehen. Noch unfähig, für ihren Unterhalt selbst zu sorgen, sind sie in dieser Hinsicht von ihm ganz allein abhängig. An ihn müssen sie sich um Hilfe wenden, wenn Gefahr und Unrecht drohen, und da sie in ihm die Quelle aller Annehmlichkeiten sehen müssen, ist dies auch Grund genug, daß sie seine Gunst gewinnen, seinen Unwillen vermeiden möchten.

Die dem Vater kraft seiner Umsicht und Erfahrung gezollte Achtung und Ehrerbietung sind zusätzliche Umstände, worauf sich seine Macht und Autorität stützen können.

Den Wilden ist die Kunst des Schreibens völlig unbekannt, und sie kennen auch sonst kaum die Mittel, Vorkommnisse in irgendeiner Weise aufzuzeichnen; so bildet denn die von jedem einzelnen Menschen gemachte Erfahrung und Beobachtung die nahezu einzige Möglichkeit, feste Kenntnisse zu erwerben. Deshalb sind auch hier die einzigen, die ein bestimmtes Maß wirklich überlegener Umsicht und Einsicht zu erlangen vermögen, diejenigen Menschen, die ein hohes Alter erreicht haben.

Sodann verdient es Beachtung, daß bei primitiven und unwissenden Völkern schon die geringste Überlegenheit an Erfahrungswissen und Erkenntnissen dem Menschen große Ehren und eine hervorragende Bedeutung verschafft. Einem Menschen, der einen Naturvorgang in einer Weise versteht, wie das einfache Volk ihn nicht begreift, ihm wird man abergläubische Furcht und Verehrung entgegenbringen. Da der Weg zu den Quellen seines Wissens verschlossen bleibt, kommt es, daß jene außergewöhnlichen Gaben in noch hellerem Lichte erstrahlen, und in grenzenloser Verwunderung verharrt man vor seiner Kunst und Weisheit, die man nicht zu begreifen vermag. Die einfachen Menschen glauben von jenem Einzelnen, daß er mit unbegrenzten Fähigkeiten ausgestattet ist, und an ihn wenden sie sich um Rat und Weisung, wenn plötzlich neue und schwierige Situationen entstehen. Sie müssen glauben, daß er Umgang mit unsichtbaren Geistern pflegt, daß ihm der Blick in die Zukunft gegeben ist und er auch die Macht hat, den Gang der menschlichen Dinge kraft seiner Wunderkunst zu verändern. So etwa entstand in dunklen Epochen der Menschheit aus den noch spärlichen Kenntnissen von den Himmelskörpern die absurde und anmaßende Schicksalsdeuterei der Astrologie. Und mit dem geringfügigen Wissen von Chemie oder Medizin traute man sich die Offenbarung jenes kostbaren Geheimnisses zu, wie wir Unsterblichkeit zu erlangen vermöchten.

Da es in allen kulturlosen Ländern die alten Menschen sind, die im Ruf großer Erfahrung und Klugheit stehen, genießen sie dieserhalb allseitig hohen Respekt, wodurch sie meist eine an Einfluß und Autorität überragende Stellung einnehmen.

Bei der Belagerung von Troja brachten die Griechen dem Manne, der drei Generationen überlebt hatte, ganz außergewöhnliche Ehrerbietung entgegen, und sein Rat und seine Weisung waren in allen wichtigen Beratungen von höchster Bedeutung.

So sagt auch Morni in den Dichtungen Ossians: »Erblickt dein Auge nicht, O Gual, wie meine greisen Schritte geehrt werden? Morni schreitet voran, und die Jugend tritt ihm mit Ehrfurcht entgegen und in stiller Freude folgen die Augen seinem Gange.«[1]

Der Gesetzgeber der Juden, dessen Rechtskodex in vieler Hinsicht der Lebenslage eines Volkes der Frühzeit angemessen ist, befand für richtig, der dem Alter gebührenden Ehrer-

1 Lathmon. (Übersetzung in Anlehnung an: Die Gedichte Ossian's aus dem Gaelischen von Christian Wilhelm Ahlwardt, 3. Bd., Leipzig 1811, S. 146. Anm. d. Übers.)

bietung dadurch Nachdruck zu verleihen, daß er dies zum Inhalt eines besonderen Gebots machte: »Vor einem grauen Haupt sollst du aufstehen und die Alten ehren . . .«[2]

Und der Sohn Baracheels sprach: »Ich bin jung, ihr aber seid alt; darum habe ich mich gescheut und gefürchtet, mein Wissen euch kundzutun. Ich dachte: Laß das Alter reden, und die Menge der Jahre laß Weisheit beweisen.«[3]

Wenn bei den Tataren-Völkern ein Khan oder Fürst gewählt wird, so gelten Erfahrung und Weisheit mehr als alle andern Vorzüge; aus diesem Grunde wählen sie mit Vorliebe das älteste Mitglied des königlichen Geschlechts.[4] Und eben diesem Umstand ist es zu verdanken, wenn in den ersten Anfängen des Staatswesens ein sogenannter Senat oder Ältestenrat entstand, bei dem üblicherweise die oberste Aufsicht und Lenkung der öffentlichen Angelegenheiten liegt.

Alter und Herrschaftsgewalt sind in der Frühzeit so untrennbar miteinander verbunden, daß die Sprache primitiver Völker dasselbe Wort, das einen alten Mann bezeichnet, auch allgemein für Herrscher oder Staatsoberhaupt verwendet.

Die Chinesen halten besonders stark an althergebrachten Bräuchen fest, weil sie wenig mit Fremden in Kontakt kommen, und bei ihnen ist die Kenntnis der Schrift, trotz dem sonst so hohen Stand ihrer gewerblichen Kunstfertigkeiten, für die große Masse immer noch unerreichbar. Eben darum hat dieses Volk sich die Hochachtung vor Wert und Nutzen langer Erfahrung und reicher Beobachtung bis heute bewahrt, wie wir es sonst immer wieder in den einfachen und unwissenden Zeitaltern vorfinden. Weder vornehme Herkunft noch Reichtum, Ehren oder Würden haben dort dazu geführt, daß die Menschen jene Ehrerbietung vermissen lassen, die einem ergrauten Haupte gebührt. Selbst der Monarch versäumt es nie, hohes Alter auch in Menschen des niedrigsten Standes zu achten.

2 3. Mose 19, 32 (Leviticus).
3 Hiob 32, 6–7.
4 Histoire générale des voyages.

Der Unterschied der Sitten bei einem kulturlosen gegenüber einem kultivierten Volk sei in diesem Punkt durch die nachstehende Begebenheit veranschaulicht, die auf jene beiden griechischen Staaten zielt, die hinsichtlich dessen, was man gemeinhin hohe Kultur nennt, erheblich voneinander abwichen.

Es geschah in Athen bei einer zum Ruhm des Staatswesens feierlichen und öffentlichen Aufführung eines Stücks, daß ein greiser Bürger zu spät kam, um noch einen seinem Alter und Stand gemäßen Platz zu bekommen. Viele junge Edelleute sahen seine Verlegenheit und sie winkten ihm zu, daß sie Platz machen würden, wenn er zu ihren Sitzen käme. Der gute Mann zwängte sich also durch die Menge hindurch. Wie er aber zu den Sitzen kam, zu denen man ihn herangewinkt hatte, machten sich die Leute einen Spaß daraus, daß sie sich recht breit machten, so daß er fassungslos vor den Augen des ganzen Publikums dastand. Ein spöttisches Lachen durchlief die Sitzreihen der Athener. Nun waren aber für diese Gelegenheiten bestimmte Sitzplätze den Ausländern vorbehalten: als der gute Mann beschämt davon ging und zu den Plätzen kam, die den Spartanern zugewiesen waren, da geschah es, daß diese rechtschaffenen Menschen, die mehr Männertugenden als feine Manieren hatten, vom ersten bis zum letzten Mann aufstanden und den Greis mit größter Ehrerbietung bei sich aufnahmen. Die Athener, von plötzlicher Erkenntnis spartanischer Tugend und der eigenen Verderbtheit ergriffen, klatschten stürmischen Beifall. Der alte Mann aber rief: Die Athener wissen wohl, was recht ist, doch die Spartaner handeln danach.[5]

Es ist leicht einzusehen, wie sehr die durch Wissen und Erfahrung bedingte, dem Vater geltende Bewunderung und Verehrung auch in besonderer Weise das ganze Verhalten der Kinder ihm gegenüber beeinflußt. Im Erfahrungswissen muß der Vater immer ganz deutlich den Kindern überlegen sein. Mit zunehmendem Alter wird gerade diese Überlegenheit um so ausgeprägter und auffallender, als die Körperkräfte vergleichsweise nachlassen. Seine Stellung ist so beschaffen,

5 Obgleich alte Männer bei den Wilden gewöhnlich in Ehren gehalten werden, kommt es doch auch vor, daß man ihnen das Leben nimmt, wenn sie so alt geworden sind, daß sie ihre Verstandeskräfte verloren haben. Dies beweist, daß die Schätzung, die man für sie hat, keineswegs dem Moment der Menschlichkeit entspringt, sondern der Rücksicht auf die ihnen zugeschriebenen nutzbringenden Kenntnisse.

daß den Kindern seine reiche Erfahrung ständig offenkundig bleibt, zumal sie im günstigsten Licht erscheint, weil sie ja für ihre eigene Lebenssicherung und ihr Wohlergehen genutzt wird. Durch den Vater erfahren sie vom Gebrauch der Gerätschaften und Hilfsmittel zur Nahrungsbeschaffung, von ihm lernen sie Kunstkniffe und Listen, wie man sie im Kampf gegen Feinde braucht. Sie werden auch in den verschiedenen Sparten der Hauswirtschaft von ihm unterwiesen und darüber belehrt, welche Maßregeln in schwierigen, gefahrvollen Situationen ergriffen werden können. Mit Staunen hören sie von mutigen Taten, wo der Vater sich bewährte, von umsichtigen Vorkehrungen, mit denen er dem überall lauernden Unheil entging, oder sie erfahren, wie er sich mit gewandter Schläue aus oft mißlichen Lagen herausgeholfen hat. Aus allem, was er in der Vergangenheit gesehen und beobachtet hat, formt sich für sie ein Fundus an Klugheitsregeln, die ihr künftiges Handeln bestimmen können. Wenn sie je von seinem Rat abweichen und nach eigenem halsstarrigen Gutdünken handeln, so bekommen sie gewöhnlich von den Vorfällen selbst eine Lektion erteilt, sie sehen ein, wie überstürzt und unvernünftig sie sich verhalten haben, und es ergreift sie von neuem das Wunder vor dem erstaunlichen Scharfsinn und der Voraussicht des Vaters. Er scheint mit der Aura eines höheren Wesens umgeben, und sie glauben fest daran, daß er über Glück und Unglück gleichermaßen verfügen könne. Gewaltig fürchten sie seinen Fluch als Quelle allen Unglücks, und der väterliche Segen ist für sie ein größerer Schatz als die reichste Erbschaft.

In der Ilias beklagt Phönix sein Schicksal, daß er keine Kinder habe, und er schreibt es dem väterlichen Fluch zu, den er einst in der Jugend auf sich gezogen hatte.

> Mein Vater lud den Fluch auf mein verhaßtes Haupt,
> Und rief: Ihr Furien! unfruchtbar sei sein Bett!
> Und der unterirdische Jupiter, die rachedürstenden Unholde,
> Und die schreckliche Proserpina vollbrachten seinen Fluch.[6]

6 (Übersetzung nach A. Popes *Iliad*, Buch 9, v. 582. – Anm. d. Übers.)

»Esau sprach zu seinem Vater: Hast du denn nur *einen* Segen, mein Vater? Segne mich auch, mein Vater! und hob auf seine Stimme und weinte.«[7]

Diesen Bemerkungen sei noch angefügt, daß die Autorität des Vaters sich kraft und mittels Sitte und Gewohnheit weiter festigt und verbreitet.

Es ist ganz natürlich, daß wir, auch wenn wir älter werden, die gewohnheitsmäßige Haltung von Ehrerbietung und Demut weiterpflegen, wie sie sich in der Jugend eingeprägt hat. Dabei bringen wir es nicht leicht über uns, daß wir uns mit Menschen auf eine Stufe stellen, die wir lange Zeit hindurch als uns bei weitem überlegen anerkannt haben. Der in ganz unterwürfigen Verhältnissen aufgewachsene Sklave wird nicht unmittelbar nach der Freilassung seine bisherige innere Einstellung abstreifen, von der er geprägt wurde. Für eine gewisse Zeit hält sich bei ihm das Gefühl der früheren Abhängigkeit, und ungeachtet aller Änderung in seiner Lebenssituation bleibt für ihn weiterhin eine Grundeinstellung von achtungsvoller Ehrerbietung bestimmend, wie er sie bis dahin seinem Herrn schuldig war. Und so stellen wir auch fest, daß in einigen Ländern die Gesetzgebung dieser natürlichen Einstellung Rechnung getragen und ihre Geltung weiter befestigt hat. Nach Römischem Recht war jeder Freigelassene zeitlebens verpflichtet, bei öffentlichen Anlässen seinem einstigen Herrn gegenüber bestimmte Formen der Aufwartung zu beobachten und seinem Rang besondere Ehrerbietung zuteil werden zu lassen. Versäumte er je die Beobachtung dieser Pflicht, so betrachtete man ihn als seiner Freiheit unwürdig, und er mußte wieder Sklave des Mannes werden, dem gegenüber er sich so ungebührlich benommen hatte.

Genauso in den primitiven Zeiten, wo der Sohn, von Kindheit an seinem Vater zu dienen und gehorchen gewohnt, so geprägt wird, daß er in Dienstbereitschaft und Gehorsamspflicht auch noch später verharren wird. Selbst wenn er erwachsen und zu vollen Körper- und Verstandeskräften her-

7 1. Mose 27, 38 (Genesis).

angereift ist, steht er weiter unter den ersten Jugendeindrücken, so daß er nach wie vor weitgehend unter dem Joch einer Autorität bleibt, der er sich immer untergeordnet hatte. Vor der zornigen Miene des Vaters zuckt er zurück, und er zittert vor der Kraft des Arms, von dem er oft strenge Züchtigung erfahren mußte, der ihm aber auch ebenso oft Beispiele von Mut und Geschicklichkeit vor Augen geführt hat. Höchste Vermessenheit wäre es für ihn, wenn er die Weisheit und Richtigkeit der Befehle anzweifeln würde, auf die er schon immer wie auf Orakelsprüche gehört, die zur unfehlbaren Richtschnur seines Handelns zu machen man ihn gelehrt hatte. Ganz natürlich findet er sich mit dieser Praxis der Gerichtsbarkeit ab, weil er sie bei den verschiedensten Gelegenheiten immer wieder am Werke sah und weil sie überdies grundsätzlich von jedem einzelnen Familienmitglied anerkannt wird. Je strenger seine Behandlung, desto vollständiger die Bändigung des eigenen Willens. So festigen gewohnheitsmäßige Ergebenheit und blinder Gehorsam sich mehr und mehr: Im Vater ist die vom Himmel gesandte unumschränkte Machtfülle über seine Kinder wirksam, und der Sohn ist vom Glauben besessen, daß Widerstand gegen den Willen des Vaters oder Aufbegehren der Kinder, – gleichgültig unter welch drückenden Bedingungen sie auch leben mögen –, eine solche Gotteslästerung wäre, als ob man die Allmacht der Gottheit selbst in Frage stellte oder sich klagend wider die strengen Fügungen wenden wollte, mit denen das göttliche Regiment über die Welt zuweilen ihre Geschöpfe heimzusuchen beliebt.

Wenn bei allen Familienmitgliedern diese Grundeinstellung herrscht, so wird der Vater keine große Mühe haben, seinen Befehlen Achtung zu verschaffen, nötigenfalls auch durch Zwang. Will er etwa den Bosheiten eines einzelnen Kindes wirksam begegnen oder überhaupt mit seinem rebellischen Wesen fertigwerden, so kann er sich die Gewalt zunutze machen, die er über die restlichen Kinder besitzt. Denn diese werden auf den Ungehorsam des Bruders mit Entsetzen und

Abscheu reagieren und sich ohne weiteres bereitfinden, bei der Bestrafung seines Vergehens mitzuhelfen.
In der frühen Geschichte alter Völker stoßen wir denn auch auf die verschiedenartigsten Einzelheiten, in denen sich die Praxis einer Gerichtsbarkeit und Machtfülle darstellt, wie sie ursprünglich dem Vater als Haupt und Regent der Familie zukam.
Caesar berichtet, daß bei den Galliern dem Vater Macht über Leben und Tod seiner Kinder gegeben war, und mit einigem Grund darf man annehmen, daß auch bei den damaligen germanischen Völkern die Machtfülle des Vaters nicht weniger umfassend gewesen ist.
Nach den frühen Gesetzen und Sitten Arabiens zu urteilen, muß auch dort jedes Familienoberhaupt die absolute Gewalt über seine Nachkommen besessen haben. Als Jakobs Söhne den Vorschlag machten, sie wollten ihren Bruder Benjamin mit sich nach Ägypten nehmen, und der Vater zum Ausdruck brachte, daß er ihn nur ungern fortgehen lasse, da trug es sich so zu: »Ruben antwortete seinem Vater und sprach: Wenn ich dir ihn nicht wiederbringe, so erwürge meine zwei Söhne; gib ihn nur in meine Hand, ich will ihn dir wiederbringen.«[8] Moses hat offenbar zur Geltung bringen wollen, daß es dem Vater nicht freistehen sollte – es sei denn in Ausnahmefällen –, daß er seinen Kindern von eigener Hand und im Verborgenen den Tod geben könne. Das kann man aus der besonderen Bestimmung schließen, wonach ein *widerspenstiger* und *ungehorsamer* Sohn vor den Ältesten der Stadt gesteinigt werden sollte.[9] Dieser Gesetzgeber hat ferner verordnet, daß ein Mann seine Tochter zwar als Sklavin oder Konkubine innerhalb des eigenen Volkes verkaufen könne, sie aber nicht einem Fremden geben dürfe:

Verkauft jemand seine Tochter zur Magd, so soll sie nicht ausgehen wie die Knechte.
Gefällt sie aber ihrem Herrn nicht und will er sie nicht zur Ehe

8 1. Mose 42, 37 (Genesis).
9 5. Mose 21, 18–21 (Deuteronomium). – (Vgl. hier den revidierten Text der Luther-Bibel von 1964. – Anm. d. Übers.)

nehmen, so soll er sie zu lösen geben. Aber unter ein fremdes Volk sie zu verkaufen hat er nicht Macht, weil er sie verschmäht hat.[10]

Im Russischen Reich wurde früher die väterliche Gerichtsbarkeit als höchstrichterliche und unumschränkte Instanz verstanden. Peter der Große scheint sich kaum im klaren darüber gewesen zu sein, wie sehr hierin die Sitten seines eigenen Landes von denen anderer Völker abwichen, wenn er in seiner öffentlichen Bekanntmachung an Geistlichkeit, Bürger- und Militärstände über den Prozeß gegen seinen Sohn die ganze Welt anruft, um zu bekräftigen, daß nach allen menschlichen und göttlichen Gesetzen, vor allem aber nach den Gesetzen Rußlands, der Vater, auch bei bürgerlichen Personen, in jeglicher Weise das absolute Recht zur Verurteilung seiner Kinder besitze und weder Berufung zulassen noch auf den Rat anderer Menschen hören müsse.
Die Tataren kennen nichts, was Respekt und Ehrerbietung der Kinder gegenüber dem Vater übertreffen würde. Sie sehen in ihm den obersten Herrn und Gebieter der Familie, dem zu dienen unter allen Umständen ihre Pflicht ist. In jenen Gebieten des Tatarenlandes, die mit den großen Nationen Asiens in Verbindung stehen, ist es auch üblich, daß der Vater Kinder beiderlei Geschlechts verkauft. Und es heißt, daß von dorther auch häufig die Frauen und Eunuchen für die Harems und Serails beschafft werden, die sich in diesen asiatischen Ländern Männer von Rang und Reichtum halten.
An der Küste Afrikas wird die Macht des Vaters auf die höchste Spitze getrieben und mit äußerster Härte gehandhabt. Es ist längst zu bekannt, als daß man es noch leugnen könnte, daß er seine eigenen Kinder als Sklaven verkauft, um den europäischen Markt zu beliefern. Auch sieht man dort in einer zahlreichen Nachkommenschaft den bedeutendsten Teil seines Vermögens. An der Sklavenküste werfen sich die Kinder sofort auf die Knie, sobald sie sich in Gegenwart ihres Vaters befinden.
Von dem folgenden Bericht des Kommodore Byron mag man

10 2. Mose 21, 7–8 (Exodus).

sich einen ungefähren Begriff von der üblichen Gesinnung machen, in der bei den Wilden Südamerikas das Regiment über die Familienangehörigen geführt wird, wenn es heißt:

Hier muß ich nun eine kleine Begebenheit erzählen, die unseren christlichen Kaziken betrifft. Er und seine Frau waren mit dem Kanu ein ganzes Stück vom Ufer hinausgefahren, wo die Frau nach See-Igeln tauchte. Da sie aber nicht viel Glück dabei hatten, kamen sie in ziemlich schlechter Laune zurück. Ihr kleiner Junge von etwa drei Jahren, den sie an sich sehr gern hatten und verwöhnten, hatte auf die Rückkehr von Vater und Mutter gewartet und lief ihnen in die Brandung entgegen: Der Vater reichte dem Kleinen einen Korb voll See-Igeln, den er aber fallen ließ, da er zu schwer für ihn war; worauf der Vater aus dem Kanu sprang, das Kind mit den Armen emporriß, und es dann mit aller Kraft gegen die Felsen schleuderte. Das arme kleine Geschöpf lag bewegungslos in seinem Blut, schließlich hob die Mutter es auf, aber es starb bald danach. Eine Zeitlang schien sie untröstlich; der Unmensch von Vater machte sich jedoch kaum etwas daraus.[11]

Daß die jeweiligen Familienoberhäupter sich nicht den geringsten Zwang antun mußten in allem, was ihren Hausstand betraf, erweist sich schon darin, daß das Aussetzen von Säuglingen bei vielen Völkern des Altertums weit verbreitet war. Vermutlich nahm diese barbarische Sitte schon in den rohen Zeiten ihren Anfang, als der Vater oft nicht in der Lage war, seine Kinder zu ernähren, und sie konnte sich noch bis in spätere Zeiten unter der Sanktion des althergebrachten Brauchs weiter halten, als äußere Not längst nicht mehr zur Rechtfertigung dienen konnte. Wie sehr es uns auch schockieren mag, das Aussetzen von Säuglingen war bei den Bewohnern Altgriechenlands herrschende Sitte, die selbst in den griechischen Staaten nie abgeschafft wurde, die sich durch Wissenschaft und hohe Kultur ganz besonders auszeichnen.[12]
Nach den römischen Gesetzen und Gebräuchen war dem

11 Bericht des John Byron.
12 Aelian berichtet nur von den Thebanern, daß sie ein Gesetz erlassen hätten, das das Aussetzen von Kindern bei Todesstrafe untersagte und verordnete, daß Kinder, deren Eltern arm seien, auf Antrag bei der Obrigkeit vom Staat ernährt werden und als Sklaven dienen sollten. Aelian, var. hist. lib. 2, cap. 7.

Vater ehemals die unumschränkte Macht gegeben, seine Kinder zu töten oder in die Sklaverei zu verkaufen. Solange sie im Familienverbande lebten, konnten sie selbst keinerlei Vermögen besitzen, und alles durch eigene Arbeit oder durch Schenkung anderer von ihnen Erworbene ging sofort in das Eigentum des Vaters über. Während sie nach außen hin also als Freie galten, befanden sie sich gegenüber dem Vater im Status absoluter Sklaverei und Botmäßigkeit. Sie konnten ohne seine Zustimmung oder Billigung weder eine Ehe eingehen noch sonstige Verträge abschließen.[13]

In einem Punkt ging in Rom die Macht des Vaters über die Söhne sogar noch weiter, als sie im Verhältnis von Herrn und Sklaven galt. Kam es nämlich vor, daß ein Sohn zunächst von seinem Vater verkauft wurde und der Käufer ihn dann später freigelassen hatte, so war er nun keineswegs eine selbständige Person, sondern geriet wiederum unter die väterliche Gewalt. Das gleiche trat ein, wenn er erneut verkauft und freigelassen wurde, und erst beim dritten Mal erlosch die väterliche Gewalt ganz, und so gelangte der Sohn erst in den ständigen Genuß seiner vollen Rechte, die ihm die Milde seines bisherigen Herrn verschafft hatte, als er ihm die Freiheit gab.

Dieser besondere Sachverhalt soll sich aus einem Gebot des Romulus herleiten, das auch in die Zwölftafelgesetze eingegangen war, – ein Umstand, der zur Genüge beweist, daß den Römern ursprünglich die Vorstellung völlig fremd war, daß ein so in der Familiengemeinschaft lebendes Kind etwas anderes sei als Sklave seines Vaters.

13 Dionysius von Halicarnassus, lib. II, l. II. Dig. de lib. et postum. § 3. Inst. per quas person. cuiq. adquir. l. ult. Cod. de impub. et al. subst. l. 4. Dig. de judic. § 6. Inst. de. inut. stip. –
Demzufolge konnte der Vater auch etwa seinen Sohn von einer anderen Person zurückfordern auf dem Weg einer ordentlichen Klage auf Herausgabe von Eigentum (lib. I, § 2. Dig. de rei vind.). Wurde dem Vater ein Sohn entführt, so wurde der Dieb nach *›actio furti‹* belangt (l. 38. Dig. de furt.). Wurden Kinder vom Vater verkauft, so galt für die Form der Eigentumsübertragung dieselbe Formel, die auch für die Übertragung des vollen Eigentumsrechts an besonderen Wertgegenständen galt, was unter den Begriff der ›res manicipi‹ fiel (Cai. Inst. l. 6, 3.).

In jener Frühzeit, als es zur Ausbildung dieser Sitte gekommen war, bestand der Staat der Römer aus einigen wenigen Sippen bzw. Clans von kulturlosen Barbaren, deren einzelne Angehörige durch strenge Bande aneinander geknüpft waren, dagegen aber mit den meisten Nachbarn in Streit lagen. War also ein Sohn durch Habgier und Geiz des Vaters aus der Familie verbannt worden, so dürfen wir annehmen, daß er, sobald er sich in Freiheit befand, gar nicht daran denken konnte, etwa im Machtbereich eines fremden Stammes zu bleiben oder sich den Entbehrungen auszusetzen, die sich aus der Notwendigkeit ergeben würden, sein Leben allein und ganz auf sich selbst gestellt fristen zu müssen; er wird also die Wahl getroffen haben, lieber wieder in den Kreis der eigenen Blutsverwandtschaft zurückzukehren, wo er dann erneut einer Gerichtsbarkeit unterstand, die aber durch den Schutz, den sie bot, immer noch mehr Nutzen eintrug, als ihm der verlangte Gehorsam und Dienst Schaden zufügen konnte.
Es ist indessen wahrscheinlich, daß ein junger Mensch, der in dieser Weise zu wiederholten Malen aus dem natürlichen Zusammenhang der Verwandten ausgeschlossen wurde, auf die Dauer es leid sein würde, immer wieder in die Gemeinschaft zurückzukehren, wo er nicht eben Gegenstand besonderer Liebesbeweise war und im Grunde in erniedrigenden Umständen gehalten wurde. Es wäre müßig und nach der Natur der Sache auch unmöglich, wollte man feststellen, auf wie lange Zeit hinaus er etwa Neigung verspüren könnte, seine bisherigen Bindungen aufrechtzuerhalten, oder wie oft er gewillt sein würde, gleichsam sich selbst wieder zurückzuerstatten als ein Eigentum, das sein Vater schon aufgegeben hatte. Welches Verhalten der Sohn auch wählen mochte, das Gebot des Romulus scheint den Zweck verfolgt zu haben, daß das Eigentumsrecht des Vaters am Sohn nach dem dritten Verkauf endgültig erlischt und daß er auch nie mehr eine Machtbefugnis zurückerlangen konnte, die er mit so beharrlich unerbittlicher Strenge ausgeübt hatte.

2. Die Auswirkungen kultureller Fortschritte auf die Form der Gerichtsbarkeit des Vaters

So also war in der Frühzeit die Machtstellung dessen beschaffen, der Oberhaupt einer Familie war. Doch mit allmählich zunehmender Kultiviertheit und Unterordnung eines Volks unter ständige Regierungsgewalten entwickelt sich der natürliche Lauf der Dinge so, daß die Befugnisse jener ursprünglichen Gerichtsbarkeit begrenzt und eingedämmt werden. Wo verschiedene Familiengruppen sich zu einer größeren Gemeinschaft zusammengeschlossen haben, wobei die einzelnen Angehörigen schon engeren Kontakt zueinander unterhalten, da darf man erwarten, daß die Form, wie das häusliche Regiment ausgeübt wird, mit der Zeit das Interesse der Allgemeinheit auf sich zu ziehen beginnt. Die nächsten Verwandten, denen das Wohlergehen der Kinder am Herzen liegt, sehen auch, in welcher Weise man sie behandelt; sie werden selbstverständlich ihren ausgleichenden, schlichtenden Einfluß zur Geltung bringen, wenn sie sie vor Ungerechtigkeit und Unterdrückung beschirmen möchten. Man erfährt, wann etwa Kinder schlimme Behandlung erfahren, und solche Fälle werden ausführlich in all ihren üblen Folgen geschildert, was viele mit entrüstetem Abscheu aufnehmen, so daß schließlich gewisse notwendige Regeln sich einspielen, mit denen man dergleichen Mißständen künftig steuern kann.

Gleichzeitig bewirkt der mit Wohlstand und Lebensverfeinerung einhergehende kulturelle Fortschritt der Gesellschaft, daß der Vater in der Handhabung seiner Machtfülle größere Mäßigung zeigt. Die eigene Wohlhabenheit und Lebenssicherheit geben ihm nun genügend Muße, seinen Sympathiegefühlen gegen andere freien Lauf zu lassen und jene Lebensformen zu pflegen, die mildernde Einflüsse auf den Charakter haben und den Menschen humaner machen. Da er am allgemeinen Leben der Welt seiner Gesellschaft teilnimmt, entsteht für ihn die Notwendigkeit, daß er sich in vielen Fällen ganz auf die besondere Wesensart der Menschen einstellt, mit denen er jeweils zu tun hat. Er verträgt dann Widerspruch geduldiger und gibt ungebührlichen Leidenschaftsausbrüchen nicht mehr so leicht nach. Die Gefühle väterlicher Zuneigung werden zwar vielleicht nicht unbedingt überschwenglich, dafür aber wenigstens stetiger und ausgeglichener. Das ist ihm einerseits Ansporn in den Anstrengungen, die er zur Lebenssicherung der Familie auf sich nehmen muß, schadet aber andererseits nicht einer überlegten Einstellung, in der er manche Vorwitzigkeit, Torheit und Unvorsichtigkeit seiner Kinder hinnimmt, so daß er nun Wege einschlägt, auf denen er ihnen gegenüber Auswüchse der Strenge wie der Nachgiebigkeit gleichermaßen vermeiden möchte.

Umgekehrt kann kultureller und handwerklicher Fortschritt aber auch seine Machtstellung zunehmend aushöhlen und abschwächen, sogar so weit, daß dies den einzelnen Personen der Familie zur Freiheit und Unabhängigkeit verhilft.

In einfachen, kulturlosen Epochen, wo hauptsächlich Jagd, Fischfang, Weidewirtschaft oder Ackerbau betrieben werden, wachsen Kinder gewöhnlich im Haus des Vaters auf. Solange er lebt, verbleiben sie innerhalb der Familiengemeinschaft. Sie haben deshalb auch keine Gelegenheit, selbständiges Eigentum zu erwerben, vielmehr ist ihr ganzes Dasein völlig von dem erblichen Besitz abhängig, über den der Vater allein herrscht und verfügt. Die Lage der Kinder ändert sich jedoch in dieser und mancher anderen Hinsicht in ganz entscheidender Weise mit dem Aufkommen von Handel und Gewerbe. Denn in handeltreibenden Ländern gehen sehr viele Menschen Beschäftigungen nach, in deren Ausübung die einzelnen Familienmitglieder sich zerstreuen, und oft ist es notwendig, daß sie ständig ganz voneinander entfernt leben.

Schon in früher Jugend müssen Kinder das elterliche Heim verlassen, um die verschiedenen Gewerbe und Berufe zu erlernen, die ihren Lebensunterhalt sichern sollen. Später lassen sie sich dann in den Gegenden nieder, wo sie günstige Bedingungen für ihre Tätigkeiten vorfinden. Es ist dies eine Veränderung ihrer Lebensumstände, die sie von der väterlichen Autorität freimacht. Nun selbst in der Lage, sich ihren Unterhalt zu verschaffen, ohne auf seine Wohltaten angewiesen zu sein, kommen sie schließlich durch Fleiß und eigene Arbeit häufig zu einem recht ansehnlichen Vermögen. Sie haben jetzt selbst ihre Familie, die auch ganz der eigenen Regie unterliegt, und der eigene Vater lebt in so großer Entfernung, daß er keine Gelegenheit mehr zur Überwachung und Beeinflussung der Kinder hat. Es ist nur natürlich, wenn sie von nun an ihre noch dem väterlichen Einfluß entstammenden bisherigen Verhaltensformen allmählich abstreifen und schließlich ganz vergessen.

Untersuchen wir Gesetze und Gebräuche kultivierter Völker, so zeigt sich, daß auch für sie die vorstehenden Beobachtungen zutreffen, und es bleibt kein Raum für Zweifel, daß fast überall der väterlichen Gerichtsbarkeit engere Grenzen gezogen worden sind, nämlich entsprechend den allgemein fortgeschrittenen Lebensumständen der Gesellschaft.

Die Römer fanden viele Jahrhunderte hindurch ihre Beschäftigung im Krieg und wandten friedlichen Tätigkeiten kaum Aufmerksamkeit zu, so daß es wie vielleicht bei keinem anderen Volk, das zu Glanz und Reichtum kam, offenkundig ist, wie sehr sie an rohen Gebräuchen festgehalten haben. Deshalb blieben hier die althergebrachten Sitten in bezug auf väterliche Gewalt auch bis in die höchsten Blütezeiten des Staats in Geltung. Was im Lauf der Zeit an Veränderungen in diesem Punkte als ratsam zugelassen wurde, das trat größtenteils in den Zeiten aufgeklärten Wissens ein und ist uns deshalb mit einiger Genauigkeit überliefert – Wandlungen, die den Fortschritt eines großen Volkes in einem wichtigen Bereich der inneren staatlichen Ordnung markieren und daher eine ausführlichere Betrachtung verdienen.

Wir haben keinerlei sichere Kenntnis von den angeblich in weit entlegenen Zeiten unternommenen Schritten, um die Sitte des Aussetzens von Säuglingen zu mildern. Durch ein Gesetz des Romulus soll man den Eltern das Gebot auferlegt haben, alle Knaben und das älteste Mädchen großzuziehen, es sei denn, ein Kind würde nach dem Urteil zweier hinzugezogener Nachbarn zur Mißgeburt erklärt. Eine entsprechende Regelung ist in den Zwölftafelgesetzen genannt, aber es gibt Anzeichen, daß man es nicht sehr genau damit nahm; sogar in der Kaiserzeit war das Aussetzen Neugeborener beiderlei Geschlechts noch außerordentlich weit verbreitet.

Echte, sich zum Vorteil der Kinder auswirkende Änderungen gab es erst, als Regelungen eintraten, wodurch auch Kindern das Recht eingeräumt wurde, einen vom Vater unabhängigen eigenen Besitz zu erwerben. Als Rom noch frei regiert wurde und das Kriegführen die für einen römischen Bürger passende Betätigung war, bei der sich überhaupt Gelegenheit fand, zu Vermögen zu kommen, da schien es nicht mehr als recht und billig, daß er die Früchte seiner Anstrengungen auch ernten könne, daß er in den vollen Genuß dessen komme, was er unter Einsatz seines Lebens und im Dienst des Vaterlands erworben hatte. Das war der Sinn bestimmter durch Julius Caesar und Augustus erlassener Verordnungen, wonach jeglicher von einem Sohn als Soldat erworbener Besitz als sein Eigentum anzusehen sei, mit dem er nach eigenem Gutdünken verfahren könne.[1]

Als nun nach einiger Zeit auch die juristische Tätigkeit ein einträglicher Beruf geworden war, wurde auch hier festgesetzt, daß alles von einem Sohn in diesem Beruf Erworbene sein Eigentum sei und in keiner Form dem Vater gehöre.[2]

Zu noch späterer Zeit gab es überhaupt keine Tätigkeiten mehr, die für einen Untertan des Römischen Reichs ehrenrührig gewesen wären, und so konnte auch alles, was der Sohn, sei es durch Ausübung eines Handwerks, durch Schenkung, als Erbnachfolger der Mutter oder der mütterlichen Verwandtschaft erwarb, in seinen Besitz übergehen; trotzdem wurde in der Regel der *Nießbrauch* eines solchen erworbenen Guts dem Vater zugebilligt.[3]

1 Sog. ›peculium castrense‹.
2 Sog. ›peculium quasi castrense‹.
3 Ein so erworbener Gegenstand wurde ›peculium adventitium‹ genannt. Die ersten diesbezüglichen Verordnungen wurden von Konstantin erlassen

Auch bleibt der Zeitpunkt ungewiß, zu dem die Römer anfingen, die väterlichen Rechte zum Verkauf der Kinder als Sklaven einzuschränken. Es scheint aber, daß dieses Vorrecht schon vor der Regierungszeit des Kaisers Diokletian gänzlich abgeschafft war, mit einer einzigen Ausnahme, die bis in die spätesten Zeiten des Reiches fortbestand: Um der Versuchung entgegenzuwirken, daß man Neugeborene aussetzte, war der Verkauf gestattet, jedoch mit dem Vorbehalt, daß sie auch später jederzeit wieder vom Käufer zurückverlangt werden konnten, wenn als Ablösung der einst entrichtete Preis zurückerstattet wurde.
Mit Ausnahme dieser die Säuglinge betreffenden Regelung erfuhr die väterliche Gewalt über das Leben der Kinder erst in der Regierungszeit Trajans und dann auch unter seinem Nachfolger Hadrian gewisse Einschränkungen, als in ganz bestimmten Fällen die willkürliche Ausübung väterlicher Autorität mit Strafe bedroht wurde. Unter dem Kaiser Severus durfte der Vater seinen Kindern schon nicht mehr selbst das Leben nehmen; vielmehr war er gehalten, wenn ein schweres Verbrechen vorlag, sie bei Gericht zu verklagen, wobei in diesem Falle der Vater noch die Vollmacht besaß, die Art der Strafe zu bestimmen, die er verhängt sehen wollte. Aber schließlich wurde sogar noch dieser Rest seiner Gerichtsbarkeit durch Kaiser Konstantin endgültig abgeschafft: Er verordnete, der Vater, der sein eigenes Kind umgebracht hatte, müsse die gleiche auch auf Vatermord stehende Strafe erleiden.
Das sind die wesentlichen Schritte, wie die Römer diese bedeutsame Seite althergebrachter Rechtsverhältnisse zu verbessern suchten. Auch war es ganz natürlich, wenn man mit Reformen an den Punkten ansetzte, wo die größten Mißbräuche getrieben wurden, und daß man dann erst an andere Mißstände heranging, die man nicht so sehr als solche empfand, wie widersinnig sie auch sonst erscheinen mögen, weil sie weniger Störungen oder Unterdrückungen im Leben be-

und von seinen Nachfolgern, vor allem von Kaiser Justinian, erweitert. Vid. Tit. Cod. de bon. matern. – Tit. de bon. quae lib.

deuteten. Kaum ein Vater, der in menschlichen Gefühlen und natürlicher Liebe soweit abgestumpft war, daß er – wenn auch nach dem Gesetz dazu berechtigt – seine Hände mit dem Blut eines Kindes befleckt hätte, das er selbst in der eigenen Familie großgezogen hatte. So sind uns denn auch aus der ganzen römischen Geschichte kaum drei oder vier Fälle dieser Art bekannt geworden. Häufiger mag es dagegen vorgekommen sein, daß der Vater der Versuchung erlag, die Kinder gleich nach der Geburt auszusetzen, oder daß er sich dazu verstand, auf Kosten ihrer Freiheit einen Profit zu machen. Wo er jedoch seine Vorrechte vermutlich in der willkürlichsten Weise geltend machte, das war sicherlich der Bereich des eigentlichen Unterhalts seiner Familie und seine Verfügungsweise über all die Güter, die schließlich durch Arbeit und Mühen der ganzen Familie erworben wurden. So stellt es sich uns denn so dar – sieht man einmal von den frühen und recht ergebnislosen Versuchen ab, um die Aussetzung von Kindern zu verhüten –, daß die römische Gesetzgebung in der Weise eingriff, daß zunächst das Eigentum, dann die Freiheit und zuletzt schließlich Leben und persönliche Sicherheit der Kinder geschützt wurden.

Vergleicht man die Sitten verschiedener Länder mit Blick auf den Gegenstand unserer Untersuchung, so zeigt es sich, daß die auf das jeweilige Oberhaupt einer Familie vereinigte Machtfülle gewöhnlich dort größte Ausmaße angenommen hat, wo die Polygamie herrscht; dort bleibt sie auch eher in voller Geltung, unbeschadet aller sonstigen durchaus vorhandenen menschlichen Errungenschaften. Denn durch die Institution der Polygamie gehören dem wohlhabenden Mann gewöhnlich eine so große Anzahl Kinder, daß die Gefühle väterlicher Liebe in ihren Wirkungen doch erheblich geschmälert sind: Von seinen Frauen gar nicht zu reden, die in einer Art Zwangsgemeinschaft zusammenleben und bei denen die herrschende Atmosphäre von Eifersucht, Haß und Zwistigkeit ständig konfliktreiche Intrigen schafft, durch die sie sich gegenseitig ausstechen oder vernichten wollen und jeweils auch die eigenen Kindern zu begünstigen suchen, so daß der Mann also, will er trotzdem Herr über derartige Zustände bleiben, mit Notwendigkeit für strikte Disziplin in der Familie sorgen und damit allen seinen Angehörigen äußersten Zwang auferlegen muß. Dies mag die Feststellung Aristoteles' verstehen helfen, der einmal meint, daß bei den Persern seiner Zeit der Vater über die Kinder ebensolche absolute Gewalt besaß wie der Herr über seine Sklaven.[4]

Im Chinesischen Reich haben diese Umstände, neben der bekannten Abneigung des Volks gegenüber jeglicher Art von Neuerung dazu geführt, daß der Vater noch immer wesentliche Bestandteile seiner ursprünglichen Gerichtsbarkeit in der Hand behält.[5] Der Vater soll dort noch das Recht haben, die Kinder nach Belieben zu verkaufen. Wenn er aber ihren Tod wünscht, so muß er sie vor Gericht stellen und öffentlich Anklage erheben. Dabei verhält es sich aber so, daß man sie, gleich welchen Verbrechens sie auch angeklagt sind, von vornherein für schuldig befindet, ohne daß dafür ein anderer Beweis beigebracht werden müßte als die bloße Behauptung des Vaters.[6]

Das Aussetzen von Kindern erfuhr in China überhaupt erst in neuerer Zeit Einschränkungen. Pater Noel vermerkt in einem im Jahr 1703 an den Jesuiten-General gerichteten Bericht den in Peking alltäglichen Umstand, daß jeden Morgen eine Anzahl Kinder einfach auf der Straße liegengelassen oder ausgesetzt werde.

Da Peking übermäßig bevölkert ist (fährt der fromme katholische Priester fort), und diejenigen, die mehr Kinder haben als sie ernähren können, ihre Kinder bedenkenlos einfach auf öffentlichen Plätzen liegenlassen, wo sie entweder elend umkommen oder von Tieren gefressen werden, so gehört es zu unseren ersten Sorgen, daß wir jeden Morgen unsere Katecheten in die verschiedenen Bezirke

4 Aristot. Ethic. lib. 6, cap. 10.

5 Zwar darf in China der Mann nicht mehr als eine Ehefrau haben, dafür aber eine unbeschränkte Zahl von Konkubinen, was in dem hier behandelten Punkte so ziemlich die gleichen Folgen haben dürfte. Vgl. Le Comptes Erinnerungen an China.

6 ibid.

dieser großen Stadt ausschicken, um die Kinder zu taufen, die noch nicht tot sind. Ungefähr zwanzig- bis dreißigtausend Kinder werden jährlich ausgesetzt, und unsere Katecheten taufen davon ungefähr dreitausend. Hätten wir aber zwanzig oder dreißig Katecheten, so müßten nur wenige der betreffenden Kinder ungetauft sterben.[7]

In den europäischen Ländern mit dem höchsten Entwicklungsstand von Handel und Gewerbe herrscht innerhalb der Familie meist große Freiheit, und Kinder sind der väterlichen Gewalt nur insoweit unterworfen, als es zu ihrem eigenen Vorteil notwendig scheint. Mit der Volljährigkeit erlangen sie auch volle Verfügungsgewalt über jegliches selbst erworbene Vermögen. In manchen Fällen haben sie sogar zu Lebzeiten des Vaters Anspruch auf einen anteilig festgelegten Ertrag aus dem Familienvermögen.

Es kann kaum bezweifelt werden, daß Regelungen, die den Auswüchsen willkürlicher Machtausübung seitens des Familienoberhaupts zu steuern geeignet sind, in jeder Weise durch unsere Begriffe von Gerechtigkeit und Nutzen gestützt werden. Die von Sir Robert Filmer vertretene Ansicht hingegen, dessen Lehre vom passiven Gehorsam gegenüber dem Monarchen auf dem Verhältnis der von Kindern dem Vater geschuldeten uneingeschränkten Ergebenheit basiert, scheint heute jedenfalls der in allem Ernst unternommenen Widerlegung längst nicht mehr zu bedürfen, – eine Lehre, die nur deshalb zu Ansehen gelangen konnte, weil der Mensch gerade erst angefangen hatte, sich über die Grundlagen der Regierungssysteme Gedanken zu machen. Zu behaupten, daß ein König im Besitz absoluter Macht sein müsse, weil die Stellung des Vaters einst davon gekennzeichnet war, dies hieße, das eine System der Unterdrückung durch das Beispiel des anderen rechtfertigen zu wollen.

Das Interesse derer, die beherrscht werden, ist der eigentliche Maßstab, nach dem die auf den Vater vereinigten Gewalten reguliert werden sollten. Und das gleiche müßte für die Ge-

7 Travels of the Jesuits, compiled from their letters, translated by Lockman, vol. 1, p. 448.

walt der bürgerlichen Obrigkeit gelten. Wo aber die Rechte solcher Gewalten weiter greifen, als es jener große Endzweck erfordert, da setzt schon die Entartung der Gewalt zur Usurpation ein, die eine widerrechtliche Machtergreifung ist und als Verletzung der natürlichen Menschenrechte gesehen werden muß.

Im kommerziellen Zeitalter hingegen gehen die Tendenzen eher ins entgegengesetzte Extrem; das könnte vielleicht Anlaß zu der Besorgnis geben, daß die einzelnen Familienmitglieder in den Genuß einer größeren Unabhängigkeit gelangen, als sich mit der Aufrechterhaltung von Ruhe und einer angemessenen Unterordnung innerhalb des Hauswesens vereinbaren läßt. Da nun aber die von der Obrigkeit eines Landes jeweils angewandte Gesetzgebung sich im wesentlichen auf die eigentlichen Normen von Recht und Gerechtigkeit beschränkt, so ist es offenbar nötig, daß weiterreichende Vorkehrungen getroffen werden, um das allgemeine sittliche Verhalten der Bewohner zu garantieren. Zu diesem Zweck müßte die Autorität der Eltern so beschaffen sein, daß sie in der Lage sind, die Erziehung ihrer Kinder zu leiten, ihr jugendliches Ungestüm zu zügeln und ihnen jene Leitsätze einzuprägen, die sie zu nützlichen Gliedern der Gesellschaft machen.

Kapitel III
Die Gewalt eines Oberhaupts über Dorf- oder Stammesgemeinschaft[1]

1. Vom Aufstieg zum Oberhaupt und den Formen seines Einflußbereichs

Wir haben untersucht, wie anfänglich das Verhältnis der Familienmitglieder zueinander zu Lebzeiten des Vaters geordnet war; nun aber gehen wir auf die in der Familie stattfindenden Veränderungen näher ein, die sich mit dem Tod dieses »Ur-Regenten« einstellen, und betrachten die unterschiedlichen Formen von Gewalten, denen die Menschen von da an üblicherweise unterworfen werden.

Ist eine Familie so zahlreich geworden, daß nicht mehr alle Personen in ein und derselben Behausung leben und untergebracht werden können, so sehen sich einige der Notwendigkeit ausgesetzt, sie zu verlassen und sich selbst eine neue Behausung zu verschaffen: Die Söhne haben das Mannesalter erreicht, wollen eine Ehe eingehen, und so möchten sie nach und nach auch selbständige Wohnstätten gründen, wo es ihnen leichter gemacht ist, ihr eigenes Leben zu führen. Ihre Hütten errichten sie dicht beieinander, und es entsteht um jeden dieser Söhne eine deutlich selbständige Familie; jeweils einer lenkt deren Geschicke, sorgt für ihren Lebensunterhalt. So erweitert sich die Urform der Gemeinschaft allmählich zu einer Dorf- oder Stammesgemeinschaft. Sind etwa die für sie vorwaltenden Lebensumstände dem Bevölkerungszuwachs und einer allgemein gedeihlichen Entwicklung günstig, so wird diese Ge-

1 (The authority of a Chief . . . : Millar hat hier wie im Folgenden überwiegend *chief*, – im vorliegenden Text, wo immer möglich, als *Oberhaupt* wiedergegeben. Zugrunde liegt lat. *princeps* – wie der ständige Bezug auf Tacitus und Caesar erweist –, dessen Bedeutungsskala *Ältester, Häuptling, Anführer, Adliger, Gefolgsherr, Herr, Fürst, Kleinkönig* etc. umfaßt. – Anm. d. Übers.)

meinschaft gleichfalls die entsprechende Expansion erfahren und gliedert sich schließlich in eine größere Anzahl von Unterabteilungen.

Es liegt in der Natur einer solchen frühen Lebensgemeinschaft, daß sich zwischen den ihr zugehörigen Menschen ein besonders ausgeprägtes Zusammengehörigkeitsgefühl entwickelt. Das tägliche Leben des Wilden erzieht ihn zu Härte und derber Robustheit: Nützlichkeitserwägungen, die den Menschen zivilisierter Nationen gewöhnlich zum Antrieb werden, daß sie ihren Gelüsten Zügel anlegen und davon Abstand nehmen, sich am Eigentum anderer zu vergreifen, sind ihm völlig fremd. Es gehört deshalb auch zur natürlichen Veranlagung, wenn verschiedene Barbarenstämme oder -sippen immer wieder und bei jeder sich bietenden Gelegenheit mit nur einiger Aussicht auf Erfolg sich gegenseitig mit Plünderungs- und Raubzügen überziehen. Und die hin- und hergehenden Überfälle und Einzelattacken bilden bald die allgemeine Quelle von Reibereien und dauernden Feindschaften, die mit einer Art wütendem Haß ausgetragen werden, wie ihn eben die barbarische Natur dieser Menschen hervorbringt. Also leben die Menschen eines jeden einzelnen Stamms mit allen umliegenden Nachbarn zumeist im Streit. Sie müssen deshalb auch beständig auf der Hut sein, wenn sie die immer drohenden Überfälle abwehren und von den Grausamkeiten verschont bleiben wollen, die sie bestimmt zu gewärtigen hätten, sollten sie je in die Gewalt der Feinde fallen. Von der übrigen Welt abgeschnitten, ist ihr Zusammenhalt aus dem Gefühl gemeinsamer Gefahren und gemeinsamer Interessen heraus um so fester. Die Gemeinsamkeit von Spielen, Zeitvertreib wie auch die ernsthaften Tätigkeiten, dies alles eint sie, und wenn sie dann zu kriegerischen Unternehmungen ausziehen, so kommt es nicht nur zu gegenseitigen Freundschaftsbeweisen unter Gefährten, sondern ebenso sehr zum Ausleben ihrer gemeinsamen Haß- und Rachegelüste. Von Geburt an zusammen aufgewachsen, haben sie höchst selten Umgang mit den Menschen aus fremden Lebensgemeinschaften, so daß die eigentlichen

Empfindungen füreinander sich insofern ständig intensivieren, als sie ja gerade von ihrem engumschriebenen Lebenskreis bestimmt sind. Diese Einförmigkeit des Lebens bringt nur wenig Abwechslung in den Lauf der Geschehnisse, die Menschen haben folglich auch gar nicht die Möglichkeit, etwa eine Vielfalt von Kenntnissen zu erwerben, weshalb ihr Sinnen und Trachten sich ganz auf die einzelnen Gegenstände fixiert, auf die sie ursprünglich gestoßen wurden. Einmal erhaltene Eindrücke bleiben stärker haften, und schließlich beharren die Menschen fest in Gebräuchen und Lebensäußerungen, die ihnen auf diese Weise eingegangen sind.

Daher kommt es, daß der Wilde sich nicht so leicht dazu bewegen läßt, seine Familie und den langvertrauten Kreis von Menschen und Gegenständen aufzugeben und ganz darauf zu verzichten. Verbannung aus dieser Umwelt bedeutet das größte Unglück, das einem zustoßen kann. Seine Hütte, seine Felder, die Gesichter und Stimmen seiner Nächsten und Gefährten, sie erstehen immer von neuem in seinem Gedächtnis, sie sind auch das Hindernis, daß er an einer Situation Gefallen finden könnte, wo er auf dies alles verzichten müßte. Er klammert sich an die altvertrauten Dinge und hängt in Gedanken ganz den liebgewordenen Gewohnheiten nach, die für ihn verloren sind. War das Land, in dem er gelebt hat, noch so arm, sein dort gewohntes Dasein noch so kärglich und elend – ein solcher Verlust erscheint ihm dennoch unerträglich. Gerade die Ärmlichkeit und Kargheit, die den Bereich seiner Freuden einengten und begrenzten, sie bilden zugleich die Hauptursache dafür, daß er einen so starken Hang nach den spärlichen Genüssen hat, die er dort erlangen konnte, und eben dies macht ihn erst recht zum Sklaven bestimmter erworbener Gewohnheiten: Alle Verlockungen und Reichtümer Europas konnten einen Hottentotten nicht dazu verführen, daß er seine eingefleischten rohen Lebensgewohnheiten aufgegeben hätte. Und wir dürfen sagen, daß die »maladie du pays«, jenes Heimweh also, das man immer nur für einen Charakterzug der Schweizer hält, von den Menschen aller

Länder mehr oder weniger stark empfunden wird, die einer rohen und einfachen Kulturstufe noch nahe stehen.[2]
Volksstämme, die in den weniger kultivierten Gegenden der Erde leben, führen fast ununterbrochen mit ihren Nachbarn Krieg, müssen also auch jederzeit zur Abwehr bereit sein und brauchen aus eben diesem Grund immer wieder einen Führer, der ihre verschiedenen kriegerischen Unternehmungen leitet.
Wenn mehrere Menschen sich versammeln, um bestimmte für die Allgemeinheit wichtige Angelegenheiten durchzuführen, so ist es von Vorteil, wenn man dazu eine Person bestimmt, die den Lauf der Dinge regelt und so verhindert, daß alles durcheinander gerät. Daher ist es wohl auch in allen Ländern gleichermaßen zur Regel geworden, daß jede öffentliche Versammlung ihren Vorstand haben müsse, der mit einem der Natur der zu regelnden Geschäfte dienlichen Maß von Autorität ausgestattet ist. Es gibt nun aber keinen Fall, wo eine derartige Regelung so unerläßlich ist wie bei kriegerischen

2 Mr. Kolben berichtet folgendes: Einer der holländischen Gouverneure am Kap der Guten Hoffnung hat einen Hottentotten nach europäischer Sitte erzogen, ließ ihn verschiedene Sprachen erlernen und ganz in den Grundsätzen der christlichen Religion unterweisen. Zugleich erhielt er gute Kleidung, und man ließ ihm in jeder Hinsicht die Achtung angedeihen, wie man sie auch sonst jeder geachteten Person entgegenbringt, und man hatte für ihn eine vorteilhafte und respektable Tätigkeit vorgesehen. Hierauf schickte der Gouverneur ihn nach Batavia, wo er in die Dienste des dortigen Kommissars trat und bis zu dessen Tod dort blieb. Dann kehrte er ans Kap der Guten Hoffnung zurück. Als er dort aber bei anderen Hottentotten, die er noch kannte, zu Besuch geweilt hatte, warf er all seine schönen Kleider wieder ab, bündelte sie zusammen und legte sie dem Gouverneur vor die Füße, mit dem Wunsch, er möge es ihm gestatten, das Christentum wieder abzulegen, um nach der Religion und den Sitten seiner Vorfahren leben und sterben zu dürfen. Nur eines bat er sich noch aus, nämlich daß er Riemen und Jagdmesser zum Zeichen seiner Wertschätzung gegenüber seinem Wohltäter weitertragen dürfe. Als der Gouverneur noch überlegte, weil er es kaum für möglich hielt, daß es dem Burschen ernst sei, nahm der junge Hottentotte die Gelegenheit wahr und lief davon. Er hat sich später nie wieder am Kap sehen lassen, da er sich glücklich dünkte, die europäische Kleidung wieder gegen ein Schafsfell eingetauscht und alle Aussichten auf Vorteile aufgegeben zu haben, weil er lieber in der Gesellschaft seiner Verwandten und Landsleute sein wollte. –
Die Englische Ostindische Kompanie machte denselben Versuch mit zwei jungen Hottentotten, aber mit gleich geringem Erfolg.

Expeditionen. Nirgendwo kann eine Gruppe von Menschen so leicht in Verwirrung geraten als in Situationen, wie der Krieg sie mit sich bringt. Hier wären sie zu keiner einheitlichen Aktion befähigt oder auch nur zur Aufrechterhaltung einer gewissen Ordnung, wenn sie nicht unter einem Einzelnen zusammengefaßt wären, der so viel Macht hat, daß alle Schritte nach seiner Weisung erfolgen und daß er die jeweiligen Operationen in der Hand behält und überblickt.
Da die einzelnen Glieder einer Familie in allen wichtigen Unternehmungen meist ihren Vater als Anführer hatten, besteht bei ihnen auch dann noch, wenn ihre Gemeinschaft größeren Rahmen angenommen hat, die natürliche Neigung, daß sie bei der gewohnten Verfahrensweise bleiben. Wenn also dieser ihr gemeinsamer Vater nicht mehr ist, so werden sie sich der Führung einer anderen Person unterstellen, die ihm dem Rang nach am nächsten steht und in Vertrauen und Hochachtung den zweiten Platz eingenommen hat.
Überlegenheit an Kraft, Mut und anderen persönlichen Vorzügen ist die allererste Grundbedingung für die Erhöhung eines Einzelnen in den Rang des Anführers seines Stammes, und nur dadurch kann er seine Autorität behaupten.
Solange die Menschen kulturloser Zeiten noch von Jagd und Fischfang leben, können sie bekanntlich kein nennenswertes Eigentum erwerben. Es gibt daher keine Rangunterschiede zwischen den Personen, die nicht aus den persönlichen Qualitäten des Körpers oder Geistes hervorgegangen wären.
Der Stärkste im Dorf, der Mann, der sich im Laufen, Ringen oder im kriegerischen Waffengebrauch hervorgetan hat, ist bei jeder Art Wettstreit entschieden im Vorteil, wodurch er unvermeidlich aus den anderen herausragt, was ihm Respekt und Ehrerbietung verschafft. Bei Spielen und Übungen geht er meist als Sieger hervor, was ihm erneut eine Vorzugsstellung über seine Gefährten einräumt, die ihm ihrerseits wieder diesen Vorrang zubilligen, weil sie von seinen überragenden Qualitäten ganz und gar überzeugt sind. Wenn sie zum Kampf ausziehen, stellt man ihn an ihre Spitze und überläßt ihm

damit den Platz, wo seine Leistungen am ehesten Auszeichnung und Beifall finden können. Seine Waffentaten und Bravourstücke rufen bei den Gefolgsleuten freudige Bewunderung hervor, und bei jedem Wettstreit und Kampf mit den Nachbarn ist er ihr stolzer Held und Meisterkämpe. Je länger sie seinem Banner folgen, desto enger wird das Band, das sie an seine Person bindet, sie leben mehr und mehr in der Furcht vor seinem Mißfallen und zeigen um so größeren Eifer in der Ausführung der von ihm für richtig befundenen Befehle. Statt sich von seiner Größe gedemütigt zu fühlen, meinen sie einfach, daß sein Ruhm nur Ehren auf die Gemeinschaft häuft, zu der er gehört, und sie gehen sogar so weit, in seiner Tapferkeit einen überragenden Heldenmut zu verherrlichen aus dem so sehr gehegten und gepflegten Gefühl ihrer eigenen Bedeutung heraus.

Viele wilde Volksstämme wählen den Befehlshaber für einen Kriegszug häufig nach der Zahl der Verwundungen, die einer im Kampf davongetragen hat. Bei den Indianern Chiles soll es so sein, daß bei der Wahl eines Anführers nur die Überlegenheit an Körperkraft in Betracht gezogen wird, ein Gesichtspunkt, über den dadurch entschieden wird, daß man feststellt, welche Lasten er zu tragen vermag.[3]

In Montaignes Bericht von drei Wilden aus Westindien, die nach Rouen gekommen waren als Karl IX. sich dort aufhielt, lesen wir:

Der König unterhielt sich lange mit ihnen. Man zeigte ihnen, wie wir lebten, sie sahen unseren Prunk und vielerlei Schönes von dieser großen Stadt. Bald darauf fragte sie ein Herr, was ihnen von den vielen Dingen, die sie nun gesehen hatten, am meisten aufgefallen sei. Sie antworteten, das seien drei Dinge: erstens, sie fänden es sehr

3 »Wenn sie in den Krieg zogen und ein Befehlshaber mußte aus ihrer Mitte gewählt werden, so nahmen sie einen großen Baumstamm, den einer nach dem andern auf die Schulter nehmen mußte. Wer ihn am längsten trug, wurde zum Kommandeur gemacht. Viele trugen ihn 4, 5 und 6 Stunden hintereinander, aber einer trug ihn schließlich 24 Stunden, und so wurde dieser als Führer anerkannt.« Voyage d'Olivier de Noort. Recueil de voy. qui ont servi a l'etab. de la comp. dans les Indes Orient. des Pais Bas.

merkwürdig, daß soviele hochgewachsene Männer mit Bart, die um den König herumstanden (aller Wahrscheinlichkeit nach die Schweizer der Leibwache), sich freiwillig einem Kind unterordneten und daß sie nicht lieber von einem der ihren regiert werden wollten.[4]

Beherrscht ein Volk aber erst einmal eine bestimmte Kampftechnik, so beginnt man auch eine Reihe von Listen und Tücken anzuwenden, um den Feind zu täuschen; die Menschen verdanken dann Kunstkniffen, Geschick und einer glücklichen Hand oft mehr als großen Kraft- und Mutproben. So gelangen die eigentlichen Kriegstalente zu immer höherem Ansehen: die lange Erfahrung eines Nestors oder der Listenreichtum des Odysseus, sie erweisen sich nun als nützlichere Eigenschaften als die rohe Kraft eines Ajax; sie sind es auch, die nun häufig zur Quelle wachsenden Einflusses und größerer Autorität werden.

Darin gründet nun, wie wir schon einmal bemerken konnten, jenes Maß allgemeiner Achtung und Ehrerbietung, das man bei Völkern der Frühzeit den Menschen hohen Alters zollt. Und hier liegt auch die Ursache, weshalb bei Barbarenstämmen oft ein Mann im vorgerückten Alter die Stelle eines Führers einnimmt, der, noch im Vollbesitz seiner ganzen Körper-

4 Montaigne, Essais, p. 169, Paris 1604, 8vo.
Es ist bekannt, daß alle in Herden oder Rudeln lebenden Tiere die Autorität eines einzelnen an Mut und Stärke überlegenen Leittiers anerkennen. Ein interessantes Beispiel gibt uns davon der Autor der Reise des Commodore Anson: »Der größte Seelöwe galt als Herr der Herde. Weil er aber eine ganze Anzahl Weibchen für sich beanspruchte und alle Rivalen davonjagte, sprachen unsere Matrosen einfach vom Pascha. Da aber diese Tiere ein recht schläfriges Gemüt haben und auch nicht so leicht wachzubekommen sind, so ist es so geregelt, daß jede Herde in bestimmten Abständen voneinander einige Männchen als Wachen aufstellt, die beim geringsten Versuch einer Annäherung oder Belästigung Alarm schlagen, indem sie laute Grunztöne wie Schweine ausstoßen oder wie ein Pferd mit voller Kraft schnauben. Die Männchen trugen miteinander oft wütende Kämpfe aus, meistens ging es um die Weibchen. Der eben erwähnte Pascha aber, der gewöhnlich von seinen Weibchen umgeben war und denen sich kein anderes Männchen zu nähern getraute, hatte jene hervorragende Stellung durch viele blutige Kämpfe erlangt, was man an den zahlreichen Narben überall an seinem Körper sehen konnte.«
Auch bei Rotwildrudeln fällt die Autorität eines Leithirschs durchaus ins Auge, die in seiner überlegenen Körperkraft gründet.

kräfte, auch die Zeit genützt hat, um in der Kriegskunst reiche Erfahrungen zu sammeln, sich durch seine Taten ausgezeichnet und so seinen Ruhm erworben hat.
Die Folgen all dieser Gegebenheiten, die darin zusammenfinden, daß sich die Autorität eines Anführers oder Häuptlings herausbildet und weiter festigt, treten in genügender Klarheit und bester Deutlichkeit hervor, wenn man nicht allein die ziemlich gleichlaufende Entwicklungsgeschichte der Menschen auf rohen Kulturstufen im Auge behält, sondern gleichfalls auf die Vielfalt der Umstände achtet, wie sie sich auch im Leben der zivilisierten Gesellschaft finden:

Und die obersten des Volks zu Gilead sprachen untereinander: Welcher anfängt zu streiten wider die Kinder Ammon, der soll das Haupt sein über alle, die in Gilead wohnen. –
Jephthah, ein Gileaditer, war ein streitbarer Held, aber ein Hurenkind, Gilead aber hatte Jephthah gezeugt.
Da aber das Weib Gileads ihm Kinder gebar und des Weibes Kinder groß wurden, stießen sie Jephthah aus und sprachen zu ihm: Du sollst nicht erben in unsers Vaters Haus; denn du bist eines andern Weibes Sohn.
Da floh er vor seinen Brüdern und wohnte im Lande Tob. Und es sammelten sich zu ihm lose Leute und zogen aus mit ihm.
Und über etliche Zeit hernach stritten die Kinder Ammon mit Israel.
Da nun die Kinder Ammon also stritten mit Israel, gingen die Ältesten von Gilead hin, daß sie Jephthah holten aus dem Lande Tob, und sprachen zu ihm: komm und sei unser Hauptmann, daß wir streiten wider die Kinder Ammon.
Aber Jephthah sprach zu den Ältesten von Gilead: Seid ihr es nicht, die mich hassen und aus meines Vaters Haus gestoßen haben? Und nun kommt ihr zu mir, weil ihr in Trübsal seid?
Die Ältesten von Gilead sprachen zu Jephthah: Darum kommen wir nun wieder zu dir, daß du mit uns ziehest und helfest uns streiten wider die Kinder Ammon und seist unser Haupt über alle, die in Gilead wohnen.
Jephthah sprach zu den Ältesten von Gilead: so ihr mich wieder holet, zu streiten wider die Kinder Ammon, und der Herr sie vor mir dahingeben wird, soll ich dann euer Haupt sein?
Die Ältesten von Gilead sprachen zu Jephthah: Der Herr sei Zuhörer zwischen uns, wo wir nicht tun, wie du gesagt hast.
Also ging Jephthah mit den Ältesten von Gilead; und das Volk

setzte ihn zum Haupt und Obersten über sich. Und Jephthah redete solches alles vor dem Herrn zu Mizpa.[5]

Als später Saul zum König über das jüdische Volk gesetzt wurde, da preist der Prophet Samuel ihn allein dadurch an, daß er das Volk auf seinen alle überragenden hohen Wuchs und seine vortreffliche Gestalt hinweist:

Und da er unter das Volk trat, war er eines Hauptes länger denn alles Volk.
Und Samuel sprach zu allem Volk: Da sehet ihr, welchen der Herr erwählt hat; denn ihm ist keiner gleich in allem Volk. Da jauchzte alles Volk und sprach: Glück zu dem König![6]

Und als schließlich das Haus dieses Fürsten der Krone beraubt wurde, da war auch diese Umwälzung beim Volk insofern vorbereitet, als die Menschen schon eine hohe Meinung von der überragenden Tapferkeit und den kriegerischen Großtaten seines Nachfolgers hegten:

Es begab sich aber, da er [David] wiedergekommen war von des Philisters Schlacht, daß die Weiber aus allen Städten Israels waren gegangen mit Gesang und Reigen, dem König Saul entgegen, mit Pauken, mit Freuden und mit Geigen.
Und die Weiber sangen gegeneinander und spielten und sprachen: Saul hat tausend geschlagen, aber David zehntausend.[7]

Wenn die Menschen erst einmal auf die Zähmung und Haltung von Weidevieh als einem Mittel zur Verbesserung ihrer Lebenslage gekommen sind, entstehen auch weitere, bisher unbekannte Quellen von Autorität und Machtpositionen. In ihren Herden besitzt eine Menschengruppe oft beträchtlichen Reichtum, der sich jedoch, und zwar nach Maßgabe persönlichen Fleißes oder glücklicher Umstände, ganz verschieden auf einzelne Personen verteilt. Die Armen aber werden von den Reichen abhängig, die in der Lage sind, ihre Not zu lindern und ihnen Lebensunterhalt zu gewähren. Da die Vorrangstellung und die hervorragenden Fähigkeiten des Oberhaupts

5 Richter 10, 18; 11, 1–11.
6 1. Samuel 10, 23–24.
7 1. Samuel 18, 6–7.

sich nun einmal in der Anhäufung dieser jeweils verfügbaren Lebensgüter zur Geltung bringen, wird der Betreffende auf natürliche Weise auch zum reichsten Mann der Gemeinschaft. Im entsprechenden Umfang weitet sich seine Einflußnahme aus; nach dem Ausmaß des angesammelten Vermögens bestimmt sich auch seine Rangstufe, seine Prachtentfaltung wächst, und er kann sich eine größere Anzahl Bediensteter und abhängiger Gefolgsleute halten, deren Gegenleistung für Lebensunterhalt und Sicherheit darin besteht, daß sie ständig und überall seine Machtstellung und Rangwürde stützen.[8]

Die Autorität als Ausfluß des Reichtums ist nicht nur an sich größer, sondern vor allem in sich gefestigter und von längerer Dauer als die Gewalt, die sich einzig auf persönliche Leistungen stützen kann. Außergewöhnliche Gaben des Geistes und des Körpers haben nur zu Lebzeiten der Person eine unmittelbare Wirkung. Nur selten vererben sie sich über längere Zeit hinaus innerhalb des gleichen Geschlechts. Das Vermögen eines Menschen aber überträgt sich gewöhnlich auf seine Nachkommen, und damit übertragen sich auch alle seine Machtmittel, mit denen menschliche Abhängigkeiten geschaffen werden. So behält der Sohn mit dem vom Vater ererbten Vermögen die Möglichkeiten in der Hand, sich in der gleichen Rangstufe zu behaupten. Zugleich verfügt er auch über den gesamten Einfluß, den sich schon der frühere Besitzer verschaffen konnte und der sich überdies durch die Macht der Gewohnheit von Tag zu Tag steigert und von Generation zu Generation weitergetragen und immer bedeutender wird.

Daher der hohe Wert der Genealogie und Abstammung, wie er immer wieder bei Menschen angetroffen wird, für die das Hirtendasein lange Zeit hindurch bestimmend war. Ihre einfachen Sitten und Gebräuche verbürgen, daß sie ihre Güter weder vergeuden noch veräußern. Wer aber in seiner Person ein altes Geschlecht repräsentiert, hält sich naturgemäß viel

8 Die aus dem Besitz überragenden Reichtums herrührende Haltung der Bewunderung und Hochachtung hat ihre beste und erschöpfende Darstellung erfahren durch den gescheiten und beredten Verfasser von *Theory of Moral Sentiments* [Adam Smith].

auf einen Umstand zugute, der so sehr zur Stärkung von Macht und Ansehen beiträgt. Bei den Tataren, gleichgültig welcher Religion oder welchem Land sie angehören, pflegt man die genaueste Kenntnis über den Stamm, aus dem man herkommt, und man verwendet große Mühe darauf, jede einzelne Nebenlinie zu verfolgen.

Aus dem gleichen Grund wird bei Hirtenvölkern die Würde des Oberhaupts – in früheren Epochen meist durch Wahl zustandegekommen – sehr viel häufiger durch Erbfolge vom Vater auf den Sohn übertragen. Das Oberhaupt besitzt das größte Vermögen und repräsentiert damit zugleich auch die mächtigste Familie des ganzen Stammes. Es ist dies dann ein Geschlecht, von dem alle übrigen mit ganzem Stolz ihre Herkunft ableiten, dessen Vorrangstellung sie überdies einmütig und aus langer Gewohnheit anerkennen. Das Oberhaupt kommt nicht nur in den Genuß jenes Rangs und jener Bedeutung, die in seinem eigenen Reichtum gründen, vielmehr hat er offensichtlich sogar einen Rechtstitel darauf, daß seine Person in den ununterbrochenen Genuß von Respekt und Unterordnung gelangt, wie man sie schon immer seinen Vorfahren zugestanden hatte. So kommt es auch recht selten vor, daß ein anderer, auch wenn dieser die höchsten Qualitäten haben sollte, ihn aus seiner Stellung verdrängen oder gar den Strom des Einflusses ableiten könnte, der schon seit langem in den gleichen Bahnen fließt.

Dennoch bedeutet ein Vermögen an Herden und dessen Erwerbung nicht schon ohne weiteres, daß sofort auch das Eigentum an Grund und Boden zu einem Begriff wird. Es ist üblich, daß das Vieh verschiedener Familien eines Stammes unterschiedslos überall weiden kann, sie haben also keine besonderen Nutzungs- oder Eigentumsrechte an den diesem Zweck dienenden Ländereien. Wenn eine Trift abgeweidet ist, zieht man zu einem anderen Weideplatz. Scheint es schließlich ratsam, daß die Familie auch die Zelte abbricht und ihren Wohnsitz an anderer Stelle wieder aufschlägt, so spielt dabei gar keine Rolle, wer sich an dem einmal aufgegebenen Ort wieder festsetzt. Etwa so wie Abraham zu Lot, seinem Verwandten, spricht:

Steht dir nicht alles Land offen? Scheide dich doch von mir. Willst du zur Linken, so will ich zur Rechten; oder willst du zur Rechten, so will ich zur Linken.[9]

Die wilden Beduinen, die ein unfruchtbares Land bewohnen, pflegen ihre Wohnsitze alle 14 Tage oder wenigstens jeden Monat zu verändern. Auch die Tataren führen dieses Nomadenleben, obwohl bei ihnen solche Wanderungen wegen der größeren Bodenfruchtbarkeit vermutlich nicht so regelmäßig stattfinden dürften.

Wo nun Menschen unter diesen Lebensbedingungen beim zeitweiligen Aufenthalt in einer bestimmten Gegend dazu übergehen, den Boden stellenweise urbar zu machen, so wird auch dieses Land, genau wie das Weideland selbst, ganz einfach zum Gemeinbesitz. Die Feldbestellung wird als außerordentlich beschwerliche Arbeit angesehen, bei der alle zusammenwirken und sich gegenseitig helfen müssen. Wie nun aber jeder einzelne einen Anspruch auf den Ertrag seiner Arbeitsleistung hat, so wird die hier ja mit vereinten Kräften erzielte Ernte als Eigentum der gesamten Gemeinschaft betrachtet.[10]

Auf Borneo etwa herrscht bei den Eingeborenen die Sitte, daß jede Einzelfamilie des Stammes zur Erntezeit soviel Getreide einbringen darf, als zu ihrer Ernährung ausreicht. Der Rest aber wird als Vorrat für den künftigen Bedarf vom Gemeinwesen gehortet. Ähnliche Verfahren dürften sich in den meisten Ländern eingebürgert haben, als die Menschen zur Bodenkultur übergingen. Bei Caesar heißt es:

Der Stamm der Sueben ist der bei weitem größte und kriegerischste unter allen Germanen. Sie haben, wie es heißt, hundert Gaue, von

9 1. Mose 13, 9 (Genesis). Wir lesen aber andererseits auch, daß Abraham ein Grundstück zu dem ausdrücklichen Zweck einer Begräbnisstätte kaufte, und daß er den Kaufpreis abgewogen habe, nämlich 400 Schekel Silber, nach der beim Kauf und Verkauf üblichen Währung.

10 Daß Ländereien zuerst von den Stämmen als Einheit in Besitz genommen werden, ehe sie in Privateigentum übergehen, ist von Dr. Stuart in seiner sehr ergiebigen Abhandlung über die Frühzeit der englischen Verfassung festgestellt worden.

denen sie alljährlich je tausend Mann Bewaffneter zu Kriegszügen aus ihrem Lande führen. Die übrigen Zuhausegebliebenen sorgen für ihren eigenen und deren Unterhalt; sie ihrerseits stehen abwechselnd ein Jahr später unter Waffen, während jene zu Hause bleiben. So wird weder der Ackerbau noch die Kriegsführung und -übung unterbrochen. Privates oder abgesondertes Ackerland gibt es bei ihnen überhaupt nicht, noch ist es ihnen erlaubt, länger als ein Jahr an einem Platz, um ihn zu bestellen, zu bleiben. Sie ernähren sich überhaupt nicht viel von Brot, sondern meistenteils von Milch und Fleisch und treiben auch viel Jagd.[11]

Aber die Ansiedlung in Dörfern an einem bestimmten Ort mit dem Ziel der Weiterentwicklung des Ackerbaus bringt es mit sich, daß die alte Gütergemeinschaft abgeschafft wird und es nun zur Entstehung von privatem Grundbesitz kommt. Wenn sich für die verschiedenen Sparten der Landwirtschaft schon einige praktische Fertigkeiten entwickelt haben, so besteht keine Veranlassung mehr, daß man sie auf eine Weise betreibt, die Beratschlagungen und gemeinsame Beschlüsse einer ganzen Gemeinschaft nötig macht. Die Gemeinschaftsarbeiten werden den Menschen bald lästig, wo fortwährend Meinungsverschiedenheiten auftauchen, die die Verteilung und Bewirtschaftung des Gemeineigentums betreffen, während doch jeder einzelne den Wunsch hat, die eigene Arbeit auch zum eigenen Nutzen zu verwenden; er möchte einen selbständigen Besitz haben, auf dem er nach eigenem Gutdünken schalten und walten kann. Und so kommt man zu der stillschweigenden Übereinkunft, daß die einzelnen Familien einer Dorfgemeinschaft jeweils verschiedene Feldfluren bebauen, die voneinander getrennt sind. Dadurch erwerben sie sich auch einen Anspruch auf die jeweiligen Früchte ihrer eigenen Arbeit. Wollen sie ernten, was sie gesät haben, so müssen sie auch die Verfügungsgewalt über den Gegenstand haben, durch den etwas hervorgebracht wird, und da sie schon das Besitzrecht an der Ernte haben, so scheint es selbstverständlich, daß ihnen auch der ausschließliche Besitz am zugehörigen Grund und Boden selbst zusteht. Dieses Besitzverhältnis dauert jedoch zunächst,

11 Caesar, Gallischer Krieg, Buch 4, § 1.

und zwar bedingt durch die noch mangelnde Perfektion in den Anfängen der Bodenkultur, nur vom Zeitpunkt der Aussaat bis zur Ernte. Für die übrige Jahreszeit stehen die gesamten Ländereien der Dorfgemeinschaft zur gemeinsamen Nutzung als Viehweide zur Verfügung. Spuren dieses alten Gemeindeguts an Weidegründen, vor allem während des Winters, kann man heute noch in manchen Gegenden Schottlands finden. Wenn aber nun eine Person das gleiche Grundstück längere Zeit hindurch selbst bebaut hat, wird ihr Besitzverhältnis daran immer endgültiger. Es wird nun ohne Unterbrechung das ganze Jahr über wahrgenommen, und schließlich erscheint es aufgrund der eigenen Mühe und Arbeit nur recht und billig, daß sie ein direktes Anrecht nicht nur auf den unmittelbaren Ertrag erworben hat, sondern auch auf alle künftigen Vorteile, die aus der Verbesserung des Bodens einmal erwachsen.

Man kann nun leicht die Einflußsteigerung ermessen, die das Dorf- oder Stammesoberhaupt aus solchen Änderungen der Verhältnisse für sich gewinnen kann. Denn die bebaute Feldflur gehört ja anfangs der Gesamtheit, und die anfallenden landwirtschaftlichen Arbeiten, vor allem aber die eigentliche Verteilung des Ertrags, gehen folglich jeweils unter der Aufsicht des Oberhaupts vonstatten, das auch das Recht auf oberste Lenkung aller gemeinsamen Angelegenheiten für sich beansprucht.

Bei den Negern an den Ufern des Gambia-Flusses ist die Zeit der Aussaat eine Zeit großer Festlichkeit. Alle, die zum selben Dorf gehören, kommen zusammen, um gemeinsam zur Bestellung des Ackerlands zu schreiten – an ihrer Spitze der Häuptling, in voller Kriegsrüstung und von einer Schar Musikanten umgeben, die so etwas wie die Barden der Kelten darstellen, und durch Spiel und Gesang die Arbeiter anfeuern. Sehr häufig stimmt der Häuptling mit ein, während die Leute ihre Arbeit mit irgendwelchen lächerlichen Gesten und Grimassen begleiten, je nach Gesang und Rhythmen, die man ihnen vorspielt.

An der Goldküste muß jeder zuerst vom Häuptling die Erlaubnis erbitten, ehe er soviel Land anbauen darf, wie er für seinen Unterhalt braucht. Man scheint es aber doch so zu halten, daß die Person, hat sie erst einmal die Erlaubnis zur Bestellung einer bestimmten Parzelle, dann auch das ausschließliche Recht habe, den Ertrag zu ernten. Darin darf man einen ersten Schritt in der Aneignung von Grund und Boden sehen.

Wenn nun der Wunsch entsteht, den gemeinsamen Landbesitz aufzuteilen und die Parzellen voneinander abzugrenzen, so wird dabei von jeder einzelnen Familie nach Maßgabe ihrer Bedeutung und zahlenmäßigen Stärke ein entsprechend umgrenztes Gebiet im eigentlichen Sinne in Besitz genommen. Hier gibt es nun mehrere Gründe, weshalb das Oberhaupt notwendigerweise ein sehr viel größeres Besitztum an sich bringen kann, als sonst ein Angehöriger der Gemeinschaft, – nämlich kraft seines überragenden Viehbestands, der Menge seines häuslichen Anhangs und nicht zuletzt kraft der Würde und der Qualitäten, die er in seiner Person vereinigt. Daraus ergibt sich, daß er im Verhältnis zur Ausdehnung seines Besitztums die Zahl der Gefolgsleute vergrößern muß. Und da diese Leute entweder innerhalb der Familiengemeinschaft verbleiben, oder aber auf seinem Grund und Boden als Lehnsmänner, d. h. als jederzeit kündbare Pächter leben, sind sie in ihrer ganzen Versorgung völlig von ihm abhängig. Diese Vasallen stehen daher immer für seine Eigeninteressen bereit, sie können also ganz nach Belieben genötigt werden, entweder für ihn zu arbeiten oder zu kämpfen. Der ganze Troß von Abhängigen, – deren Existenz auf diese Weise in seiner Hand liegt –, wird gerade deshalb besonders stark anwachsen, weil die Einfachheit der Lebensweise ihn gar nicht in die Lage versetzt, sich eine Menge Luxusgüter anzuschaffen, so daß nahezu sein gesamtes Vermögen zur Bestreitung der täglichen Lebensnotwendigkeiten dient.

Das Vermögen eines Oberhaupts ist folglich nach der generellen Besitzergreifung von Grund und Boden nicht nur umfangreicher als sein ehemaliger Bestand an Kleinvieh- und Rinderherden, es ist vielmehr zugleich weit weniger der Gefahr etwaiger Vernichtung ausgesetzt oder für Schädigung durch unglückliche Ereignisse anfällig. So ist also die Autorität, die hierin gründet, von größerer Dauer und ihrer Natur nach selbst so beschaffen, daß sie einen ständigen Bedeutungszuwachs erfährt, weil sie auf Generationen hinaus innerhalb ein und derselben Familie verbleibt.

2. *Das Oberhaupt eines unzivilisierten Stammes und seine üblichen Machtbefugnisse*

Die Machtbefugnisse dessen, der die Stellung dieser Urform einer Obrigkeit insofern bekleidet, als er in einer noch unzivilisierten Gemeinschaft zu deren Herrn aufrücken konnte, entsprechen erwartungsgemäß den natürlichen Bedingungen seines Amts und somit auch den Lebensverhältnissen des Volkes, dem er vorsteht.

Zunächst ist er Befehlshaber der Streitmacht und hat als solcher nur das Kommando für die Dauer von Kampfhandlungen. Nachdem er aber einige Zeit diese Funktion ausgeübt hat, wird er immer wieder Anreize finden, seine Autorität auch bei anderen Gelegenheiten zu benutzen, so daß man ihm bald die Verwaltung verschiedener anderer Sparten des Gemeinwesens anvertraut.

Aus dieser seiner besonderen Stellung heraus versteht sich aber auch das verstärkte Interesse daran, daß er sich unmittelbar um die Verteidigung der Gemeinschaft kümmert, daß er die hierfür zweckdienlichen Vorkehrungen angibt und die Aufmerksamkeit der Menschen auf die Sachen und Unternehmungen lenkt, deren Inangriffnahme er für wichtig hält. Allmählich wird es ihnen zur Gewohnheit, auch in der Planung wie schon in der Ausführung der jeweiligen Expeditionen immer seinen Ansichten zu folgen. Seiner Person treu ergeben, sind sie mit allem Eifer auf die Förderung seiner Ziele bedacht: Es wird schließlich selbstverständlich, daß sie um seiner

Person willen mit ihm ziehen und bei allen Zwistigkeiten unbedingt seine Sache zu der ihren machen. Tacitus sagt hierzu über die Verhältnisse bei den Germanen: »Ihn zu schirmen, ihn zu schützen, auch die eigenen tapferen Taten seinem Ruhm zuzuschreiben ist ja Hauptpflicht des Treueschwurs. Die Gefolgsherren kämpfen für den Sieg, die Gefolgsleute für ihren Herrn.«[1] Wie er als Stammesoberhaupt allen seinen Gliedern Schutz und Sicherheit gewährt, so erwartet er seinerseits, daß sie ihm für diese seine Dienste die geeignete Gegenleistung erbringen – indem sie ihm im Krieg dienen. Würden sie diese Dienstleistung verweigern, so hätten sie nicht nur seinen Unwillen zu fürchten, sondern es würde dies als ein Zug von Treulosigkeit und Feigheit angesehen, und in den Augen der ihren wären sie fürs ganze Leben entehrt. Sind sie hingegen bereit, ihre Pflicht zu erfüllen und jederzeit seinem Ruf zu den Waffen unverzüglich Folge zu leisten und sich des in sie gesetzten Vertrauens würdig zu erweisen, so darf sich jeder als Freund und Gefährte seines Herrn betrachten. An seinem Tisch finden sie gastliche Aufnahme, und alle seine Freuden teilen sie mit ihm. Und wenn der Stand der Agrarwirtschaft so weit gediehen ist, daß Grundbesitz entstehen konnte, gelangen sie auch in den Besitz von Ländereien, nach Maßgabe ihrer Verdienste und nach Rang und Bedeutung, wie sie ihnen in der Gesellschaft zukommen.

Wie es dem Oberhaupt nach Amt und Würde zukommt, den Schutz und die Sicherheit seiner Stammesangehörigen gegen Angriffe der Nachbarn zu gewährleisten, so ist er bemüht, die gelegentlich unter ihnen selbst entstehenden Wirren und Zwistigkeiten möglichst zu unterbinden, sofern sie eine Störung der Ordnung in der Gesellschaft und deren Zerrüttung zur Folge haben könnten. Kommt es zu Streit oder Meinungsverschiedenheiten zwischen Personen, die verschiedenen Familien angehören, dann macht er bereitwillig seinen Einfluß geltend, um zu schlichten und so die Aussöhnung der Parteien herbeizuführen. Diese ihrerseits, wollen sie überhaupt einen offenen

1 Tacitus, Germ. § 14.

Bruch vermeiden, sind vermutlich eher gewillt, ihre Differenzen beizulegen, indem sie den Fall seinem Urteil anheimstellen. Um nun seinen Entscheidungen Überzeugungskraft zu verleihen, muß er sich zunächst noch aufs Verhandeln, Zureden und auf Vorhaltungen verlegen, wobei er sich auch der Mitwirkung der verschiedenen Familienhäupter des Stamms zu seiner Unterstützung versichern wird. Hat seine Autorität erst fester Wurzel gefaßt, dann wagt er es auch schon, seinem Urteilsspruch durch Gewalt Geltung zu verschaffen. Hierin findet er naturgemäß schon aus Zweckmäßigkeitsüberlegungen heraus bei jedem unparteiischen und unvoreingenommenen Glied der Gemeinschaft Unterstützung. Nun hat er sich zwar inzwischen daran gewöhnt, Schiedssprüche zu fällen, wenn man ihm die Umstände eines Falles ausdrücklich zur Entscheidung vorgetragen hatte; er stellt jedoch dabei fest, daß die eines Unrechts bezichtigten Personen sich des öfteren gegen diese Art von Rechtssprechung stellen, und so wird er, wenn Klagen vorgebracht werden – und zwar ohne abzuwarten, bis er angerufen wird –, die streitenden Parteien einfach zu sich beordern und nun über ihre Streitpunkte Urteile fällen, ohne Rücksicht darauf, ob dieses Verfahren die Zustimmung der Parteien findet oder nicht. Auf solche Weise vereinigt er in seiner Person eine feste Gerichtsbarkeit, die für Privatklagen ebenso wie für strafrechtliche Taten gilt. Für die eigentliche Ausübung dieser Justizgewalt werden allmählich bestimmte Personen als Gerichtsbeamte gesondert bestellt, die seinen Verordnungen Geltung verschaffen. Häufen sich aber die Verfahren, so wird das Richteramt an einen Schöffen delegiert, von dem eher zu erwarten steht, daß er sich mit größerer Sorgfalt den dringenden Angelegenheiten der Menschen widmet, als dies das Oberhaupt gewöhnlich zu tun bereit ist.

Diese allmähliche Erweiterung der Befugnisse eines Inhabers der richterlichen Obrigkeit, nämlich von dem Moment an, da er nur Schiedsrichter ist, bis zu dem Stadium, wo er das gefällte Urteil durchzusetzen vermag und streitende Parteien regelrecht vorladen kann, hat auch im Recht zivilisierter Nationen noch einige Spuren hinterlassen. Bei den Römern war der Zivilrichter nicht befugt, in einem Prozeß Recht zu sprechen, wenn die Streitenden zuvor nicht die Streitsache ausdrücklich zur Entscheidung an ihn überwiesen hatten kraft des Vertrags der sogenannten *litis-contestatio*. Heute kann noch in England kein Strafprozeß verhandelt werden, bevor der Angeklagte nicht durch sein Eingeständnis bzw. Leugnen die rechtmäßige Zuständigkeit des Gerichts anerkannt hat. Während nun zwar derartige Gerichtspraktiken aus abergläubischem Respekt vor dem althergebrachten Brauch fortlebten, verfiel man doch gleichzeitig auf recht komische Umwege, um die damit einhergehenden ganz offensichtlichen Behinderungen des Verfahrens zu umgehen. In Rom etwa durfte der Kläger, nachdem er den Beklagten aufgefordert hatte, freiwillig vor Gericht zu erscheinen, ihn bei dessen Weigerung »am Kragen packen« und vorführen.[2] Und nach englischem Gesetz kann ein Angeklagter, der, wie es heißt, *stands mute*, d. h. eine Erklärung zur Anklage verweigert, der *peine forte et dure* unterworfen werden, – eine Form der Folter, die bezweckt, den Trotz derjenigen zu brechen, die eines schweren Verbrechens angeklagt sind.

In den Religionen, die in den nichtaufgeklärten Ländern der Welt herrschend sind, haben die Menschen eine Vorstellung entwickelt, wonach das Höchste Wesen mit ähnlichen Leidenschaften, Gedanken und Gefühlen beseelt sei, wie sie selbst. So glauben sie auch, daß dieses Wesen für die wunderbaren Gaben und Qualitäten ihres Oberhaupts dieselbe anerkennende Wertschätzung hege, die diese seine Eigenschaften bei ihnen selbst unweigerlich hervorrufen. Der Mensch, zu dem sie als dem Vornehmsten aller Sterblichen aufblicken, steht nach ihrem natürlichen Glauben in der besonderen Gnade des Himmels. So sehen sie denn auch in ihm allein das einzige Geschöpf, dessen Fürsprache sie vertrauen dürfen, das den Willen der Gottheit erklären und die wirksamsten Mittel und

2 sog. *obtorto collo*.

Wege weisen kann, wie man ihrem Zorn entgegen oder ihrer gnädigen Gunst teilhaftig zu werden vermag.

Die dem Heerführer in unzivilisierten Ländern gezollte Verehrung hat häufig solche Formen angenommen, daß der Glaube an seine unmittelbar göttliche Abkunft entstand und seine Gestalt das Ziel frommer Anbetung wurde, wie es dem Höchsten Wesen gebührt.

Bei einigen amerikanischen Volksstämmen führen die Häuptlinge den Namen des Sonnengottes[3], für dessen Abkömmlinge und Repräsentanten auf Erden sie gelten.[4] Ebenso leiten die Inkas in Peru ihre Herkunft von der Sonnengottheit ab. In Loango wird der König von seinen Untertanen als Gott verehrt, die Menschen geben ihm den Namen oder Titel, den auch die Gottheit trägt, und erbitten von ihm in sakraler Form Regen und reichen Erntesegen.

Daß entsprechende abergläubische Vorstellungen in der Urzeit der Griechen herrschten, ist bekannt: So ausgeprägt waren sie, daß sich schließlich nahezu jede Familie von Rang und Namen der Verwandtschaft mit der einen oder anderen Gottheit rühmen konnte. Es stimmt daher ganz mit der antiken Mythologie überein, wenn Racine Phädra die herrlichen Worte sprechen läßt:

> Noble et brillant auteur d'une triste famille,
> Toi, dont ma mère osoit se vanter d'être fille,
> Qui peut-être rougis du trouble où tu me vois,
> Soleil, je te viens voir pour la dernière fois![5]

Eine solche Vorstellung hat auch den Menschen bewogen, jene Heroen zu Göttern zu erheben, die um ihrer hohen Eigen-

3 (im Text *sun*, im Englischen bekanntlich Maskulinum. – Anm. d. Übers.)
4 Dies gilt besonders für die Huronen und Natchez. Journal historique d'un voyage de l'Amerique, par Charlevoix, let. 30. Nouveaux voyages aux Indes orientales, tom. I, p. 42.
5 Glanzvoller Stifter meines traurigen Geschlechts!
Du, dessen Enkeltochter ich mich rühme!
Der über meine schmähliche Verwirrung
Vielleicht errötet – hoher Sonnengott!
Zum letztenmal seh' ich deine Strahlen.
(Schiller, Phädra, I, 3. – Anm. d. Übers.)

schaften willen und dank ihrer Verdienste um das Wohl des Volkes in den Glanz großer Berühmtheit gelangt waren, denn man denkt sich, daß sie auch in ihrem nichtirdischen Dasein noch von der Liebe zum Vaterland erfüllt seien und von dort aus mit übernatürlichen Kräften in unwandelbarer Sorge darüber wachen, daß alles Unheil von ihrem Volk abgewendet und sein Glück und Wohlergehen gefördert werde.

Wenn diese Anschauungen ein Volk beseelen, so ist es natürlich, daß das Oberhaupt eines Barbarenstamms auch zum Oberpriester aufsteigt, oder daß er doch, falls er dieses Amt nicht selbst ausübt, zumindest Lenkung und Oberaufsicht über das Sakralwesen führt. Noch einige Zeit nach der Gründung Roms soll jeweils das Haupt einer jeden *curia* – eines Stammverbands – gleichzeitig das höchste priesterliche Amt bekleidet haben. Eine ähnliche Ordnung galt hierin ursprünglich auch in den griechischen Stadtstaaten, und man wird diese Entwicklung überall bei primitiven Völkerschaften voraussetzen dürfen. Es läßt sich daher leicht begreifen, daß gerade bei unwissenden Völkern, die noch von Vorbedeutungen und Träumen gelenkt und von allen Ängsten wüsten Aberglaubens befallen werden, diese priesterliche Machtfülle, wenn sie mit der Lenkung von Kriegsglück und der Rechtssprechung in einer Person vereint ist, zu einem idealen Mittel von höchstem taktischen Nutzen in der Hand des obrigkeitlichen Herrn werden muß für die Verwirklichung seiner Absichten und in der Ausweitung seiner Autorität.

Die übliche Verwaltung eines Gemeinwesens, und das schließt alles, was Krieg und Frieden und den Vollzug der Rechtssprechung angeht mit ein, wird immer schon bestimmte Formen des Mißbrauchs ergeben, und so manche weiteren Mißbräuche mag man befürchten: Also bringen menschliche Erfahrung und die Betrachtung der Dinge das Volk allmählich dahin, sich bestimmte Satzungen oder Gesetze zu geben, die in der Praxis den öffentlichen Angelegenheiten ein ordnungsgemäßes Verfahren sichern oder künftige Verbesserungen erlauben. Und eben diese gesetzgeberische Gewalt, die ja in alle anderen Zweige des Regierungswesens eingreift, sie bestimmt und reguliert, wird naturgemäß vom Oberhaupt selbst beansprucht, nachdem er einmal weitreichenden Einfluß und umfassende Autorität für sich gewinnen konnte. Seine Stammesangehörigen sind im Blick auf ihr Eigentum in entscheidender Weise von ihm abhängig – um so weniger haben sie eine Möglichkeit, seinen Befehlen sich zu widersetzen oder irgendwann Verordnungen den Gehorsam zu verweigern, die er nach eigenem Willen erläßt und aus denen die Verfassung des Gemeinwesens sich entweder formt oder überhaupt erst konstituiert.

Aus diesen Erwägungen können wir uns ein Bild machen, wie die Ordnung der Regierungsgewalt beschaffen ist, die auf natürliche Weise bei einer unzivilisierten Stammes- oder Dorfgemeinschaft entsteht. Die das Ganze bildenden Einzelfamilien unterstehen jede für sich der Gerichtsbarkeit eines Vaters, und das Gemeinwesen selbst untersteht dem Oberhaupt oder Häuptling, dessen Gewalt und Einflußbereich sich nach seinen alle übertreffenden Fähigkeiten oder dem Vermögen bemißt, das er in seiner Hand ansammeln konnte.

Die primitivste Form dieser Regierungsgewalt findet sich bei den Indianern Amerikas. Da diese Völkerschaften sich größtenteils von Jagd und Fischfang ernähren, ist es unmöglich, daß dabei ein Einzelner soviel Reichtum erwirbt, um sich wesentlich über seine Gefährten erheben zu können. Sie verteilen sich auf kleine unabhängige Dörfer mit jeweils einem Häuptling an der Spitze, der auch im Kampf oberster Anführer ist. Er trägt auch den Namen des bestimmten Stammes, dem er vorsteht, und bei allen öffentlichen Versammlungen kennt man ihn nur unter dem Stammes-Namen. Seine Machtfülle ist jedoch, wenn auch unterschiedlich in den einzelnen Dorfgemeinschaften, offenbar nirgendwo sehr umfangreich. Wenn man ihm nie den Gehorsam verweigert, so deshalb, weil er seine Anordnungen in Grenzen zu halten versteht. Jede Einzelfamilie hat das Recht, dem Häuptling aus ihrer Mitte einen Helfer beizuordnen. Die Familienhäupter bilden eine Versammlung, den »Rat der Ältesten«, der als solcher Beratungen über alle wichtigen Angelegenheiten des Gemeinwesens abhält.[6]

Jeder einzelne darf, in der Regel wenigstens, »das Kriegsbeil ausgraben«, wie man das nennt, d. h. einen jeden angreifen, der sich gegen ihn vergangen hat. Besonders wichtige Unternehmungen werden allerdings höchst selten ohne Billigung der Versammlung ausgeführt. Innerhalb jeder Familie herrscht deren eigene Gerichtsbarkeit. Den Angehörigen jeweils verschiedener Familien steht es hingegen frei, ihre Meinungsverschiedenheiten nach eigenem Gutdünken zu regeln, und

6 »Die Gewalt der Häuptlinge erstreckt sich eigentlich über die Angehörigen des Stamms, die sie gleichsam als ihre Kinder betrachten ... Ihre Gewalt scheint nicht absoluter Natur zu sein, auch besitzen sie offenbar keine Machtmittel, im Falle von Widersetzlichkeit den Gehorsam zu erzwingen. Man gehorcht ihnen trotzdem, und ihre Anordnungen haben Autorität; sie haben die Kraft und Form von Bitten, und der ihnen gezollte Gehorsam scheint völlig freiwillig zu sein ... Obgleich die Häuptlinge keinerlei äußere Zeichen ihrer Stellung oder ihres höheren Ranges tragen, so daß man sie eigentlich gar nicht von der Menge unterscheiden kann aufgrund etwa geforderter Ehrenbezeugungen – bestimmte Einzelfälle ausgenommen –, so erweist man ihnen doch eine gewisse Ehrerbietung. Vor allem bei öffentlichen Anlässen manifestiert sich ihre Würde. Die Ratsversammlung kommt auf ihre Anordnung hin zusammen und findet in der Hütte *(cabane)* des Häuptlings statt, wenn dafür nicht schon eine ausschließlich für die Abhaltung der Ratsversammlung bestimmte Gemeinschaftshalle vorhanden ist, die man etwa unserm Ratshaus vergleichen könnte. Die Geschäfte werden in seinem Namen behandelt; bei allen Versammlungen führt er den Vorsitz. Die Häuptlinge spielen auch eine besondere Rolle bei Festmahlzeiten und wenn etwas gemeinschaftlich verteilt wird ... Aus Furcht, die Häuptlinge könnten sich zu große Macht anmaßen und etwa zu absolut regieren, bekamen sie gleichsam Zügel angelegt, indem man ihnen Beigeordnete *(adjoints)* zur Seite stellte, die sich mit ihnen in die Herrschaft über das Land teilen und die – genau wie die Häuptlinge selbst – auch *Agoianders* genannt werden ... Gleich nach den *Agoianders* kommt der *Senat*, der sich aus Greisen oder Ältesten zusammensetzt, die in ihrer Sprache *Agokstenha* heißen. Die Zahl dieser Senatoren ist nicht festgelegt – jeder hat das Recht, zur Ratsversammlung zu kommen und seine Stimme abzugeben.« [Millar hätte im Zitat fortfahren sollen, um das Folgende noch miteinzuschließen: »sobald er die entsprechende Altersreife und Verständigkeit erlangt hat und er in den Kenntnissen erfahren ist, die ihn zur Ausübung dieses Privilegs würdig machen, usw.«] P. Jos. Fr. Lafitau, *Mœurs des sauvages Ameriquains*, 4to à Paris, 1724, tom. i, pp. 472–475 [4 vol. ed., ebenfalls Paris 1724, tom. ii, pp. 173–6]. – (Übertragung nach dem franz. Text in Millars Beleg durch den Übers.)

Häuptling oder Rat greifen nur als Vermittler oder Schiedsrichter ein. Davon ausgenommen sind Fälle von schweren und unerhörten Verbrechen, die den Zorn der Allgemeinheit erregen und die denn auch unter dem Affekt plötzlicher Rachsucht auf der Stelle und mit der größten Strenge bestraft werden.[7]

Nach dem, was über die in verschiedenen Gegenden der Erde als Nomaden lebenden Hirtenstämme mitgeteilt wurde, scheint deren Regierungsform gleichfalls so beschaffen zu sein, wenn auch die Machtfülle des Oberhauptes dort weiterentwickelt ist gemäß dem schon höheren Vermögensstand. Im Verhältnis zu seinen Herdenbeständen nimmt das Oberhaupt eine alle anderen Glieder des Stammes überragende Stellung ein, er übt entsprechend größeren Einfluß auf die Art und Weise der Kriegsführung und die Entstehung richterlicher Institutionen aus und bestimmt dadurch auch, wie die verschiedenen Zweige der Verwaltung des Ganzen gehandhabt

7 »Das Recht der Entscheidung über Verbrechen liegt unmittelbar bei der Sippe einer Hütte, zu der die Schuldigen gehören, aufgrund deren Zugehörigkeit (?) *(par rapport aux coupables même)* – und zwar wenn jemand ein anderes Glied der eigenen Hütte getötet hat: da man voraussetzt, daß die Angehörigen einer Hütte untereinander jeweils Gewalt über Leben und Tod haben, so werden die Belange der Dorfgemeinschaft anscheinend in keiner Weise von dem durch den Vorfall verursachten Unfrieden berührt und keiner kümmert sich darum ... Das ändert sich aber völlig, wenn der Mord an dem Angehörigen einer anderen Hütte, eines anderen Stammes, eines andern Dorfes oder gar eines fremden Volkes begangen wurde, denn nun wird dieser unheilträchtige Tod zu einer Sorge der ganzen Gemeinschaft. Jeder ergreift die Partei des Toten und trägt auf irgendeine Weise dazu bei, den vom Verlust erbitterten Verwandten den Geist wieder aufzurichten, wie sie es selbst nennen. Sie sorgen sich aber auch darum, dem Täter das Leben zu retten und seine Verwandtschaft vor den Racheakten der andern Partei zu schützen, die unweigerlich früher oder später eintreten würden, wenn man es versäumte, die für ähnliche Fälle durch Gesetz und Sitte vorgeschriebene Genugtuung zu leisten ... Es gibt aber auch Fälle, wo das Verbrechen so schrecklich ist, daß man nicht so sehr Sorge trägt, dem Mörder Sicherheit zu gewähren, wo der Rat sich vielmehr seiner obersten Macht bedient und die Bestrafung anordnet.« Ibid. pp. 486f., 490, 495 [bzw. II, pp. 185f., 189, 193.] Ebenso tom. 2, p. 167 [III, pp. 154f.] – (Übertragung nach dem franz. Text in Millars Beleg durch den Übers.)
Vgl. auch die Darstellung über die Regierungsformen bei den Amerikanern (d. i. Eingeborenen – d. Übers.) in P. Charlevoix, Journal historique d'un voyage de l'Amerique, let. 13, 18.

werden sollen. So scheint der Befehlshaber oder Anführer eines Stamms bei den Hottentotten, die Viehzucht und Weidewirtschaft noch kaum entwickelt haben, und andererseits das entsprechende Oberhaupt bei den wilden Beduinen, die nur in seltenen Fällen beträchtliches Eigentum erlangen konnten, kaum größere Machtfülle zu besitzen, als man sie bei den Wilden in Amerika antrifft.[8] Demgegenüber hat der große Reichtum, der sich bei den zahlreichen Hirtenscharen des weiträumigen Tatarenlandes ansammeln konnte, die Macht des Oberhaupts im Verhältnis sehr umfassend werden lassen, wodurch eine nahezu unumschränkte Machtfülle sich in ihm vereinigt, die meist auch im selben Geschlecht verbleibt und wie ein persönliches Erbe vom Vater auf den Sohn übergeht.

Die Germanenvölker, wie sie von Caesar und Tacitus beschrieben werden, kann man ungefähr in der Mitte zwischen diesen beiden Extremen einordnen, insofern als sie sich vermutlich eines höheren Wohlstands erfreuten als die Hottentotten oder die meisten wilden Araberstämme, hingegen weniger besaßen, als dies bei den Tataren generell der Fall ist. Solange sie in ihrem eigenen Land ansässig waren, war ihnen die Agrarwirtschaft nicht völlig fremd. Aber sie führten doch alle ein Wanderleben, und der Begriff von Eigentum an Grund

8 »Die Araberstämme erleiden, obwohl sie schon seit Jahrhunderten unter dem türkischen Joch stehen, kaum jemals Eingriffe in ihre Rechtsprechung oder bezüglich der Besetzung der wenigen Ämter und Würden, die im eigentlichen Sinne noch bei ihnen selbst liegt. – Was man *Dou-war* nennt (d. h. Dorf oder Lager), darf man deshalb auch als kleines Fürstentum betrachten, über das die bestimmte, nach Namen, Besitz und Ansehen vornehmste Familie regiert. Jedoch geht diese Würde nicht immer in direkter Linie vom Vater auf den Sohn über, sondern – so hielten es schon ihre Vorgänger im Lande, die Numidier – wenn der Erbe zu jung oder von einem Leiden befallen ist, dann wählt man seinen Onkel oder einen anderen Verwandten, den man nach Umsicht und Klugheit als den für dieses Amt Geeignetsten hält. Obwohl dieser nun mit despotischer Macht ausgestattet ist, werden doch alle Beschwerden und Streitigkeiten in der konziliantesten Weise behandelt, indem er sich aus jedem Zelt die eine oder andere Person zu seiner Unterstützung herbeiholt: Der Gesetzesübertreter wird aber als Bruder angesehen, und deshalb fällt der Urteilsspruch auch immer recht günstig aus, so daß selbst bei den allerschrecklichsten Verbrechen selten eine schwerere Strafe als Verbannung auferlegt wird.« Shaw's Travels, chap. 4, p. 310.

und Boden scheint bei ihnen nicht entwickelt gewesen zu sein. Das allein ist schon genügend Beweis dafür, daß sie hauptsächlich von ihren Herden lebten und den Ackerbau nur in zweiter Linie betrieben. Sie hatten offenbar entweder erbliche Oberhäupter oder solche, die aus den Familien gewählt wurden, die am längsten im Besitz von stattlichen Vermögen waren. Ihre Kriegsoperationen aber wurden häufig von niedrigstehenden Anführern geleitet, die sich eben einmal zu diesem Dienst angeboten und ihre Gefährten dazu gebracht hatten, daß man ihnen folgte. In Friedenszeiten lag die Rechtsprechung bei den jeweiligen Oberhäuptern oder Fürsten der einzelnen Dorfbezirke.[9]

9 »Ihre Könige nehmen sie aufgrund edler Abkunft, ihre Heerführer aufgrund persönlicher Tapferkeit. Doch besitzen die Könige keine unumschränkte oder willkürliche Gewalt, und die Heerführer befehligen weniger durch ihre Machtbefugnis als durch ihr Beispiel, eben durch die Bewunderung, wenn sie einsatzfreudig sind, wenn sie sich hervortun, wenn sie vor der Front ihren Mann stehen.« Tacitus, Germ. § 7. –
»Über weniger wichtige Angelegenheiten entscheiden die Fürsten, über wichtigere alle gemeinsam, freilich in der Weise, daß auch die Fälle, über die das Volk zu befinden hat, bei den Fürsten schon vorbesprochen werden ... Sobald es der Menge paßt, nehmen sie ihre Plätze ein, und zwar bewaffnet. Ruhe wird durch die Priester geboten, die dann auch das Recht zur Wahrung der Ordnung haben. Daraufhin hört man dem König oder einem Fürsten zu, je nach dem Alter, nach dem Adel, nach dem Kriegsruhm und nach der Rednergabe eines jeden; das Gewicht seines Rates gilt dabei mehr als die Befugnis zu befehlen.« Ibid. § 11. –
»Bei der Volksversammlung kann man auch Klage erheben und Gerichtsverfahren anstrengen, bei denen es um den Kopf geht. Die Strafen sind unterschiedlich je nach dem Vergehen: Verräter und Überläufer hängt man an Bäumen auf, Feiglinge, Kriegsscheue und Perverse versenkt man im Schlamm und Moor und wirft noch Flechtwerk darauf ... In ebendiesen Versammlungen wählt man auch die Fürsten, die in den Ortschaften ihrer Gaue Recht sprechen. Jedem von ihnen sind hundert Schöffen aus dem Volk zur Beratung und auch zur Hebung des Ansehens beigegeben.« Ibid. § 12. –
»Wenn ein Stamm einen Verteidigungs- oder Angriffskrieg führt, werden Obrigkeiten gewählt, welche die Führung in diesem Krieg und Gewalt über Leben und Tod haben. In Friedenszeiten gibt es keine gemeinsame Staatsbehörde, sondern die Häuptlinge der Bezirke und Gaue sprechen unter ihren Leuten Recht und legen Streitigkeiten bei ... Wenn einer von den Vornehmen im Thing erklärt, er werde die Führung übernehmen, und die, welche ihm folgen wollen, aufruft, da stehen die auf, die am Unternehmen und am Manne Gefallen finden, sagen ihre Teilnahme zu und finden den

Als nun aber diese Barbarenvölker aus ihren heimischen Wäldern in die Provinzen des Römischen Reichs eingefallen waren, da erfuhren auch ihre Lebensverhältnisse sehr bald einen Wandel zu großen Fortschritten. Unter der römischen Herrschaft waren die von ihnen eroberten Länder kultiviert und zivilisiert worden, und die dort ansässigen Menschen beherrschten, wenn auch in einem allgemein darniederliegenden Zustand, immerhin noch die Kenntnisse der Bodenbewirtschaftung und die Fertigkeiten der verschiedensten Gewerbe. Es war daher auch zu erwarten, daß diese ungehobelten barbarischen Eindringlinge[10] zwar einerseits in einer langen Reihe blutiger Kriege die Zeugnisse der antiken Bildung und Kultur verdarben und verunstalteten und, wohin sie kamen, ihre barbarischen Sitten und Gebräuche einführten, andererseits aber auch schnell bestimmte Kenntnisse von den Unterworfenen aufgriffen. So machten sie beispielsweise rasche Fortschritte in der Landwirtschaft und in einigen zugehörigen gröberen handwerklichen Fertigkeiten, die sie normalerweise nicht hätten machen können, wenn sie allein auf ihre bisherigen Kenntnisse, Erfahrungen und Beobachtungen angewiesen gewesen wären. Im Gefolge vieler siegreicher Feldzüge konnten nun verschiedene Familien- oder Sippenoberhäupter – nun *Grafen* genannt – von ausgedehnten Ländereien Besitz ergreifen. Dabei machten sie auch viele Kriegsgefangene, die sie von nun an in Knechtschaft hielten und mit deren Hilfe sie in die Lage versetzt waren, ihre weitausgedehnten Besitzungen zu bewirtschaften.

Als die Seßhaftwerdung dieser Völker zum Abschluß gekommen war, setzten sich die Glieder der einzelnen Großfamilien schließlich aus zwei Personengruppen zusammen: Sklaven, in

Beifall der Menge. Wer von ihnen dann nicht Gefolgschaft leistet, gilt als fahnenflüchtig und Verräter, und man spricht ihm das Vertrauen in allem ab.« Caesar, Gallischer Krieg, Buch 6, § 23.

10 (im Text *Gothic invaders;* – es wird damit gleichzeitig die germanische Herkunft wie auch die Kulturlosigkeit dieser Stämme zum Ausdruck gebracht, – dem Sinne nach auch etwa als »diese Vandalen« zu verstehen. Vgl. zu *Gothic* auch oben S. 108. – Anm. d. Übers.)

deren Besitz man gewöhnlich durch Eroberung gelangt war, und Freie, die von einem gemeinsamen Ahnherrn sich herleiteten und zugleich auf und von seinem Grund und Boden lebten. Die Sklaven oder Knechte fanden größtenteils bei der Bebauung der Güter ihres Herrn Verwendung, die sogenannten Freien dagegen waren die Stützen von Rang, Namen und Ansprüchen ihres Herrn, der ihnen seinerseits als Gegenleistung Schutz bot.

Die Gewalt eines solchen Grafen oder Freiherrn war in jeder Weise absolut und erstreckte sich auf den ganzen hörigen Anhang der Großfamilie, – absolut schon deshalb, weil deren Existenz von ihm allein abhängig war. Die Arbeit seiner Knechte richtete sich ganz nach seinem Gutdünken, und als Lohn erhielten sie nur, was er für richtig hielt. Das Familiengefolge stand unter der Notwendigkeit, seinem Banner in allen kriegerischen Expeditionen zu folgen. Über beide Gruppen besaß er oberste Gerichtsbarkeit, konnte also jegliche Vergehen bestrafen und auch alle Differenzen seiner Leute durch Urteil entscheiden. Auf diese Weise zwang er allen diejenigen Maßregeln auf, die er für geeignet hielt, innere Fehden zu beseitigen oder künftig Zwistigkeiten zu verhindern.

Diese Grafen waren zwar in weitem Umfang unabhängig, wurden aber sehr früh schon in einem größeren Staatsverband vereinigt und unter bestimmten Bedingungen, die schließlich zur Entstehung von Institutionen ganz besonderer Art führten. Die Ergebnisse einer solchen Vereinigung, aus der die Ordnung der Feudalherrschaft in Europa hervorgehen sollte, werden Gegenstand eines weiteren Teils dieser Abhandlung sein.

Kapitel IV
Von der Gewalt des Herrschers und der Unterbeamten in einem aus einzelnen Stammes- oder Dorfgemeinschaften bestehenden Staatswesen

1. Der Aufbau der Regierungsgewalt im Verlauf der Einigung verschiedener Stämme oder Dorfbezirke

Die Fortschritte in der Landwirtschaft produzieren einmal eine größere Fülle von Nahrungsmitteln, lassen einzelne Stämme aufblühen und an Menschenzahl stärker werden, bringen aber auf die Dauer auch den Zwang mit sich, daß sie eigene Siedlergruppen nach auswärts entsenden, die neue Wohnsitze an jeweils günstig gelegenen Orten gründen und nach ihrem gewohnten Muster wieder separate Ortschaften bilden. Auf diese Weise wird sich nach Maßgabe der zunehmend verbesserten Bodenkultur die Bewohnerschaft eines Landes bald aus einer größeren Anzahl klar unterscheidbarer Gemeinwesen zusammensetzen; ihr Ursprung liegt nun jeweils entweder in einem oder auch in verschiedenen Heimatorten, sie stimmen dabei in ihren Wesenszügen miteinander überein und weisen einander ähnliche Institutionen und Lebensgewohnheiten auf.
Diese Einzelgemeinden führen sehr oft Krieg, und da sie ständig Einfälle von Nachbarn zu gewärtigen haben, bedingen solche Umstände es vielfach, daß sie sich in der Erkenntnis wechselseitiger Interessen gegen gemeinsame Feinde zusammenschließen; verschiedenartige Zusammenschlüsse bilden sich, die je nach Lage der Dinge von mehr oder weniger dauerhafter Art sind. Mit der Beobachtung, wie vorteilhaft gemeinsame Streitkräfte sich bei Gelegenheit einer Expedition erwiesen haben, kommt auch der Wunsch, deren Vereinigung bei einem weiteren Unternehmen fortzusetzen, und schließlich bestärken einen die Erfahrungen darin, daß man ein allgemeines Bündnis eingeht. Der somit unter Kriegsverhältnissen

gepflogene Umgang von sonst getrennt lebenden Menschen miteinander wird nun in Friedenszeiten nicht völlig aufgegeben. Wenn die einzelnen Dorfbezirke ursprünglich einander völlig fremd waren, so führen die vielen Gelegenheiten des Zusammenwirkens in den Kriegsunternehmungen doch unvermeidlich zu einer Bekanntschaftsform, die Anlaß zu fortgesetzten künftigen Beziehungen wird. Es gibt häufige Zusammenkünfte bei den üblichen Spielen und Unterhaltungen, und die Vornehmen jeder Gruppe pflegen gegenseitige Gastfreundschaft bei üppiger, ländlich-herzhafter Bewirtung: Unter ihren Familien finden bald Heiraten statt, und die Formen menschlicher Beziehungen innerhalb der Gesellschaft entfalten sich und gewinnen immer mehr an Raum.

Gegenseitige Abwehr- und Sicherheitsbündnisse bieten sich aus so selbstverständlichen Zweckmäßigkeitsgründen an, daß sie recht häufig zustandekommen, nicht nur zwischen seßhaften Bauernstämmen, sondern auch zwischen Hirtenstämmen oder selbst einfachen Wilden. Viele Beispiele finden sich dafür im Tatarenland, an der Küste Guineas, in der Geschichte der Germanen und bei den amerikanischen Indianern. Allerdings werden dergleichen Zweckbündnisse erst dann zu einem dauerhaften Bund führen, wenn die Bevölkerungszahl eines Landes dank der verbesserten Landwirtschaft angewachsen ist und die Bewohner aufgrund der ihren Tätigkeiten entsprechenden Lebensweise schon feste Wohnsitze innerhalb bestimmter umgrenzter Bezirke gegründet haben.

Aus einer Konföderation dieser Art entsteht eine sehr einfache Form des Staatswesens. Da jedes Dorf oder jede gesonderte Gemeinde dem eigenen Oberhaupt untertan ist, vollziehen sich auch die von allen vereint zu tätigenden Angelegenheiten zunächst unter der Leitung dieser hohen Standespersonen. Ihre regelmäßigen Zusammenkünfte und Beratungen führen in kurzer Zeit zur Errichtung eines ordentlichen Rats oder Senats, ausgestattet mit jener Machtfülle und Gewalt, die der seiner Einzelmitglieder entspricht, wie diese sie in bezug auf Hausgesinde und Vasallentroß besitzen.

Überlegungen, die die Glieder eines Einzelstammes dazu bestimmen konnten, sich bei kleineren Unternehmungen von einer eigens dazu bestimmten Person führen zu lassen, mußten erst recht für eine ähnliche Regelung sprechen, wenn es um die Führung eines großen Heeres ging, das aus vielen Clan-Gruppen mit oft einander widerstreitenden Ansichten zusammengesetzt war, die selbst kaum Verbindungen miteinander hatten. Wo jedes Oberhaupt zwar weiterhin die Leitung des eigenen Gefolges behält, da ist es zweckmäßig, daß nur ein bestimmter Befehlshaber den Oberbefehl über die vereinigten Streitkräfte übertragen bekommt. Mit diesem Amt wird folglich der Mann betraut, dessen Vermögen es ihm auch am ehesten gestattet, den Unterhalt des Heeres zu bestreiten, weshalb diese Würde auch häufig auf Lebenszeit in seiner Hand bleibt und in vielen Fällen sogar erblich wird. Auf diese Weise gelangt ein bedeutender Fürst oder *König* an die Spitze eines Volkes, der auch die Befugnis der Oberhoheit und Beaufsichtigung in allen Dingen des Schutzes und der Sicherheit besitzt.
Indessen läßt sich leicht begreifen, daß trotz des hohen Rangs und überragender Bedeutung diese erste Herrscherfigur noch keineswegs ein beträchtliches Maß von Autorität verkörpert. Sein Aufrücken in diesen Rang muß zwangsläufig den Neid von Fürsten erregen, die Subordination nicht kennen, deshalb auch jede Gelegenheit wahrnehmen werden, seine Kommandogewalt zu beschneiden und ihm keine weitergehenden Vorrechte einräumen als nötig sind, um die Aufgaben zu erfüllen, für die sein Amt geschaffen wurde. Sein Eingreifen in öffentliche Angelegenheiten wird weitgehend von den Gegebenheiten des Moments und den Zeitumständen bedingt, und da er sich in seiner Amtsführung nicht an vorgegebenen Normen orientieren kann, müssen seine Handlungen häufig ziellos und unangemessen ausfallen. Am Ort der Schlacht, an der Spitze seines Heeres kann er es vielleicht wagen, aus ganzer Machtfülle heraus zu kommandieren, und hier wäre es für jeden einzelnen seines Gefolges auch gefährlich, wenn er seinem Befehl nicht gehorchte. Doch in anderen Situationen beschränkt

sich seine Macht gewöhnlich auf einen engeren Umkreis und umfaßt dann oft genug einzig die Leute des angestammten Clans. Wenn nach Beendigung eines Feldzugs die andern Stämme wieder in ihre verschiedenen Wohnsitze zurückgekehrt sind, sind sie großenteils seinem Einfluß entzogen und unterliegen nun wieder der unmittelbaren Gerichtsbarkeit und Autorität ihrer eigenen Oberhäupter, unter deren Schutz sie stehen. Diese Vornehmen wiederum müssen in allen öffentlichen Dingen von Belang ihre Zustimmung erteilen, werden dazu vom König zusammengerufen, der dann bei allen Beratungen den Vorsitz führt.

Dies nun ist, soweit man es den verstreuten Hinweisen in Reiseberichten entnehmen kann, die herrschende Form der Regierungsgewalt in manchen einfachen Königreichen an der Küste Afrikas wie in den Gegenden Asiens, wo eine Anzahl eigenständiger Stämme oder Dorfbezirke vor noch nicht langer Zeit eine lockere Vereinigung eingegangen sind.

In der Odyssee sagt Alkinoos, der König der Phaiaken, ausdrücklich: »Zwölf Fürsten teilen sich in die Herrschaft des Königreichs, ich aber bin der dreizehnte.«[1] Dementsprechend obliegt es ihm, zuerst den Rat seiner Edlen einzuberufen, bevor er es wagen kann, Odysseus auch nur ein Schiff zu geben, damit man ihn in sein Heimatland bringe.

Ähnlich auf der Insel Ithaka, wo die Macht der Fürsten ganz deutlich hervortritt, die in der Ratsversammlung die Belange des Volkes beratschlagten:

> Alles war still bis schließlich Aegyptios sprach;
> Aegyptios, vom Alter und Kummer gebeugt: –
> Seitdem der große Odysseus die phrygischen Ebenen aufsuchte,
> Herrscht in diesen Mauern ruhmloses Schweigen.
> Sagt mir doch, ihr Fürsten! auf wessen Geheiß wir hier zusammenkommen,
> Weshalb wir hier abermals in feierlichem Rate sitzen?
> Ihr Jungen, ihr Alten, enthüllt doch die gewichtige Ursache:
> Kam etwa Botschaft von feindlichen Eindringlingen?

1 Odyssee, Buch 8, v. 390.

Oder, sagt mir, beflügelt höchste Not des Staates
Einen Patrioten, so daß er Beratung fordert?
Die jetzige Ratsversammlung kündet davon, daß ihr
Urheber klug ist;
Steh' ihm bei, Zeus! Du Herrscher der Himmel![2]

Nach den frühesten geschichtlichen Berichten, die wir über die griechischen Staaten haben, dürfen wir mit gutem Grund annehmen, daß dort die Regierungsform überall ähnlichen Charakter trug. Besonders Attika soll, wie es heißt, von verschiedenen Kolonien unter ihren jeweiligen Oberhäuptern besiedelt worden sein, die ursprünglich aus Ägypten und einigen anliegenden Ländern kamen und nun hier unabhängig voneinander eine Anzahl Stämme oder Dorfbezirke gebildet hatten. Der erste Zusammenschluß dieser kleinen Gemeinwesen geschah in der Zeit des Kekrops, des Gründers Athens, der ihr Feldherr wurde und der auch beträchtliche Veränderungen in der inneren Ordnung des Staatswesens und den Gebräuchen vornahm. Später kam es unter der Herrschaft des Theseus zur noch engeren Verbindung, als der Adel, d. h. die Vornehmsten aus den einzelnen Städten oder Dorfgemeinschaften dazu gebracht wurden, sich in Athen niederzulassen; dort bildeten diese dann einen Senat, eine Art Rat des Volkes, der obrigkeitliche Gewalt über das ganze Land ausübte und neben der gottesdienstlichen Oberhoheit auch das Recht besaß, Magistrate zu wählen, Gesetze zu erlassen und nach ihnen Recht zu sprechen.

Deutlich zeigt sich hier die Ähnlichkeit mit der alten Verfassung Roms. Die Grundlagen zu diesem mächtigen Reich legten einige wenige Barbarenstämme, die ursprünglich voneinander unterschieden waren, zunächst auch verschiedene Stadtbezirke bewohnten und offensichtlich der Gerichtsbarkeit der eigenen Oberhäupter unterstanden.[3] Hier lag sehr wahrscheinlich der Ursprung jener engen Verknüpfung zwischen Armen und Reichen, die bis in spätere Zeiten fortdauerte und

2 (Übertragung nach Popes *Odyssey*, Buch 2, v. 19ff. – Anm. d. Übers.)

3 Vgl. die Darstellung des *forum originis* durch den Autor der *Historical law-tracts* [Kames]; mit seinem scharfen und selbständigen Verstand hat

meist der staatlichen Ordnung des Romulus zugeschrieben wird. In Rom waren nämlich die Menschen niederer Klasse alle einem bestimmten Schutzherrn von Rang und Ansehen zugeordnet. Jeder Patrizier hatte eine Anzahl sog. Schutzverwandter – »Klienten«. Sie schuldetem ihm nicht nur Ehrerbietung und Unterordnung, sondern mußten auch seine Töchter mit einer Mitgift versorgen, ihn selbst mit Lösegeld aus Gefangenschaft befreien, während sie auf der andern Seite Anspruch auf seinen Rat und Schutz hatten. Aus diesen führenden Patriziern, die einen weitreichenden Einfluß auf die Volksmenge hatten, wurde der erste Senat oder Rat des Herrschers gebildet. Dieser Rat scheint auch absolutes Entschließungsrecht über Krieg und Frieden besessen zu haben. Auch stand ihm in erster Instanz das Recht zu, alle öffentlichen Verordnungen zu beraten und vornehmlich beim Tod des Königs den Nachfolger in der königlichen Würde zu benennen.[4]

Man darf jedoch nicht übersehen, daß sowohl in den Regierungsformen Roms wie auch vielfach in Griechenland anfänglich eine beträchtliche Beimischung von Demokratie enthalten war, was aus den besonderen Lebensverhältnissen des Volkes herrührte. Die einzelnen Stämme oder Sippen, die einmal in dem Stadtgebilde Roms vereinigt wurden und ebenso bei der Bildung selbständiger Städte vorhanden waren, die auf dem Peloponnes und in benachbarten Ländern entstanden, hatten nur sehr geringfügige bewegliche Habe oder Grundbesitz. Diese ihre Armut muß aber verhindert haben, daß den Oberhäuptern größere Machtfülle zuwuchs. Der Einfluß eines Oberhaupts in diesen Miniaturstaaten war mit großer Wahrscheinlichkeit ganz und gar an die persönliche Treue seiner Anhänger, an ihre Bewunderung für seine Qualitäten gebunden und weniger an überragendes Vermögen. Des-

er Recht und Philosophie miteinander verbunden, um die Einsichten eines gewinnbringenden Berufs in generöser Weise auf das freie Streben nach den Freuden vernünftigen Denkens auszuweiten. Vgl. *Historical law-tracts*, Kap. über das Gerichtswesen.

4 (gemeint ist die Wahl des sog. Zwischenkönigs. – Anm. d. Übers.)

halb war auch die Macht, die solcher Einfluß ihm verschaffte, alles andere als absolut. Aus eben diesem Grunde genügte auch in Rom unter der Königsherrschaft schon allein die Gewalt des Senats, gebildet aus allen Oberhäuptern, für die allgemeine gesetzgeberische Tätigkeit und zur Verhandlung der Belange, wo Uneinigkeit zu befürchten stand, und so wurden auch seine Dekrete in diesen Fällen gewöhnlich durch eine Versammlung bestätigt, die aus dem ganzen Volk bestand. Dieselben Gepflogenheiten herrschten in Athen und Sparta und vermutlich auch in den meisten andern Staaten Griechenlands.

Caesars detaillierten Bericht von den Bewohnern Galliens darf man als höchst authentisches Dokument ansehen, das uns einen Begriff von der Verfassung der Regierungsgewalt gibt, wie sie wohl für alle unzivilisierten Länder gelten wird. Vom Autor erfahren wir, daß das ganze Land sich in eine Anzahl Einzelstaaten gliederte, die voneinander unabhängig waren und sich nach Bedeutung und territorialer Ausdehnung sehr unterschieden. In den verschiedenen Städten, Dorf- oder Familiengemeinschaften, die ein Volk bildeten, gab es bestimmte führende Männer mit großer Machtfülle und Einfluß, die ihren jeweiligen Anhang regierten und beschützten. Die Angelegenheiten des ganzen Volkes wurden von dem König oder obersten Magistratsherrn geleitet, dem ein Rat des Volkes zur Seite stand. Und wenn verschiedene Völkerschaften bestimmte Aktionen gemeinsam unternahmen, dann erwählten sie einen Feldherrn, der das Kommando über die vereinigten Streitkräfte führte.[5]

5 »In Gallien gibt es nicht nur in allen Staaten, Gauen und Gemeinden, sondern sogar fast in den einzelnen Häusern Parteien. Ihre Führer sind die Männer, die nach ihrer Meinung das höchste Ansehen genießen und deren Ermessen und Urteil die höchste Entscheidung bei Rat und Tat zusteht. Diese Einrichtung scheint seit altersher deswegen getroffen zu sein, damit nicht ein Mann des Volkes ohne Schutz gegen den Mächtigeren sei. Keiner duldet nämlich, daß seine Schützlinge unterdrückt und gefährdet werden; sonst hätte er bei ihnen keinen Einfluß mehr. Diese Verhältnisse herrschen im allgemeinen in Gallien; alle Volksstämme nämlich sind in zwei Parteien geteilt.« Caesar, Gallischer Krieg, Buch 6, § 11. – Vgl. Treasurie of auncient and moderne Times, 1619.

Jene Germanenvölker aber, die ungefähr im 5. Jahrhundert die Provinzen des Weströmischen Reiches überrannten und unterwarfen, lebten unter ganz anderen Umständen als die Völker, deren Geschichte wir sonst kennen. In ihren Heimatländern hatten diese Völkerschaften beträchtliche Fortschritte in Viehzucht und Weidewirtschaft gemacht und dadurch einen ansehnlichen Reichtum an Groß- und Kleinviehherden erworben. Als sie sich in den römischen Provinzen niederließen, bot sich Gelegenheit, wie schon einmal bemerkt wurde, daß sie sich große Landgüter aneigneten, was dazu beitrug, die Gewalt der verschiedenen Anführer nach Maßgabe ihres Vermögens anwachsen zu lassen.

Die Bewohnerschaft größerer Gebiete war nun gleichzeitig zum Zweck der Verteidigung untereinander zusammengeschlossen; sie unterstand bei gemeinsamen Unternehmungen einem höheren Fürsten oder König, dessen Rang und Würde – genau wie bei den untergeordneten Oberhäuptern – sich auf seine Privatbesitzungen stützte. Zwei Umstände gab es, wodurch die zu diesem Zweck gebildeten Zusammenschlüsse hier sehr viel umfassender wurden, als das sonst bei ähnlich unzivilisierten Völkern der Fall ist:

Ein jedes dieser Völker, die sich im Weströmischen Reich niederließen, konnte – wenn auch selbst meist gar nicht sehr groß – einmal durch den raschen Vormarsch seiner Heere und durch den plötzlichen Aufschwung der Landwirtschaft sehr große Gebiete besetzen; aber die verschiedenen Grundherren, auf die das Land verteilt wurde, lebten nun in ziemlicher Entfernung und verstreut über ein weitläufiges Land. Viele dieser Grundherren waren jedoch Personen aus einem Sippen- oder Gefolgeverband und folglich alle schon an die Führung eines bestimmten Befehlshabers gewohnt, so daß sie immer noch an dieser Verbindung festhielten und in Kriegszügen vereinigt blieben, ohne Rücksicht auf ihre etwa weit auseinanderliegenden Wohnsitze.

Der Charakter der römischen Provinzen war der andere Umstand, der den umfassenden Zusammenschluß der Eroberer begünstigte. Denn jede Provinz des Römischen Reiches stellte zu einem gewissen Grade einen eigenen Staat dar, dessen Einzelteile alle miteinander verflochten waren. Die Bewohner, abgesehen von ihren angestammten Volkszugehörigkeiten, hatten gewöhnlich einen für sie charakteristischen eigenständigen Kodex von Gesetzen und Gebräuchen und wurden alle von den gleichen Militär- und Verwaltungsbeamten regiert. In politischen Belangen traten sie als eine Einheit auf, die gemeinsame Interessen zu vertreten hatte. Ihre Hauptstadt wurde als Sitz des römischen Gouverneurs auch zum Regierungszentrum, dem der Adel der Provinz in der Hoffnung auf Ämterwürden zuströmte oder in der Absicht, am Hofleben teilzunehmen. Und von hier wiederum nahm ein Netz unzähliger Verbindungen seinen Ausgang in weitentlegene Landesteile, bildeten sich in den größeren Städten neue Zentren, wo Handel und Gewerbe gediehen, wo Steuern erhoben oder Gericht gehalten wurde.

Diese vielfältigen, seit Generationen zwischen den Bezirken eines ausgedehnten Territoriums existierenden Querverbindungen wurden nicht gänzlich durchbrochen, als es unter die Herrschaft der Barbaren geriet. Denn die alteingesessenen Bewohner wurden nirgends ausgerottet, sondern entweder durch Überführung in den Status der Knechtschaft oder den Abschluß verschiedenerlei Bündnisse integriert, und sie verschmolzen auf diese Weise mit den Eroberern, so daß die bestehenden Verkehrswege und Lebensgewohnheiten, wie auch die politische Einheit, an der die bodenständige Bevölkerung im Innern festhielt, sich bis zu einem gewissen Grade schließlich auf die Eroberer übertrugen. Hatten sich also Einzelstämme, selbst wenn sie einander fremd waren, in der gleichen Provinz niedergelassen, so konnte man sie nun sehr leicht einem einzigen Herrscher unterstellen. Dadurch kam es, daß die Grenzen eines nun neuen Königreichs in Westeuropa sehr oft nahezu genau so verliefen, wie der Herrschaftsbereich des früheren römischen Gouverneurs sie kannte.

Entsprechend der Vielzahl von Stämmen oder selbständigen

Familienverbänden, die zu einem Königreich vereinigt waren, einerseits, und ihrer über die ganze Weite des Landes verstreuten Lage andererseits, blieb diese Einheit sehr locker und schwach. Jeder Grundherr erfreute sich einer gewissen Unabhängigkeit und beanspruchte ohne Rücksicht auf die Konföderation, deren Mitglied er war, für sich das Recht, nach Belieben seine Privatkriege zu führen. Bei dem gewalttätigen Charakter und der Raubgesinnung jener Zeiten standen benachbarte Grundeigentümer, wenn sie nicht gerade zu einer gemeinsamen Aktion verbunden waren, ständig unter der Versuchung, übereinander herzufallen. Rechtsverletzungen dieser Art wiederholten sich so oft zwischen denselben Personen, daß sie schließlich zur Quelle von Familienfehden wurden, die sie mit unerbittlichem Haß und Rachedurst gegeneinander austrugen. Es gab keine ausreichende Staatsgewalt, die solchen Unfrieden hätte ersticken können. Ließ der König sich bei großer Provokation so weit treiben, daß er einen dieser vermögenden Grafen wirklich demütigte und bestrafte, so mußte er dazu oft genug die ganze Macht der Krone einsetzen, wobei dann die Risiken und Schwierigkeiten der Aktion ihm gewöhnlich die Lektion erteilten, sich in künftigen Fällen zurückhaltender zu zeigen, ehe er sich wieder in solche Zwistigkeiten verwickeln ließ.

Wenn die Menschen also unter den Schrecken und Wirren der Zeiten ständig der Rechtlosigkeit und brutalen Gewalt ausgesetzt waren und dabei wenig oder gar keinen Schutz seitens einer Regierungsgewalt erhielten, mußten sie fortwährend auf die Wahrung der eigenen Sicherheit bedacht sein. So lag es im eigenen Interesse eines jeden Grafen, daß er nicht nur seine persönliche Rangwürde und seine Rechte gegen Übergriffe der Nachbarn verteidigte, sondern in gleicher Weise seine Gefolgsleute und Hörigen in Schutz nahm. Aus dieser Erkenntnis heraus regelte er die Belange seiner herrschaftlichen Domäne so, daß die Einheit all ihrer Glieder, deren Treue und Dienstbarkeit erhalten blieben und seine Leute sich in ständiger Abwehrbereitschaft hielten. Dieses Ziel hatte

er im Auge, als nun seine Angehörigen, die bisher zum Umkreis seines Haushalts gehört hatten, nach und nach ihre eigenen Familien gründen konnten, denn er übermachte ihnen nun nicht einfach selbständige Güter, wodurch sie ja unabhängig geworden wären, vielmehr belehnte er sie mit soviel Land als für ihren Unterhalt ausreichend schien, unter der Bedingung, daß sie ihm jederzeit zu Kriegsdiensten bereitständen und alle ihre Zwistigkeiten durch seine eigene Gerichtsbarkeit entschieden würden. Die Überlassung solcher Lehen kannte zwar keine zeitliche Begrenzung, konnte aber nach Belieben wieder rückgängig gemacht werden. Demzufolge war die Lage so, daß der Herr vermutlich nur im Falle von schwerwiegenden Vergehen einen Mann seiner Sippe seiner Güter beraubte, jedoch war in diesem Punkte seine Macht so unbestritten, daß seine Leute praktisch unter immerwährendem Druck lebten und sich daraus eine selbstverständliche Gehorsamspflicht gegenüber seinen Befehlen ergab.
Die in dieser Form ihren Unterhalt empfangenden Militärpächter nannte man *Vasallen*, Lehnsmänner, und der unter diesem Titel innegehabte Grundbesitz hieß Lehnsgut, obgleich manche Schriftsteller, um diese Sache von dem zu unterscheiden, was man später ebenso nannte, diesen Gegenstand als *Benefizium* bezeichnen.
Bei weiterer Ausdehnung des Grundbesitzes eines Grafen wurden auch die für die Bewirtschaftung sorgenden Knechte vom Herrenhaus aus in einiger Entfernung und in Form von selbständigen Familien angesiedelt, so daß jeder die Bewirtschaftung eines Einzelhofs erhielt. Damit sie aber in jenen unruhevollen Zeiten von ihrer Herrschaft leichter beschützt werden konnten und auch selbst zu gegenseitiger Hilfeleistung und Verteidigung in der Lage wären, faßte man jeweils eine Anzahl zusammen zu einer kleineren Dorfsiedlung – Dorf = *villa:* Von daher kommt auch ihre Bezeichnung *villani, villains*[6] – d. i. Leibeigene, Hörige, Knechte.

6 (*villains:* hier sind auch die Bedeutungen *Bauernlümmel, knechtischer Mensch, Schurke* gegenwärtig. – Anm. d. Übers.)

So war das ganze Königreich aufgeteilt in zahlreiche solcher Grafschaften größerer oder kleinerer Ausdehnung, die alle ungefähr nach dem gleichen Prinzip verwaltet wurden. Auch der König stand an der Spitze einer Domäne von der Art einer Grafschaft, die in jeder Hinsicht ähnlich geordnet war wie die seiner Untergebenen, wenn auch meist von größerem Umfang, und er war daher auch eher in der Lage, eine größere Anzahl von Vasallen und Hörigen durch sein Eigentum zu erhalten. Nun aber besaßen die Grafen ihre Ländereien in der gleichen selbständigen Form als Eigentum wie der König das seine, und weil jeder dieser Kriegsherren seine Domäne aufgrund eigener Leistungen und Taten erworben hatte, beanspruchte er für sich auch unumschränkte Eigentumsrechte daran und auch das Recht, die Besitzungen auf seine Nachkommen zu vererben. Und da er für sein ursprüngliches Eigentum sich gegenüber der Krone in keiner Schuld befand, war er also auch nicht verpflichtet, sich den Fortbesitz dadurch zu sichern, daß er dem König Kriegsdienste leistete oder sich seiner Gerichtsbarkeit unterwarf. Diese Form des Besitzes nannte man das *Allod* oder Freigut, im Gegensatz zu dem *feudum* oder Lehnsgut, wie es die jeweiligen Militärpächter solcher Eigengutsherrn besaßen.[7]

7 Einzelne Schriftsteller vertreten die allerverschiedensten Ansichten hinsichtlich der ursprünglichen Form von Grundeigentum und bezüglich des Ursprungs von Lehnsbesitz bei den europäischen Nationen. Die Antiquare vor allem in Frankreich, die als erste sich der Erforschung dieses Gegenstandes zuwandten, lebten selbst unter einer absoluten Monarchie und scheinen deshalb stark voreingenommen durch die Regierungsform, die in ihrer eigenen Zeit herrschte; aber ihre Mutmaßungen im Hinblick auf den Frühzustand der Institutionen des Feudalismus galten lange Zeit fast ausschließlich als verbindlich auch für spätere Schriftsteller. Diese nehmen folgendes an: Wenn ein Germanenvolk sich in einer römischen Provinz festgesetzt hatte, nahm der König sofort alle eroberten Gebiete für sich in Besitz. Er behielt sodann davon soviel in seinem eigenen Besitz zurück, als zur Wahrung der Würde der Krone angemessen war, und verteilte den Rest unter seine vornehmsten Heerführer, welche ihre Güter jeweils in vorläufigem Besitz und unter der Bedingung hatten, daß sie ihm auf Kriegszügen Dienste leisteten. Und diese hatten dann daraufhin ihrerseits Teilstücke ihrer Güter ihren eigenen Hörigen oder Gefolgsleuten übertragen unter ähnlichen Bedingungen in bezug auf militärische Dienstleistungen.
Gegen diese Darstellung darf man erhebliche Einwände machen. Zunächst

Dies sind die für jene auf den Trümmern des Römischen Reichs entstandenen Königreiche so charakteristischen Verhältnisse, die ihre Auswirkungen auch in der Konstitution ihrer Regierungsgewalten zeigten. Denn die Bedeutung der vereinten Macht und Stärke der begüterten Grafen in dem übergeordneten Staatswesen, dessen Einzelglieder sie nun

einmal muß man sich fragen, wie denn etwa der König in den Besitz so umfassender Machtfülle gelangt sein sollte, daß er sich auf der Stelle das gesamte eroberte Gebiet als sein Gut hätte aneignen können. Denn man sollte doch nicht vergessen, daß sich die Unterwerfung auf die bodenständigen Bewohner des eroberten Landes bezog, nicht aber auf seine eigenen Gefolgsleute. Und was sein Verhältnis zu diesen seinen Gefolgsleuten angeht, so zeigen Caesars und Tacitus' Berichte über die germanischen Völkerschaften, daß deren höchste Fürsten nur sehr begrenzte Autorität besessen haben.

Sodann: Wenn man von der Annahme ausgeht, daß die eroberten Gebiete sich zunächst einmal für beliebige Dauer in der Hand des Königs befunden hätten, so würde das bedeuten, daß seine Machtfülle, und zwar unmittelbar nach der Landnahme dieser Völkerschaften, ein vollkommen despotisches Ausmaß gehabt habe. Wenn der König die Macht gehabt hätte, allen Untertanen ihren Grundbesitz wegzunehmen, dann hätte er ein sehr viel unumschränkteres Regiment geführt als sonst irgend ein Monarch, der heute auf Erden lebt. Doch die frühe Geschichte der neueren Nationen Europas kündet von Regierungsformen, die davon doch sehr verschieden sind. Sie lehrt uns nämlich, daß der Adel eines jeden Königreichs sich großer Unabhängigkeit erfreute und in vielen Fällen Reichtümer besaß, die denen des Monarchen kaum nachstanden.

Doch die Vorstellung, daß der König ursprünglich Eigentümer aller eroberten Gebiete wurde, scheint nun nach genauerer Untersuchung der Tatsachen im wesentlichen aufgegeben. Verschiedene neuere Schriftsteller haben es in letzter Zeit zumindest sehr wahrscheinlich werden lassen, daß das Land der eroberten Provinzen zunächst einmal je nach den Umständen von verschiedenen Einzelpersonen in Besitz genommen oder durch das Los unter die Krieger eines jeden siegreichen Stammes aufgeteilt wurde, und daß weiterhin jeder dieser Inhaber auch vollkommen Eigentümer der Ländereien wurde, die an ihn gefallen waren. (Vgl. Le droit publique de France, eclairci par les monumens de l'antiquité. Par M. Bouquet. Vgl. auch Observations sur l'histoire de France. Par M. L'Abbé de Mably.)

Es stimmt zwar, daß in unseren neueren Königreichen Europas die Grundbesitzer zunächst das Eigentumsrecht so innehatten, daß sie dafür die Pflicht zur Leistung von Kriegsdiensten auferlegt bekamen, wann immer die Belange des Staats dies erforderlich machten. Aber das war eine Pflicht, die sie der Gemeinschaft direkt als Bürger schuldeten und nicht dem König als dessen Vasallen. Ihre Teilnahme an der Heerfahrt wurde nämlich keineswegs durch Order des Monarchen gefordert, sondern aufgrund des Beschlusses auf einem Reichstag, dessen konstituierende Mitglieder sie ja selbst waren.

waren, richtete sich einmal nach dem Maß von Autorität, wie sie sie als Grafen in ihrer jeweils eigenen Gebietsherrschaft besaßen, zum andern aber nach dem Grad ihrer Unabhängigkeit untereinander und dem Grad ihrer Unabhängigkeit gegenüber dem König selbst. Demzufolge ging die oberste Regierungsgewalt in jedem Königreich von einer Versammlung aus, die aus all diesen Gebietsherren bestand und vom König in allen Fällen großer Dringlichkeit zusammengerufen wurde.

Zwei solche große Ratsversammlungen scheinen jedes Jahr regelmäßig stattgefunden zu haben zur Erledigung der laufenden Belange: Die erste nach der Aussaat, um die militärischen Unternehmungen für den Sommer festzulegen, die zweite vor der Ernte, um die Beute zu verteilen. Solche Zusammenkünfte dienten üblicherweise auch zur Beseitigung von Mißbräuchen und Mißständen, indem neue Vorschriften erlassen wurden, weiterhin dazu, über Rechtsstreite zu entscheiden, die unter unabhängigen Grundbesitzern ausgebrochen waren. Das war etwa die Aufgabe der ersten Parlamente in Frankreich, der Cortes in Spanien und des Witenagemot[8] in England. Und so gibt es in jedem dieser Feudalkönigreiche deutliche Zeichen für die Existenz eines Rats des Volkes, der auf diese Weise zustande kam und mit ähnlichen Privilegien ausgestattet war.[9]

Diese Betrachtungen mögen Grundzüge und Strukturen der staatlichen Verfassung erkennen lassen, wie sie sich bei einer erstmaligen Einigung unzivilisierter Stämme oder kleiner selb-

8 (das *Witenagemot:* »Versammlung der Ratgeber«, gesetzgebende Versammlung im Angelsachsenreich. – Anm. d. Übers.)

9 In Frankreich enthielten unter den Merowingischen Königen alle von der Krone ausgehenden Urkunden von Wichtigkeit eine Formel dieser oder ähnlicher Art: *Una cum nostris optimatibus pertractavimus. De consensu fidelium nostrorum. In nostra et procerum nostrorum praesentia.* (Obser. par. M. de Mably.) Auch gibt es gute Gründe zu der Annahme, daß das sog. Salische Gesetz zunächst der Volksversammlung vorgelegt wurde und deren Billigung fand. »Dictaverunt Salicam legem Proceres ipsius gentis, qui tunc temporis apud eam erant rectores.« (Praef. leg. Sal.) Vgl. lettres historiques sur les fonctions essentielles du parlement. Boulainvilliers, let. sur le parl. de France.

ständiger Gemeinwesen ergibt. Staats- und Regierungswesen in einer solchen Einheit stellen zwangsläufig eine Mischform dar, in der es einen Adel gibt, dessen Stellung sich vom Volk unterscheidet, und einen König, dessen Rang sich über den Adel erhebt. Wenn aber innerhalb dieser Grundstruktur die Sonderbedingungen bei einzelnen Nationen auch gewisse Unterschiede mit sich gebracht haben, was die Machtfülle angeht, die jeweils diesen beiden Repräsentanten staatlicher Rangordnungen zukam, so läßt sich doch sagen, daß – sehr arme Staaten ausgenommen – die von den Adelspersonen erlangte einflußreiche Bedeutung dabei generell zu einem deutlichen Übergewicht der Aristokratie geführt hat.

2. *Fortschritt und natürliche Entwicklung der Regierungsform eines einfachen Königreichs*

Eine dauernde Vereinigung einfacher Stämme oder kleiner Gemeinwesen muß große Wandlungen in der politischen Ordnung eines Volkes verursachen. Denn alle Umstände, denen in einem Einzelstamm ein bestimmtes Oberhaupt seine allmähliche Erhebung über die verschiedenen Familienhäupter verdankt, tragen ebenso im Königreich dazu bei, einen Herrscher weit über solche Oberhäupter zu stellen und so seine Machtfülle auf die Gesamtheit seiner Besitztümer auszuweiten.
Wenn der König an die Spitze der Nation gelangt und nun in seinen Handlungen Mittelpunkt des ganzen staatlichen Lebens ist, umgibt ihn allein die hohe Bedeutung seines Rangs mit einem strahlenden Glanz, vor dem notwendigerweise die Gestalten aller untergeordneten Fürsten verblassen müssen. Und je länger er sich eines solchen die Bewunderung und Ehrerbietung des Volks beschwörenden Amts erfreut, um so sicherer darf man annehmen, daß die Gewohnheit der Unterordnung unter seine Person dabei erstarkt und sich festigt.
Doch auch der Reichtum des Herrschers, meist viel bedeutender als der irgendeines anderen Glieds des Gemeinwesens, gibt

ihm neben dem hohen Ansehen seines Amts die größeren Machtmittel in die Hand zu Schutz und Belohnung seiner Freunde, zur Bestrafung oder Zügelung derer, die seinen Zorn oder Unwillen auf sich gezogen haben. Auf den Einzelnen muß die Erkenntnis dieser Situation so stark wirken, daß dies zum mächtigen Beweggrund wird, nach seiner Gunst zu streben, und damit also auch schon Ansprüche und Interessen des Königs zu stützen. Man kann deshalb nach dem natürlichen Lauf der Dinge einfach den Schluß ziehen: die Zahl der unmittelbaren Gefolgsleute und Abhängigen des Königs wächst ständig an, während jeder untergeordnete Fürst die seinen im entsprechenden Maße verliert.

Ein so geordnetes Staatswesen, in dem die fortwährende Rivalität zwischen Krone und Adel zum Bestandteil geworden ist, muß häufig in die Lage kommen, daß sein Adel, statt systematisch die Werterhöhung des eigenen Standes anzustreben, sich mit Privatfehden und Zwistigkeiten beschäftigt. Der König aber, immer zum Ausschlachten jeder Konstellation bereit, die Machtzuwachs birgt, kann auf diese Weise nachhelfen und die großen Fürsten dazu benutzen, sich gegenseitig zu vernichten, oder auch seinen eigenen Vorteil aus den Situationen ziehen, wenn sie durch ständige Kämpfe geschwächt und nicht mehr in der Lage sind, seinen Forderungen Widerstand entgegenzusetzen.

Wenn die Krone immer mehr an tatsächlichem Einfluß und Autorität gewinnt, mehren sich auch allmählich ihre Vorrechte und Zuständigkeiten. Hat der König erst einmal erkannt, daß die ursprünglichen Oberhäupter weitgehend in seine Abhängigkeit geraten sind, wird er sich nicht sehr eifrig um ihre Ratschläge in den Geschäften der öffentlichen Dinge bemühen. Landesversammlungen werden selten zusammengerufen, und wenn sie abgehalten werden, wohnen ihnen nur noch Mitglieder bei, die der Krone völlig ergeben sind, von Mal zu Mal werden sie schwächer besucht, bis sie schließlich gar nicht mehr stattfinden. Entsprechende Eingriffe höhlen allmählich auch die richterliche Gewalt der Oberhäupter verschiedener Stämme aus, ihre ursprüngliche, der eigenen Autorität entstammende Gerichtsbarkeit ordnet man direkt dem Gerichtshof des Monarchen unter, und der König geht dazu über, nachdem das Appellationsrecht von deren Gerichten zu seinem eigenen eingeführt ist, auch die Richter für die Unterbezirke selbst einzusetzen. So werden die Gewalt der Gesetzgebung, die Entscheidung über Krieg und Frieden und die Macht, alle Untertanen zu den Waffen zu rufen, in zunehmendem Maße dem Gutdünken des Monarchen überantwortet.

Dieser offenbar allgemein gültige Entwicklungsgang der Regierungsform auf die Monarchie zu dürfte allerdings in den einzelnen Ländern von unterschiedlichen Erscheinungen begleitet sein. Besonders in kleinen Staaten ist dieser Verlauf gewöhnlich schneller als in großen. Die Griechen und Römer bieten in dieser Sicht weit ausgezeichnetere Beispiele als die Mehrzahl der Feudalstaaten Europas.

Rom selbst und die griechischen Staaten hatten anfangs nur geringe Ausmaße; ihre Bewohner lebten größtenteils in einer Stadt zusammen, so daß sich sehr rasch ein vertrautes Verhältnis zueinander entwickeln konnte. Auf so eng umgrenztem Gebiet ließ sich die innere Ordnung sehr leicht herstellen, mit der auch die Fehden aufhörten, wie sie für benachbarte Barbarenstämme charakteristisch sind. Wer verschiedenen Familien angehörte, konnte unter Umständen schnell von wechselseitigen verletzenden Übergriffen abgehalten werden, und jeder lebte in Sicherheit unter staatlichem Schutz. Da die Menschen fast täglich zusammenkamen, starb das eingefleischte Mißtrauen ab, die alten Haßgefühle legten sich, weil sie nicht mehr von feindseligen Akten geschürt wurden, und hinterließen keine Spuren mehr. Das Volk als Gesamtheit mußte von Anfang an erbitterte Kämpfe mit den umliegenden Kleinstaaten bestehen, was die Menschen zu ständig engerwerdendem Kontakt zwang und auf diese Weise einen hohen Bürgersinn für die Belange des Staates in ihnen wachrief. Je stärker sie in ein größeres Gemeinwesen einbezogen wurden, um so mehr verloren sich einfachere Unterschiede. Nun hatten die Mitglieder der Einzelstämme keinen wirklichen Anlaß mehr, die Beziehungen unter sich in besonderer Weise zu pflegen, noch auch ihre ursprünglich enge Bindung an das jeweilige Oberhaupt länger beizubehalten. Auf solchem Wege wurde die Macht des Adels, abhängig wie sie von eben diesen Umständen war, sehr schnell zerstört. Der Monarch aber, weiterhin an der Spitze des Volkes und jetzt ohne einen Rivalen, der das Gewicht seiner Bedeutung hätte ausbalancieren können, durfte ohne Schwierigkeiten seinen Einfluß überall auf seinem Territorium geltend machen.

Darin findet sich auch die Erklärung, weshalb die Formen der alten Gerichtsbarkeit und Gewalt der Oberhäupter in der Frühzeit dieser Völker nicht so deutlich erkennbar sind, weil sie sich dort schon weitgehend aufgelöst hatten, ehe es historische Dokumente gab. In Rom war bereits unter der Herrschaft des Servius Tullius die Praxis fast gänzlich aufgegeben, daß das Volk nach Stämmen oder *curiae* zusammentrat. Stattdessen wurden nun Bürgerversammlungen so geordnet, daß dabei jeder Bürger nach Maßgabe seines Vermögens einer bestimmten Klasse angehörte.

Auf der anderen Seite haben wir die große räumliche Ausdehnung der späteren Königreiche, die, wie schon erwähnt, nach dem Zusammenbruch des Römischen Reiches im westlichen Europa errichtet wurden. Auch die wohl unmittelbaren politischen Konsequenzen dieser Vorgänge sind verzeichnet worden: Denn die zahlreichen Stämme oder selbständigen Sippenverbände waren dort zwar unter einem Herrscher zusammengeschlossen, lebten aber keineswegs in einer einzigen Stadt zusammen, sondern weit verstreut über ein ausgedehntes Gebiet. Und da sie so weit voneinander entfernt wohnten, blieb das lange Zeit hindurch ein Grund, weshalb sich kein reger, freier Verkehr entwickelte, noch auch gesittete Gesellschaftsformen zur Entfaltung kamen. Ordentlicher Regierungsgewalt völlig fremd und noch kaum gezügelt von der Institution einer staatlichen Autoritätsperson, waren sie weiterhin ihren einzelnen Oberhäuptern ergeben, die sie nur darin be-

stärkten, ihre Nachbarn zu verheeren und auszuplündern, und sie dann auch vor dem für die Vergehen fälligen Strafgericht schützten. Die Überfälle wurden zur unerschöpflichen Quelle von Feindseligkeiten und Hader zwischen benachbarten Grafen, die wegen Rivalitäten, Rechtsübergriffen oder im Zuge der Vergeltung für empfangene Schäden entweder meistens direkt in Kämpfe verstrickt waren oder gerade auf der Lauer lagen, um bei der nächsten günstigen Gelegenheit sich gegenseitig zu unterwerfen und zu vernichten. So war jedes Königreich eigentlich aus einer großen Zahl von Einzelteilen zusammengesetzt, nur lose miteinander verbunden, und auf Jahrhunderte hinaus eher als eine Ansammlung selbständiger Kleinstaaten anzusehen, nicht aber als ein politisch einheitliches großes Gemeinwesen. Die deshalb nur langsamen Schritte, die anschließend jedes Volk in Richtung auf eine umfassendere Einheit machte, müssen jenes System feudaler Stufenordnung hervorgebracht haben, das seither zum Gegenstand so vieler Untersuchungen und Kontroversen geworden ist.
In jenen unruhigen Zeiten der Gewalttat und Rechtlosigkeit waren Besitzer kleinerer Landgüter unvermeidlich vielen Nöten und Miseren ausgesetzt. Umgeben von reicheren und mächtigeren Nachbarn, die von allen Seiten einfielen, und in Furcht und Schrecken lebend, blieb ihnen oft nur geringe Hoffnung, daß sie ihren Besitz erhalten oder gar auf ihre Nachkommen vererben könnten. Da sie sich ihrer Schwäche bewußt waren, suchten sie zukünftige Sicherheit darin, daß sie sich um den Beistand eines stattlichen Fürsten bemühten, der am ehesten zu ihrer Verteidigung geeignet schien. Um aber den Schutz von ihm zu erhalten, den er schon seinen alten Gefolgsleuten oder Vasallen bot, mußten sie nun sich selbst in gleicher Weise seinen Zwecken dienstbar zeigen wie jene. Sie mußten den Anspruch auf Unabhängigkeit aufgeben, ihn als Herrn anerkennen und ihm die Huldigung und Treue entgegenbringen, wie man sie dem Lehnsherrn schuldete.
Charakter und Zeremoniell, die den Vollzug so bedeutsamer Transaktionen bestimmten und begleiteten, die Motive und

Zwecke, aus denen heraus sie zustandekamen, dies alles läßt sich mit ziemlicher Klarheit den urkundlichen Verträgen oder deren Abschriften entnehmen, die gesammelt und uns überliefert sind. In feierlichem Ritual ging der Vasall das Gelübde ein, sich der Gerichtsbarkeit des Lehnsherrn zu beugen, sich innerhalb seiner Gebietsherrschaft niederzulassen und ihm Waffendienste zu leisten, gleichgültig ob er sich dabei für dessen Privatstreitigkeiten einsetzen sollte oder die Sache des Staates zu verfechten habe. Der Lehnsherr versprach seinerseits, mit seiner Macht und ganzem Einfluß seinen Lehnsträger zu beschützen, seine Güter zu verteidigen oder seinen Tod zu rächen für den Fall, daß er erschlagen würde. Nach dem Austausch dieser gegenseitigen Verbindlichkeiten trat der Lehnsträger unter bestimmten, für den Vertragsabschluß symbolischen Handlungen sein Eigentum ab und empfing sodann erneut die Investitur oder förmliche Belehnung aus der Hand des Lehnsherrn zurück.[1]

Nun ist es aber genauso wahrscheinlich, daß die Vergrößerung bestimmter Grafschaftsgebiete über eine solche freiwillige Ergebung einzelner Allodialgutbesitzer (unter die größere Herrschaft) ihrerseits dazu beigetragen hat, daß die Rechte eines nachgeordneten Lehnsmanns präzisiert und gefestigt wurden, und zwar mit der Konsequenz, daß dabei das Obereigentum selbst und die Rechte daran, wie sie der Lehnsherr ursprünglich übertragen bekommen hatte, sich jetzt in Wirklichkeit verringerten: Die alten Militärpächter waren ja Familienglieder oder Angehörige des Lehnsherrn gewesen und

1 Fidelis Deo propitio ille, ad nostram veniens praesentiam suggessit nobis, eo quod propter simplicitatem suam, causas suas minime possit prosequi, vel admallare, clementiae regni nostri petiit, ut illustris vir ille omnes causas suas in vice ipsius, tam in pago, quam in palatio nostro admallandum prosequendumque recipere deberet, quod in praesenti per fistucam eas eidem visus est commendasse. Propterea jubemus, ut dum taliter utriusque decrevit voluntas, memoratus ille vir omnes causas lui, ubicumque prosequi vel admallare deberet, ut unicuique pro ipso, vel hominibus suis, reputatis conditionibus, et directum faciat, et ab aliis similiter in veritate recipiat. Sic tamen quamdiu amborum decrevit voluntas. *Formul. Marculfi* 21. – Vid. Ibid. Formul. 13.
Vgl. auch L'Esprit des Loix, liv. 31, chap. 8. [Montesquieu – d. Übers.]

hatten ihre Güter als rein freiwillige Lohngaben empfangen und konnten folglich gar nicht daran denken, vom Lehnsherrn eine Sicherheitsleistung in bezug auf die künftigen Besitzrechte zu verlangen. Und da sie weiterhin die Belange der Familie vertraten, die für sie mit den eigenen Belangen untrennbar verbunden waren, brauchten sie daher nicht zu befürchten, daß sie jemals ihrer Güter beraubt würden. Sie waren also eigentlich, wenn man sie an den genaueren Begriffen späterer Zeiten mißt, nichts anderes als jederzeit kündbare Pächter, jedoch sorgten seitens des Herrn ein gleichsam patriarchalisches Vertrauensverhältnis und andererseits die ihm vom Lehnsmann unverbrüchlich gehaltene Treue gleichermaßen dafür, daß den Pächtern ihre Güter gewöhnlich auf Lebenszeit verblieben, und in den meisten Fällen gewährte man diese Gunst auch noch ihren Nachkommen.

Ganz im Gegensatz hierzu durfte man nicht erwarten, daß diejenigen, die sich einem fremden Lehnsherrn oder Senior überantworteten und dabei den Titel ihres Allodialguts als Gegenwert für den versprochenen Schutz aufgaben, nun ihrerseits so großes Vertrauen in eine Person setzen würden, an die sie durch keine natürlichen Bande geknüpft waren, – daß sie also willens gewesen wären, künftig ihre Güter nach dem oben beschriebenen Muster unter einem völlig unverbindlichen Rechtstitel innezuhaben. Sie bemühten sich also, der Willkür der Herrschaft mittels ausdrücklich festgelegter Klauseln Schranken zu setzen. Demzufolge gelang es ihnen, je nach Stärke ihrer Verhandlungsposition, aus der heraus sie auf günstigeren Bedingungen bestehen konnten, die Überlassung ihrer Güter entweder für eine genau befristete Dauer, auf Lebenszeit oder auch als Erblehen zu erwirken. Statt daß also das eigentliche Eigentumsrecht noch ganz beim Lehnsherrn lag, kam diese Form der Belehnung gewissermaßen einer Aufteilung dieses Rechts zwischen ihm und seinen Lehnsträgern gleich.

Hatte der Lehnsherr aber eine Belehnung dieser Art mit neuen Lehnsleuten vollzogen, dann konnte er ähnliche Sicherheitsleistungen denjenigen seiner alten Lehnsträgern nicht ohne weiteres versagen, die sie aus irgendwelchen möglichen Zweifeln heraus ihrerseits begehrten. Und so kam es, daß durch Beispiele von Präzedenzfällen im Verein mit faktisch ununterbrochenem Besitz durch eine Reihe von Erbfällen hindurch solche Privilegien entweder über ausdrückliche Verhandlungen oder durch stillschweigende Übereinkunft schließlich und endlich auch an alle Militärpächter weitergegeben wurden.

Aus diesen Wandlungen entstanden sog. *Inzidenzen* für die Lehnsträger, das sind anfallende Nebenleistungen. Die alten Militärpächter waren Angehörige des Lehnsherrn gewesen, der sie nach Gutdünken aus ihrem Eigentum entfernen oder zu Frondiensten heranziehen konnte, wie er sie für angebracht fand. Er hatte auch keine Veranlassung, Dienstleistungen, die sie ihm an sich schuldeten, genauer zu spezifizieren oder Gründe anzugeben, wodurch sie ihr Lehn verwirkt hätten. Nun aber wurde es mit der Erlangung von Dauerbesitzrechten durch den Lehnsträger notwendig, alle von ihm geschuldeten Verbindlichkeiten genau festzulegen und dazu die Strafe, die er bei Nichterfüllung auferlegt bekam. So ergaben sich aus der Natur des Lehnsverhältnisses jene Fälle, wo Lehnsverwirkung eintrat und der Inhaber sein Lehn gänzlich verlor und andere, wo bestimmte Lehnschulden fällig wurden, die dem Lehnsherrn seinerseits von Fall zu Fall Gewinne eintrugen. Solche Fälle waren:

1. Wenn der Vasall ohne Erben starb, wenn er seine Treuepflicht durch kriminelle Vergehen verletzte oder in der Erfüllung der üblichen Dienstleistungen säumig war. In jedem dieser Fälle fielen die Güter an den Lehnsherrn zurück. Der Gewinn, den eine solche Erledigung des Lehns einbrachte, hieß *Heimfall.*

2. Bei der Belehnung gelobte der Mann im Lehnseid die Erfüllung der Pflichten aus *Huldigung* und *Treue* gegenüber dem Lehnsherrn. Auch als die Lehen erblich waren, wiederholte sich das Ritual der Belehnung bei jeder lehnsrechtlichen Erbübertragung. Versäumte es etwa der Erbe eines Lehnsträgers,

um diese Lehnserneuerung, die Mutung, nachzusuchen, war er auch nicht berechtigt, in das Eigentum einzutreten, und der Lehnsherr zog inzwischen die Einkünfte aus den Gütern ein. Dies war die Inzidenz der *Lehnsversäumnis* des Erben.

3. Wenn auch der Erbe eines Lehnsträgers die Lehnserneuerung nach dem Leihezwang beanspruchen konnte, so vollzog sich dies doch unter der Annahme, daß er die militärischen Servitien – die Heerfahrt – erbringe. War dementsprechend ein Erbe wegen Unmündigkeit nicht in der Lage, diese Bedingung zu erfüllen, so erhielt der Lehnsherr die Besitzrechte an den Gütern zurück. Zugleich war es aber üblich, daß er in diesem Fall Unterhalt und Schutz des zukünftigen Lehnsträgers übernahm. Dies ergab die Inzidenz der *Lehnsvormundschaft*.

4. Beim Tod des Vasallen, dem sog. Mannfall, hatte es sich eingebürgert, daß der Repräsentant der Familie dem Lehnsherrn ein Geschenk überreichte, um eine reibungslosere Übertragung der Güter zu erwirken. Als die Lehen erblich waren, hielt man es immer noch für zweckdienlich, auf dem Wege der Bestechung das zu erhalten, was man nicht ohne weiteres mit Gewalt erzwingen konnte, – wodurch die ursprünglich freiwillige Zahlung in eine ordentliche Abgabe verwandelt wurde, unter der Bezeichnung einer *Lehnsgebühr*.

5. Dem ursprünglichen Charakter lehnsrechtlicher Übertragung gemäß hatte der Lehnsträger keinen Rechtstitel zum Verkauf seiner Güter oder zur Weitergabe an dritte Personen, weil er sie ja nur als Pächter zu Lehen besaß in Rücksicht auf die Dienstleistungen, die zu erbringen er verpflichtet war. Nachdem aber die Lehen auch den Erben weitergewährt wurden und der Lehnsträger folgerichtig sich immer mehr dem Titel eines Eigentümers näherte, wurde es üblich, sich mit dem Lehnsherrn über das Recht zur Veräußerung des Besitzes zu vergleichen durch Entrichtung einer Ablösungssumme. So entstand eine Sondergebühr, die *Veräußerungsbuße*.

6. Bei den im Zeitalter des Feudalismus überall herrschenden Wirren, den vielen Hadern zwischen einzelnen Familien, war es von großer Bedeutung, daß die Vasallen kein Abkommen

mit Gegnern des eigenen Lehnsherrn abschlossen, weil dies das Treueverhältnis zerrütten könnte. Als schließlich Lehen auf Lebenszeit übertragen oder erblich gemacht wurden, galt es immer noch als ausreichender Grund, daß einer sein Lehen verwirkte, wenn der Lehnsmann eine Ehe ohne Zustimmung des Lehnsherrn einging. Diese Lehnsverwirkung wurde später in eine Geldbuße umgewandelt, das sog. *Maritagium* oder *Heiratsbußgeld*.

7. Nach der inneren Ordnung der Feudalstaaten erhob der Lehnsherr keine Steuern von seinen Vasallen und Hörigen, sondern lebte selbst von dem Ertrag des eigenen Guts. In Sonderfällen jedoch, wenn die laufenden Einkünfte unzureichend waren, war es üblich, daß seine Lehnsleute ihm einen freiwilligen Beitrag erbrachten. War ein Lehn ein Prekarium, d. h. eine unverbindliche Leihe, dann hing die Höhe dessen, was gegeben wurde, in solchen Fällen wieder völlig vom Willen des Lehnsherrn ab, der manchmal sogar den gesamten Besitz seiner Lehnsleute einzog. Hatte aber der Lehnsträger festere Dauerrechte erworben, wurde auch hier eine Regelung darüber notwendig, wann solche Beihilfen geleistet werden mußten und welche Höhe sie betragen konnten. So kam es, daß die *Beisteuer* ebenfalls zu den Pflichten zählte, die gegenüber dem Lehnsherrn zu erbringen waren.

Die Umwandlung von Allodialbesitz in abhängige Lehen durch freiwillige Ergebung blieb weiterhin eine vielgeübte Praxis, da sie ja den Sitten und allgemeinen Lebensumständen des Volkes entstammte – solange eben diese Sitten und Lebensumstände nun einmal galten. Auf diese Weise fielen periodisch immer wieder kleinere Grafen unter das Obereigentum ihrer vermögenden Nachbarn, die Zahl der lehnsunabhängigen Eigentümer verringerte sich allmählich und ihre Güter wurden zusammengelegt und zu einer einzigen Gebietsherrschaft verschmolzen. So gelangten weitausgedehnte Gebiete unter die Herrschaft einiger großer Feudalherren, die tagtäglich ihre Machtfülle und ihren Einfluß ausweiteten, indem die Zahl ihrer Lehnsleute sich vergrößerte.

Diese Wandlungen, bei denen eine kleine Gruppe des Adels sich gleichsam über den großen Volkskörper setzte, brachten es für eine gewisse Dauer dahin, die Macht der Krone zu verringern anstatt sie zu vergrößern, so daß dadurch die Staatsform eine stärkere Tendenz zur Aristokratie zeigte. Jedesmal wenn ein selbständiger Eigentümer sich mit seinem Allodialbesitz ergab und zustimmte, daß er seine Ländereien künftig als Lehen besitzen sollte, hatte er damit das Recht auf Sitz und Stimme in der Landesversammlung verloren und mußte sich nun der Führung des Herrn unterwerfen, dem er die Pflichten der Huldigung und Treue schuldig war. Dieser Verlauf scheint vor allem in Frankreich beobachtet worden zu sein, wo die Volksversammlung ursprünglich sehr viel mehr Anwesende zählte, als das später der Fall war, als ihre konstituierenden Mitglieder sämtlich Personen hohen Ranges und großen Reichtums waren.[2] So scheint es auch in England gewesen zu sein, wo unter den letzten angelsächsischen Königen die wichtigen Belange der Nation in einer Versammlung verhandelt wurden, die sich aus einigen wenigen großen Gebietsherren zusammensetzte, und man hört nirgends mehr von jenen zahlenmäßig großen Versammlungen, wie man sie noch in früheren Epochen antreffen konnte.[3]

Aber die gleichen Verhältnisse, unter denen die Güter einzelner kleiner Eigentümer zu einer Großgrafschaft zusammengelegt wurden, führten später auch zur Inkorporation der größeren Gebietsherrschaften, wodurch alle Bewohner eines Reichs einheitlich diesem abhängigen Lehnsverhältnis unterlagen. Wenn einerseits die Zahl der Grafen selbst sich redu-

2 »Alle Franken waren weiterhin ohne Unterschied zur Teilnahme berechtigt [an der Volksversammlung]; als sie dann später aber selbst zahlreicher wurden und der Unterschied zwischen Galliern und Franken sich allmählich verwischt hatte, da versammelte sich jeder Kanton getrennt, und von da an wurde kaum noch einer zu den allgemeinen Volksversammlungen zugelassen, wenn er nicht einen bestimmten Rang im Staat bekleidete.« Let. hist. sur les parl. (Übertragung nach dem franz. Text in Millars Anmerkung. Anm. d. Übers.)

3 In der Frühzeit wurde das *Witenagemot* bezeichnet als »infinita fidelium multitudo«.

zierte, die einzelnen andererseits aber an Macht und Reichtum zunahmen, dann wurden sie in viel direkterer Weise zu Rivalen untereinander. Im Laufe vieler Streitigkeiten, die jeweils mit unterschiedlichem Erfolg ausgingen, war die schwächere Partei oft gezwungen, sich an den König um Hilfe zu wenden, der als einziger in der Lage war, den Schwächeren vor dem Haß des Gegners in Schutz zu nehmen. Um nun ausreichend Schutz und Hilfe zu erhalten, wie die Situation es forderte, willigte der Vasall schließlich in die Übergabe seines Eigentums ein und besaß seine Güter von da an unter den Bedingungen der Gehorsamspflicht und der Dienstleistungen, die ein Oberherr vom Lehnsmann verlangte. Durch die in allen Formen spielenden Rechtshändel und die oft zufälligen Allianzen, die sich zwischen den großen Familien gebildet hatten, kamen die Adligen allesamt nun selbst in schwierige Situationen, aus denen sie sich nur durch solche Zugeständnisse herausmanövrieren konnten. Der Herrscher aber, jegliche Gelegenheit ergreifend, die seine Machtstellung ausweiten half, errichtete seine Oberhoheit über die Grafen mit denselben Mitteln, durch die diese einst die Eigentümer kleinerer Güter unterworfen hatten.

So vollendete sich Stufe für Stufe in den meisten Ländern Europas die Entwicklung der Lehnsverfassung. Die Gesamtheit eines Königreichs wurde zu einem einzigen großen Lehngut vereint, dessen Senior der König war, – oberster Lehnsherr –, der in gewissem Sinne also das ganze Gebiet seines Herrschaftsbereichs als sein Eigen besaß. Die großen Feudalherren aber waren unmittelbare Lehnsträger, Kronvasallen, unterstanden gemäß dem Lehnsverhältnis, unter dem sie ihre Titel besaßen, seiner Gerichtsbarkeit und schuldeten ihm Leistungen der gleichen Art, wie sie sie von ihren eigenen Vasallen oder hörigen Militärpächtern verlangten.

Der genaue Zeitpunkt, zu dem diese Umwandlungen schließlich abgeschlossen waren, ist, wie meist bei allmählich sich vollziehenden Veränderungen eines Landes, in Zweifel und Ungewißheit gehüllt. Vergleicht man hier die Ansichten verschiedener zu dem Gegenstand sich äußernder Autoren und die Fakten, die sie zur Stützung der jeweiligen Mutmaßungen beibringen, so scheint die Annahme am ehesten gerechtfertigt, daß in Frankreich die Großen in ihren Allodialgrafschaften noch unter den Merowinger- und Karolingerkönigen lehnsunabhängig waren und ungefähr zu Beginn der Ära der Kapetinger größtenteils der Lehnsoberhoheit des Monarchen unterworfen waren.[4]

Für England, scheint es, gilt ähnliches, nämlich daß der Adel seine Unabhängigkeit durch die Zeit der angelsächsischen Könige hindurch bewahren konnte und die einzelnen erst unter der Herrschaft Wilhelms des Eroberers zu Kronvasallen erniedrigt wurden.[5]

4 Viele französische Antiquare und Historiker glauben, daß das Feudalsystem schon früh unter den Merowingern ausgebildet war. (Vgl. Mezeray, hist. de France. – Loyseau, traité des seigneuries. – Salvaing, de l'usage des fiefs.) Andere wiederum nehmen an, daß Militärlehen zu diesem frühen Zeitpunkt nicht bestanden hätten und erst ungefähr zur Zeit Karls des Großen oder gegen das Ende der Karolingischen Dynastie oder gar erst zur Zeit von Hugo Capet entstanden seien. (Vgl. Boulainvilliers, lettres sur les parlemens de France. – Chantereau de Fevre, traité des fiefs. – Henault, abr. de l'hist. de France. – Bouquet, droit publique de France, etc.) So unterschiedliche Meinungen müssen sich aus unterschiedlicher Betrachtung der diesbezüglichen Fakten entwickelt haben; die Wahrheit liegt hier vermutlich, wie bei den meisten strittigen Fragen, in der Mitte zwischen den Extremen. Für jene Autoren, die behaupteten, daß schon bald nach der Niederlassung der Franken in Gallien der König und die Großen eine beträchtliche Zahl von Vasallen hatten, alle vom königlichen Schutz abhängig und zu Heeresdiensten verpflichtet, – für diese war es eine selbstverständliche Folgerung, daß alle Ländereien des gesamten Landes sich auf Militärlehen verteilten. Diejenigen aber, die im Gegensatz hierzu die Auffassung vertraten, daß unter den Merowinger- und Karolingerkönigen die großen Herren noch im Besitz von Allodialgütern waren, und die sodann feststellten, daß erst nach dem Königtum des Hugo Capet viele jener Einkünfte, die sich aus den Lehnsschulden ergaben, existierten, – sie wiederum hielten sich mit Grund zu der Schlußfolgerung berechtigt, daß es vor diesem Zeitpunkt das Feudalsystem noch nicht gegeben habe.

5 Aus ähnlichen Umständen wurde es zum Streitgegenstand, ob das Feudalsystem sich in England unter der Regierung der angelsächsischen Könige eingebürgert hatte, oder erst unter der Herrschaft von Wilhelm dem Eroberer entstand. (Vgl. *Wright's Introduction to the law of tenures*, chap. 2., und die von ihm herangezogenen Gewährsmänner für beide Seiten der Frage.)

Sir Henry Spelman schrieb zunächst in seinem Glossarium unter *feodum*,

Diese Ansicht bestätigt sich bei näherer Betrachtung der Wandlungen, die sich jeweils vom betreffenden Zeitpunkt an im Regierungswesen der beiden Königreiche abspielten. Mit Hugo Capet ist offenbar das Herrschaftsgebiet Frankreichs schon stärker geeint. Die Landesteile wurden beim Tod des Herrschers nicht mehr unter seine Kinder aufgeteilt. Seitdem konnte der Monarch kraftvoller in Aktion treten und seine

daß Lehen durch Wilhelm den Eroberer nach England kamen; doch als die Richter von Irland in der Streitfrage über *anfechtbare Rechtstitel (defective titles)* gezeigt hatten, daß dies eine irrige Auffassung war, sah sich dieser kenntnisreiche Antiquar aufgerufen, eine Abhandlung zu schreiben, wo er erklärt, daß er damit nichts anderes sagen wollte, als daß die Lehen in England nicht vor der normannischen Eroberung *erblich* geworden seien. So schreibt er, nachdem er den Streitpunkt zu Anfang seiner Abhandlung vorgetragen hatte, wie folgt: »Ein *Lehen* wird als *usufructus quidam rei immobilis sub conditione fidei* angesehen. Aber diese Definition läßt zu großen Raum für die Form von *Lehen,* auf die sich unsere Frage bezieht: Denn sie umfaßt zwei verschiedene Typen von Lehen, die voneinander sehr verschieden sind, einmal *befristete* und *einziehbare Lehen* (nämlich die kündbaren, die auf Jahre oder auf Lebenszeit gewährten), zum andern die *erblichen* und *Dauerlehen.* Was die *befristeten Lehen* angeht, welche (genau wie wilde Feigenbäume) niemals die feudalen Früchte für die Herren abwerfen, wie etwa *Lehnsvormundschaft, Heiratsbußgeld* und *Lehnsgebühr* usw., so gehören sie nicht zu unserer Frage.« – Und etwas später fügt er hinzu: »Aber wir sprechen nur von dieser Form des Lehns, und von diesem und sonst keinem anderen ist in unserem Recht die Rede, obgleich die Zeit die Sache seit ihrer Einführung verändert hat, dadurch daß das Eigentum an Grund und Boden vom Herrn oft auf den Pächter übergegangen ist. Und so fasse ich es auf und bekräftige mit Verlaub: Diese unsere Lehen sind Dauerlehen und erblich, sie unterliegen deshalb Lehnsvormundschaft, Heiratsbußgeld und Lehnsgebühr, und den anderen Lehnspflichten; sie gab es aber nicht bei unseren Sachsen, und auch unser Grundbesitzrecht, von dem doch jene Lehen abhängen, kannten sie überhaupt nicht.« (Spelman's treat. on feuds and tenures by knight-service, chap. I.) Derselbe Autor zeigt uns noch in einem andern Teil seiner Abhandlung, daß im angelsächsischen England die Güter des Adels *Boc-land* hießen (d. i. urkundlich verliehenes Grundeigentum – d. Übers.), also volles Eigentum waren, während dagegen das *Folc-land* oder das Land der einfachen Leute unter der Bedingung von eingebürgerten Dienstleistungen in deren Besitz war und seitens ihres Lehnsherrn, des *Thane,* jederzeit kündbar war. (Ibid. chap. 5).
Wir dürfen hoffen, daß diese Anmerkung nicht für unangemessen gehalten wird, denn Spelman wird in dieser Sache meist als gewichtige Autorität angesehen, und einige Schriftsteller haben ihn offenbar mißverstanden, da sie sich nur an die in seinem Glossarium befindliche Information hielten, ohne sich auf die danach abgefaßte Abhandlung zu beziehen, die von Dr. Gibson in Spelmans nachgelassenen Schriften veröffentlicht wurde.

Prärogative bis zu der Regierungszeit Ludwigs XI. so ausweiten, daß dieser schon Machtfülle genug besaß, Steuern aufzuerlegen und unabhängig von der Versammlung der Stände Gesetze zu erlassen. Derselbe Prozeß läßt sich, wiewohl mit gelegentlichen Unterbrechungen, in England verfolgen, und zwar von der normannischen Eroberung an bis zur Thronbesteigung der Tudors, unter denen Macht und Hoheitsrechte der Krone so sehr auf die Spitze getrieben wurden, daß dies mit den Rechten des Adels gleichermaßen unvereinbar erscheint wie mit den Freiheiten des Volkes.

Autoren, die sich mit den Rechtsverhältnissen des Feudalwesens befaßt haben, neigen offenbar alle der Auffassung zu, daß dieses System ein Charakteristikum der neueren Nationen Europas sei. Und die obigen Überlegungen scheinen zu beweisen, wie sehr unter den gegebenen Lebensumständen der germanischen Barbarenvölker[6], als sie sich in den westlichen Provinzen des Römerreichs niedergelassen hatten, eine solche Rechtsordnung den Zwecken der Verteidigung und der Sicherheit des Volkes entsprach. Dabei ist es sogar sehr wahrscheinlich, daß die Feudalverfassung von den Gegenden Europas aus, wo sie sich zuerst eingebürgert hatte, auf dem Wege der üblichen menschlichen Kontakte und des Vorbilds etwa auch in die benachbarten Länder gelangte. Und dennoch verdient es besondere Aufmerksamkeit, daß diese Form staatlicher Ordnung sich in vielen entfernten Gegenden der Erde findet, wenn auch nicht bis zu dem Grad der Perfektion entwickelt wie in Europa, in Ländern also, wo sie niemals durch Nachahmung fremder Vorbilder zustandegekommen sein kann. So darf man vielleicht doch mit einigem Grund annehmen, daß immer dann, wenn aus kleineren Gruppen durch einen Inkorporationsprozeß zunächst größere Gemeinschaften unter nur einem Oberhaupt entstehen, die schließlich später wieder untereinander verbunden und zu einem einzigen großen Gemeinwesen zusammengefaßt werden, sich auch bestimmte, ähnlich geartete Institutionen in jedem größeren Reich selb-

6 (im Text *Gothic nations*. Vgl. auch S. 108. – Anm. d. Übers.)

ständig entwickeln, das selbst aus einer solchen ursprünglichen Verbindung vieler einfacher Stämme oder Familiengemeinschaften herausgewachsen ist.
Das an der Südküste Afrikas gelegene Königreich des Kongo ist in viele große Bezirke oder Provinzen aufgeteilt, deren Bewohner offensichtlich einige Fortschritte in der Landwirtschaft erzielt haben. Jeder Bezirk umfaßt eine Menge kleinerer Herrschaftsgebiete, die früher einmal unabhängig gewesen sein sollen, jetzt aber unter einem einzigen Fürsten oder Gouverneur vereinigt sind, der die absolute Macht ausübt. Die Großen oder Gouverneure der Provinzen sind wiederum ganz vom König abhängig und schulden ihm gewisse jährliche Abgaben. Dabei gilt dieser Monarch als unumschränkter Machthaber über alles Gut seiner Untertanen, und er ist Eigentümer aller Ländereien im Königreich, die beim Tod des Besitzers wieder an die Krone zurückfallen. Sie werden dann ganz nach Willkür des Königs entweder wieder derselben Familie überlassen oder einer anderen zugeteilt. Alle Bewohner sind zum Kriegsdienst verpflichtet, wenn der König es verlangt, der so in kürzester Zeit bei jeder plötzlichen Notlage ein mächtiges Heer ausheben kann. In den Bezirken übt jeder Gouverneur richterliche Gewalt aus, seine Urteile lassen die Möglichkeit der Berufung beim König zu, der oberster Richter des Volkes ist. Ähnliches wissen wir von der Verfassung der benachbarten Königreiche Angola, Loango und Benin.
In einigen Ländern Indiens läßt sich diese Regierungsform gleichfalls nachweisen, wo viele mächtige Herren mit ausgedehnten Besitzungen sich häufig in einer Art Lehnsabhängigkeit von einer einzigen Person befinden.
Bei den Eingeborenen Hindustans werden sehr viele Sippen schon seit unvordenklichen Zeiten zu Kriegern herangebildet, die einen die meisten andern Bewohner überragenden Stand bilden. Sie stellen eine Art Miliz dar, an große Entbehrungen gewöhnt, denen es aber zu sehr an Disziplin und Ordnung fehlt, um wirklich gute Soldaten abzugeben. Diese erbliche

Kriegerschaft untersteht der Herrschaft von Fürsten, oder Radschas, von denen sie Ländereien erhalten mit der daran geknüpften Verpflichtung zu Kriegsdiensten. Solche Kriegersippen scheinen ursprünglich voneinander unabhängig gewesen zu sein, doch nach und nach wurden die weniger begüterten zu Untertanen ihrer reichen Nachbarn und mußten nun diesen Waffendienste leisten, um ihren Lebensunterhalt zu bestreiten. Desgleichen wurden die Oberhäupter von sehr vermögenden Sippen mit der Zeit einem bestimmten Radscha unterworfen, der die Krone erlangte und immer mehr an Einfluß gewann. Darin liegt aller Wahrscheinlichkeit nach der Ursprung der politischen Verfassung, wie sie zur Zeit in jenem Land existiert. Die Radschas, die den Adel bilden, befinden sich gegenüber dem Großmogul fast alle in einem Verhältnis, wie man es ähnlich von den Kronvasallen in Europa kennt. Zugleich gibt es aber einige Fürsten, die sich noch bis heute eine gewisse Unabhängigkeit selbst im Herzen des Reichs bewahren konnten. Unter der Herrschaft des Aurangsib[7] zählte man ungefähr einhundert solcher über das ganze Land verstreuter Fürsten, von denen einige im Kriegsfall sogar 25 000 Berittene aufstellen konnten, – bessere Truppen als die, über die der Monarch verfügte.

Im Königreich Pegu, früher eine unabhängige Monarchie, soll der König einst der einzige Erbe aller Landgüter seiner Untertanen gewesen sein. Die Adligen oder Fürsten bekamen namens der Krone Ländereien oder Städte zugewiesen unter der Bedingung, daß sie in Friedenszeiten eine Anzahl Truppen unterhielten, die sie im Kriegsfall ins Feld führen mußten. Neben den Waffendiensten oblagen ihnen verschiedenerlei Aufgaben, deren Erfüllung der König mit rigoroser Strenge als Zeichen der Unterwerfung von ihnen forderte. Heute ist das Land dem Königreich Ava angeschlossen, wo sich, genau wie in den Reichen Laos und Siam, offenbar die gleichen Ordnungen entwickelt haben.

7 (Letzter Großmogul, 1658–1707. – Anm. d. Übers.)

Reisende, die die Malayen kennengelernt haben – (sagt der gescheite M. Le Poivre) – sind erstaunt, daß sie mitten in Asien unter der sengenden Hitze des Äquators Gesetze, Sitten und Gebräuche und auch die unsinnigen Ansichten wiederfinden, die bei den früheren Bewohnern Nordeuropas vorherrschten. Die Malayen leben unter einer Feudalherrschaft, jenem Willkürsystem, das erfunden wurde zur Verteidigung der Freiheit der Wenigen gegen die Tyrannei des Einen, während die Menge des Volkes in Sklaverei und Unterdrückung lebt.

Ein Fürst mit dem Titel eines Königs oder Sultans gibt seine Befehle den großen Vasallen, die ihm gehorchen, wenn sie es für richtig halten. Sie haben wieder Untervasallen, die oft genug auch ihnen gegenüber sich genauso verhalten. Ein kleiner Teil des Volkes lebt unabhängig in der Eigenschaft von *Oramçay*, als Adlige, die ihre Dienste dem Meistbietenden verkaufen. Doch die Masse des Volkes besteht aus Sklaven, die in ständiger Knechtschaft leben.

So sind die Ordnungen – und die Malayen sind ein ruheloses Volk, der Seefahrt zugetan, lieben Krieg und Raub, wandern aus, gründen Kolonien, unternehmen Wahnsinnsakte, sind Abenteurer und Draufgänger. Ununterbrochen reden sie von Ehre und Heldentaten, während alle, die mit ihnen zusammenkommen, sie das tückischste, wildeste Volk nennen, das die Erde kenne. Und dennoch, was mir das merkwürdigste schien, sie sprechen dabei die sanfteste Sprache in ganz Asien. Was der Comte de Forbin in seinen Memoiren schrieb, ist sehr wahr und trifft genau den Charakter aller malayischen Völker. Der lächerlichsten, anmaßendsten Ehrauffassung hängen sie an und weniger den Gesetzen der Gerechtigkeit und Menschlichkeit, und immer findet man, daß der Starke den Schwachen unterdrückt: Niemals halten ihre Friedens- und Freundschaftsverträge länger vor, als es der Egoismus duldet, durch den sie ursprünglich zustandegekommen sind. Fast immer sind sie bewaffnet, führen entweder ständig miteinander Krieg oder sind dabei, ihre Nachbarn zu verheeren.[8]

Reste dieses Feudalwesens gibt es noch in der Türkei. Die Saïms und Timariots sind im Türkischen Reich eine Art Vasallen, die Ländereien unter der Bedingung in ihrem Besitz haben, daß sie eine bestimmte Truppenzahl ständig für den Dienst des Schahinschah[9] bereithalten. Dabei haben die Saïms wertvollere Ländereien als die Timariots und müssen eine

8 Les voyages d'un Philosophe.

9 (Titel des Sultans als Oberherr. – Anm. d. Übers.)

entsprechend größere Truppenzahl unterhalten. Die Besitzungen beider Gruppen stehen manchmal in kündbarem Verhältnis, manchmal sind sie erblich. Im letzten Jahrhundert wurde errechnet, daß die Gesamtstärke dieser auf das ganze Türkische Reich verteilten Miliztruppe sich auf ungefähr 100 000 Mann belief.

In der alten Geschichte der Perser lassen sich noch zur Zeit ihrer Kriege mit den römischen Kaisern Spuren einer ähnlichen Verfassung ihres Staatswesens feststellen. Denn man hat berichtet, daß jene Nation keine Söldnerheere hatte, sondern das ganze Volk vom König zum Krieg aufgerufen werden konnte, und daß nach Abschluß eines jeden Unternehmens die Menschen mit der Beute wieder in ihre verschiedenen Wohnsitze zurückkehrten.

Fällt eine große, gesittete Nation wieder in den Rohzustand der ursprünglichen Barbarei zurück, dann drohen die einzelnen ihr zugehörigen Herrschaftsgebiete wieder auseinanderzufallen. Dabei mag sich nun die Einrichtung ähnlicher Institutionen als notwendig erweisen, um die Separierung der Einzelbestandteile des Reichs zu verhindern, die einst entwickelt wurden, um die verschiedenen Glieder einer weitausgedehnten Gesellschaft zu einigen. Eben dies war der Fall bei den Römern in den Spätepochen des Reichs. Als die Provinzen weitgehend selbständig wurden und die Regierung des Gesamtstaatswesens ihnen vor den wiederholten Einfällen der Barbaren keinen Schutz mehr zu bieten vermochte, standen die Bewohner vor der Notwendigkeit, sich der Schutzherrschaft einiger einflußreicher Großen zu unterstellen, die sie in ihrer eigenen Sphäre fanden, und denen der Kaiser nun ausgedehnte Güter als Eigentum zuwies mit der Auflage, daß sie ihre eigenen Streitkräfte zur Verteidigung des Landes aufstellten. Dadurch gab es dann in verschiedenen Provinzen eine Anzahl von Herren oder Befehlshabern, die in Anerkennung für die dem Herrscher geleisteten Kriegsdienste Landbesitz innehatten. Dies konnte bei dem Abbé Du Bos die Vorstellung wecken, die Feudalordnung der germanischen Nationen sei durch Nachahmung dieser schon bestehenden Ordnungen in den von ihnen unterworfenen Ländern zustandegekommen. Man sollte jedoch bedenken, daß Wachsen und Verfall einer Gesellschaft sich in mancher Hinsicht ähnlich vollzieht, so daß unabhängig von Nachahmung auf organische Weise ähnliche Lebensformen und Gebräuche hervorgebracht werden.

Kapitel V
Von den Veränderungen in der Regierungsform durch Fortschritte in Kultur und Gesittung

1. Die Bedingungen für den Machtzuwachs des Herrschers bei einer Kulturnation

Der kulturelle Fortschritt eines Volkes im bürgerlichen Leben führt in der Stellung der Einzelnen und in der gesamten Verfassung des Staatswesens vielfältige Wandlungen herbei.

In der einfachen Frühzeit sind die Menschen grundsätzlich immer zu Krieg bereit, sooft es nur die Umstände erfordern. Schon aus ihrer einförmig-trägen Lebensweise heraus ist eine militärische Expedition selten etwas Unerwünschtes; im Gegenteil, die Aussicht auf Bereicherung durch Beute, auf Auszeichnung durch Tapferkeit macht sie immer hochwillkommen. So sind die Angehörigen eines Clans ebenso sehr darauf aus, mit ihrem Oberhaupt zu ziehen und seine Feindschaften auszufechten, wie er selbst ihre Gefolgschaft braucht und verlangt. Für sie ist es ein Privileg und nicht eine Last, wenn sie ihm dienstbar sind, wenn sie Gefahren und nicht zuletzt Ruhm und Profit auf allen seinen Unternehmen mit ihm teilen. Bei den zahlreichen Gefechten mit den Feinden bleiben sie in ständiger Waffenübung und sammeln die Erfahrungen des Kriegshandwerks, so wie ihre Zeit es betreibt. Auf diese Weise ist ohne große Mühe und Kosten immer ein starkes Milizheer vorhanden, das auf den geringsten Wink ins Feld geführt werden kann und zur Landesverteidigung bereitsteht.

Als Caesar gegen die Helvetier Krieg führte, konnten sie ihm nicht weniger als 92 000 Krieger entgegenstellen, was ein Viertel der ganzen Bevölkerung ausmachte.

Daher die gewaltigen Kriegerscharen, die zu verschiedenen Zeiten aus den unkultivierten Gegenden des Nordens hervorbrachen und die einzelnen Provinzen des Römischen Reiches überrannten. Daher waren denn auch die armen doch abergläubischen Fürsten Europas in der Lage, solche großen Heere unter das Banner des Kreuzes zu stellen, um mit ihnen die reichen Nationen des Ostens anzugreifen und das Heilige Grab aus den Händen der Ungläubigen zu befreien.

Aus dieser Beobachtung erklären sich in gewisser Weise auch die unermeßlichen Heere, von denen in geschichtlichen Frühzeiten die Rede ist – oder wenigstens werden wir nun eher geneigt sein, in den übertriebenen Erzählungen antiker Autoren zu diesem Punkt nicht mehr so ausschließlich Dinge zu sehen, die bar jeglicher tatsächlicher Fundierung sind.

Kriegerische Gesinnung dieser Art, eine Begleiterscheinung der fortdauernd wirren Lebensumstände einer einfachen Gesellschaft, sie verliert sich natürlich, sobald die Zeiten ruhiger werden und Ordnung einzukehren beginnt. Wenn die Autorität der Regierung stark genug ist, um die Bürger vor Gewalt zu beschützen und den überkommenen Privatfehden einzelner Familien Einhalt zu gebieten – wenn die Menschen militärische Unternehmungen nur noch für die Sache der ganzen Nation ausführen, so muß ihnen das Kämpfen mehr und mehr ungewohnt werden, und die Kriegslust legt sich entsprechend.

Noch mehr aber trägt die Höherentwicklung des Lebens in Handwerk und Gewerbe zur Milderung der Härte im Menschen bei, weil nun der Luxus einsetzt: die Abneigung gegen Gefahren und Entbehrungen des Kriegswesens wächst bei den Menschen, je mehr Freuden sie dem ruhigen Leben zuhause abgewinnen lernen, und was der Krieg an Ruhm und Ansehen bringen kann, wird nicht mehr hoch eingeschätzt. Gleichzeitig schafft der Aufschwung an Arbeitsmöglichkeiten eine Menge einträglicher Tätigkeitszweige, denen man sich kontinuierlich widmen muß, bestimmte gewerbliche und besondere technische Berufe in vielerlei Form kommen auf, wo man es sich nicht leisten kann, seine Geschäfte zugunsten so vorübergehender, ungewisser Vorteile liegen zu lassen, wie sie die Ausplünderung der Feinde abwerfen mögen.

Unter solchen Verhältnissen kann oder will auf die Dauer die

Mehrzahl des Volkes einfach nicht mehr in den Krieg ziehen, und wenn man jetzt die Leute nach altem Brauch zum Waffendienst aufruft, so werden sie statt ihrer persönlichen Teilnahme lieber eine Geldsumme anbieten. Ein Vergleich dieser Art wird vom Herrscher oder Staatsoberhaupt gerne angenommen, denn das erlaubt ihm, Soldaten anzuwerben unter Leuten, die keine bessere Arbeit haben oder eben an solcher Beschäftigung Geschmack finden. Die auf diese Weise rekrutierten Truppen erhalten regelmäßig ihren Sold, anderen Lebensunterhalt gibt es für sie nicht, sie sind folglich ganz und gar auf die Führung ihres Befehlshabers angewiesen und werden auch bereitwillig in seinen Diensten bleiben, solange er sie behalten möchte. Bei diesen veränderten Umständen läßt sich in der Armee nun systematisch die regelrechte Unterordnung einführen. Diese Armee wird also immer kampftüchtiger, läßt sich in allen Operationen leichter manövrieren und dirigieren, weshalb er sich mit ihr bald schwierige Unternehmungen zutraut und gleichzeitig auch weitausgreifende, ehrgeizige Pläne schmiedet. Dauerten seine früheren Kriege nur wenige Wochen, so dehnen sie sich jetzt allmählich auf immer größere Zeiträume aus, machen in ihrem Verlauf vielgestaltige Operationen notwendig und führen eben darin auch die entsprechende Weiterentwicklung der Kriegstechnik mit sich.

Nachdem man erst einmal unter beträchtlichen Ausgaben einen größeren Truppenbestand ausgehoben und ihn vermittels langgeübter Disziplin und Kampferfahrung für den Krieg ausgebildet hat, muß es dem Herrscher höchst zweckmäßig erscheinen, daß auch in Friedenszeiten wenigstens Teile davon in Sold behalten werden und unter Waffen stehen für jeglichen Bedarfsfall. Auf diese Weise folgt auf die Einführung der Söldnertruppen sehr bald die Aufstellung eines stehenden Heeres. Das Soldatenhandwerk wird zu einem regelrechten Beruf, der in der menschlichen Gesellschaft einem eigenen Stand zugeordnet wird, während alle übrigen Bewohner ganz in ihren verschiedenen Tätigkeiten aufgehen und so den Waffendienst völlig verlernen. Und die Bewahrung ihres Lebens

und Vermögens wird ausschließlich denen übertragen, die sie sich zu diesem bestimmten Zweck halten müssen.
Diese bedeutsamen Umwandlungen im Hinblick auf die Mittel der Landesverteidigung scheinen sich in allen reichen Kulturnationen des Altertums abgespielt zu haben. In allen griechischen Staaten, selbst in Sparta, können wir feststellen, daß der Heeresdienst des freien Bürgers unter dem Eindruck der gewandelten Lebensverhältnisse schließlich als Last empfunden wurde, so daß man zur Praxis der Söldnertruppen überging. Auch die Römer fanden noch vor dem Ende der Republik, daß es notwendig war, in jeder einzelnen der weit auseinandergelegenen Provinzen ein stehendes Berufsheer zu besitzen.
Bei den neuen Nationen Europas kamen die Feudalheere – das Lehnsaufgebot – außer Gebrauch als direkte Folge der Fortschritte in den Handwerks- und Gewerbeberufen. Von da an waren die verschiedenen Herrscher gezwungen, Soldaten zu jeweils bestimmten Vorhaben anzuwerben und schließlich überhaupt stehende Heere aufzustellen zum Schutz ihrer Länder. So wurde in Frankreich in der Regierungszeit Ludwig XIII. und ungefähr gleichzeitig in Deutschland das Militärwesen allmählich auf diese Grundlage gestellt, wie es seitdem auch in allen europäischen Staaten üblich geworden ist.
Die Rolle, die ein stehendes Söldnerheer für den Machtzuwachs der Krone und die Ausweitung ihrer Vorrechte spielt, ist längst deutlich geworden und manchen Redefluß gab es schon darüber: Das Heer untersteht der unmittelbaren Autorität des Monarchen, die Personen, aus denen es sich zusammensetzt, hängen in ihrem Aufstieg völlig von ihm ab, und da sie einen eigenen Stand bilden, werden sie zwangsläufig gegenüber den Rechten ihrer Mitbürger gleichgültig. Folglich steht es auch zu erwarten, daß sie in den meisten Fällen seinen Befehlen in bedingungslosem Gehorsam folgen, so daß also dieselbe Streitmacht, die eigentlich zur Unterdrückung von Aufruhr und Abwehr von Einfällen unterhalten wird, sehr oft eingesetzt werden kann, um die Rechte und Freiheiten des Volkes zu brechen und zu zerstören.

Die Umstände gesellschaftlicher Höherentwicklung, die zur Aufstellung stehender Heere führten, bringen gewöhnlich ähnliche Veränderungen in der Praxis der Rechtsprechung mit sich. Es ist schon ausgeführt worden, daß in großen Gemeinwesen mit nur geringen Fortschritten in der Entwicklung gewerblicher Tätigkeiten jedes Stammesoberhaupt oder jeder Graf das Richteramt im eigenen Bezirk innehat, während der König mit Hilfe der großen Ratsversammlung seinerseits die Gerichtsbarkeit über die Einzelstämme oder Grafschaften ausübt. Weil es auf ärmlicher, roher Kulturstufe nicht viele Prozesse gibt und ein kriegerisches, ungebildetes Volk mit der Entscheidung meist schnell bei der Hand ist, fordert das Amt eines Richters wenig Aufwand an Mühe und verursacht in den Lebensgewohnheiten eines Mannes von Rang und Bedeutung keine großen Unterbrechungen. Dabei mögen der Herrscher und die Personen des Adels unter diesen Umständen zwar das Amt als solches beibehalten, jedoch in den einzelnen Gerichtshöfen werden sie Richter als ihre Vertreter einsetzen, die ihnen in der Erledigung der Amtspflichten behilflich sind. Aber der steigende Wohlstand begünstigt so sehr die Zunahme an vielerlei lästigen Prozessen, daß sie immer weniger gewillt sind, die nötige Zeit auf die Verhandlungsführung zu verwenden, und sie werden deshalb dazu übergehen, das ganze Geschäft wieder untergeordneten Richtern zu übertragen, die nach und nach die verschiedenen Zweige richterlicher Gewalt in die Hand bekommen und verpflichtet sind, zum Nutzen der Bewohner ordentliche Gerichtstage abzuhalten. Auf diese Weise wird auch die Ausübung der Gerichtsbarkeit ein besonderer Beruf, dieser fällt an einen bestimmten Stand, von dessen Angehörigen als Qualifikation für ihre Amtspflichten eine spezielle Ausbildung verlangt wird, und die hinwiederum in Anerkennung ihrer Dienste die Möglichkeiten erhalten müssen, den Lebensunterhalt durch ihren Beruf zu verdienen.

Es liegt nun in der Natur der Sache, daß mit der Schaffung des Richterstands Einkünfte aus der Berufsausübung selbst erwachsen, denn die Richter haben die Möglichkeit, als Vergütung für ihre Anwesenheit von den vor ihnen erscheinenden Parteien Gebühren zu erheben – die analoge Entwicklung zu dem, was gemeinhin in jedem Handwerk geschieht, wo ein Sachkundiger von demjenigen bezahlt wird, der ihn beschäftigt. So finden wir denn auch diese Praxis früh an den Feudalgerichtshöfen überall in Europa, und die Gelder, die von den Richtern der verschiedenen Tribunale eingezogen wurden, warfen auch beträchtliche Einnahmen für den König wie für den Adel ab. Ähnliche Bräuche dürften sich in diesem Punkte in wohl allen Gegenden der Welt eingebürgert haben, wenn die Nationen sich auf der gleichen Entwicklungsstufe befanden. Der Mißstand aber, der mit der Erlaubnis zur Erhebung solcher Gebühren schon gegeben war und alle Tendenzen in sich trug, das Urteil des Richters zu beeinflussen, und der weiter bedeutete, daß man seinen Eifer anstachelte, nun selbst Prozeßmöglichkeiten aufzuspüren, die Einzelzüge der Prozeßordnung zu vermehren, damit sich auch die Anlässe zu Einkünften vervielfachten – all diese perniziösen und unvermeidlich damit verbundenen Konsequenzen mußten einem gesitteten Volk ins Auge fallen; das führte schließlich zur Entwicklung einer besseren Ordnung für die Unterhaltssicherung der Richter, indem man ein festes Gehalt einführte anstelle der früher ihnen zufallenden ungeregelten Einkünfte.

Es kann nicht daran gezweifelt werden, daß Einrichtungen von so immenser Bedeutung und weit übergreifender Natur für den Staat die Quelle großer Ausgaben darstellen. In den frühen Epochen, wenn die Bewohner eines Landes sich noch selbst verteidigen können und ihre inneren Zwistigkeiten von Richtern entschieden werden, die keinen Lohn für ihre Vermittlertätigkeit beanspruchen, oder wenigstens nicht vom Staat, bedürfen die Staatsfinanzen nur einiger weniger Regelungen. Der König kann die Existenz seiner Familie und die Repräsentanz der Königswürde aus dem Ertrag der eigenen Güter bestreiten, und in der Regel stellt er keine weiteren Forderungen. Aber in dem Moment, wo das alte Milizsystem abgelöst wird von der Praxis der Truppenanwerbung, reichen diese ursprünglichen Fonds nicht mehr aus. Andere Einkunftsquellen müssen bereitgestellt werden, um die fehlenden Mittel zu beschaffen. Nun eignet aber den menschlichen Einrichtungen die so glückliche Anlage, daß eben derselbe Umstand, der diese Schwierigkeit schafft, auch die Mittel zu ihrer Behebung anzubieten scheint: Wenn die meisten Menschen nicht mehr gewillt sind, im Krieg zu dienen, dann macht sie das sehr geneigt, eine Ablösung zu zahlen, um von dieser althergebrachten persönlichen Dienstleistung entbunden zu werden, die sie aus langer Gewohnheit zu erbringen verpflichtet scheinen. Ablösungssummen dieser Art werden zunächst aufgrund direkter Absprachen mit den einzelnen Bürgern erhoben, um aber die Schwerfälligkeit so vieler Einzelvorgänge zu vermeiden, werden sie später von den Bewohnern eines bestimmten Bezirks gemeinsam entrichtet, und mit der Zeit bürgert sich die allgemeine *Veranlagung* ein, die erste wichtige Form der Besteuerung, die der Staat einführt.

Wenn man nun eine solche Steuer den Einzelnen so auferlegen könnte, daß sie immer ihren jeweiligen Verhältnissen entspricht, dann könnte man sie leicht so hoch festsetzen, daß alle Ausgaben des Staates gedeckt wären. Aber die Schwierigkeit, das Vermögen eines Bürgers genau festzustellen, macht es unmöglich, die Veranlagung sehr genau zu betreiben, will man sich dabei nicht der Gewaltanwendung schuldig machen, so daß es richtiger ist, andere Methoden der Geldbeschaffung anzuwenden, um die steigenden Bedürfnisse der Gesellschaft zu befriedigen. In Anerkennung des Schutzes, den die Kaufleute genießen, wenn sie ihre Waren von Land zu Land befördern, sehen sie ein, daß man der Regierung eine Entschädigung schuldet, und so können bestimmte Abgaben auf Export- und Importgebrauchsgüter erhoben werden. Die Sicherheit, deren sich Handel und Gewerbe dank der Sorge und Wachsamkeit der Behörden erfreuen, gibt ebenfalls die Begründung ab für ähnliche Forderungen gegenüber dem Kleinhandel und Inlandshandel eines Staates. Und so wird die Entrichtung von

Zöllen[1] und alles dessen, was man im weitesten Sinne unter *Verbrauchssteuern* verstehen kann, festgesetzt und in der Praxis immer mehr ausgeweitet.

Wir haben nicht vor, einen Vergleich zwischen diesen verschiedenen Steuern anzustellen oder jeweils ihre Vor- und Nachteile gegeneinander zu halten. Was hingegen der eigentlich unmittelbare Gegenstand der vorliegenden Untersuchung darstellt, das sind ihre allgemeinen Auswirkungen auf die politischen Verhältnisse eines Staates. In diesem Punkt verdient folgendes Beachtung: Da der Herrscher einen überwiegenden Einfluß wenigstens auf die Ernennung von Beamten beansprucht, und zumal er auch die oberste Instanz für Einnahmen und Ausgaben der Einkünfte darstellt, die für diese Beamten bestimmt sind, so verfügt er über die Mittel, um für die Existenz einer großen Anzahl von Personen sorgen zu können, die in Zeiten von Uneinigkeit und Aufruhr natürlicherweise auf seiten seiner Partei bleiben und deren eigene Ziele und Interessen normalerweise so gerichtet sind, daß sie seine Macht und Autorität stützen und ausweiten. Diese Umstände sind es, die alle Machtmittel des Monarchen stärken helfen, jede entgegenstehende Gewalt untergraben und zerstören und dabei die allgemeinen Entwicklungstendenzen zur absoluten Herrschaft einer Einzelperson beschleunigen.[2]

2. *Die Bedingungen für die Erweiterung der Rechte des Volkes*

Nachdem die Auswirkungen des Wohlstands und des Fortschritts in den bürgerlichen Gewerben betrachtet wurden, die den Interessen der Krone förderlich sind, wollen wir nun unsere Aufmerksamkeit den Umständen zuwenden, die zwar aus denselben Quellen hervorgehen, aber die entgegengesetzte

1 (*customs* = Zoll; auch: Gewohnheiten – Millar will das Gewohnheitsrechtliche solcher Institutionen hier mit anklingen lassen. – Anm. d. Übers.)
2 [Dieser Abschnitt schlägt ein Thema an, das später in *Historical View*, vol. IV, 88–99 und andernorts ausführlich entwickelt wird.]

Wirkung haben und ganz deutlich eine dem Volk zugewandte, demokratische Regierungsform herbeiführen.
In der Frühperiode der Landwirtschaft, wenn es noch keine handwerklichen Gewerbe gibt, können Menschen, die keinen Grundbesitz haben, sich meist nicht anders ernähren als dadurch, daß sie einem reichen Nachbarn dienen, der sie je nach Qualifikationen entweder im Kriegsdienst oder in den verschiedenen Tätigkeiten des Ackerbaus beschäftigt. Sehr vermögende Personen gewinnen die Überzeugung, daß sowohl ihre Würde als auch ihre persönliche Sicherheit in hohem Maße gefördert werden, wenn sie für jene beiden genannten Zwecke eine zahlreiche Dienerschaft besitzen. Wo aber die Menschen auf primitiver Entwicklungsstufe keine Luxusgüter kennen und noch von den einfachen Erzeugnissen der Natur leben, da kann deshalb auch die Zahl des Gesindes verhältnismäßig groß sein, das sich aus einem einzigen Besitz ernähren läßt.
Unter solchen Lebensbedingungen haben Menschen niederen Ranges keine Chance, selbst ein reiches Vermögen zu erwerben oder eine höhere Stellung für sich zu erringen. Vielmehr bleiben sie auf Jahrhunderte hinaus in abhängigen Verhältnissen, wodurch sich auch Gesinnungen und Gewohnheiten einstellen müssen, die den niederen Lebensumständen entsprechen. Geheiligte Ehrfurcht erfaßt sie vor der Person des Herrn, und man bringt ihnen die Haltung unbegrenzter Unterwerfung unter seine Gewalt bei. Dieser ihr serviler Gehorsam – da er doch in ihren Augen das Ansehen des Herrn erhöht – erfüllt sie mit großem Stolz, und sie halten es für ihre Pflicht, daß sie ihr Leben und ihre Habe aufopfern für seine Vorteile oder gar sich einfach in die ganz willkürlichen Wünsche seines Temperaments ergeben müssen.
Sobald aber im Lande die Pflege gewerblicher Tätigkeiten einsetzt, befähigt das den arbeitenden Teil der Einwohner, sich den Lebensunterhalt auf andere Weise zu verschaffen. Sie erlangen allmählich eine Vervollkommnung in den verschiedenen Gewerbe- und Berufszweigen. Statt also in die Dienste anderer zu treten, ist es oft vorteilhafter, wenn sie für eigene

Rechnung arbeiten, also die Produkte ihrer Arbeit verkaufen. In dieser Situation hängt nun ihr Gewinn von einer Mehrzahl von Kunden ab, was bedeutet, daß sie nicht mehr viel vom Mißfallen einer einzelnen Person zu fürchten haben. Demzufolge können sie bei guter Qualität und billigem Preis der Artikel, die sie zu veräußern haben, üblicherweise mit Erfolg in ihren Geschäften rechnen.

Je größere Fortschritte eine Nation in Wohlstand und Lebensverfeinerung macht, desto größer wird der Bedarf an Kaufleuten, Gewerbetreibenden und technischen Fachleuten. Da aber die einfacheren Menschen hierdurch in zunehmend unabhängige Verhältnisse gelangen, hegen sie auch allmählich jene Gesinnung der Freiheit, die eine natürliche Eigenschaft des menschlichen Geistes ist und die nur äußere Not niederzuhalten vermag. Je weniger sie auf Gunst und Protektion der Großen angewiesen sind, desto weniger bemühen sie sich darum. Das Bestreben ist nun viel planvoller auf diejenigen Fertigkeiten gerichtet, die in der Verfolgung der eigenen Geschäfte nützlich sind. So verwischen sich allmählich die im früheren Zustand der Knechtschaft empfangenen Prägungen und geben ganz anders gearteten Lebensgewohnheiten Raum. Der große Zeitaufwand und die nötige Ausdauer, die sie in ihren Berufen zu geschickten Könnern machen, verhindern es andererseits, daß sie sich mit den Regeln der Etikette und des guten Tons in gesellschaftlichen Umgangsformen vertraut machen. Und so geschieht es, daß jener eitle Stolz, den man früher in der Glorifizierung der Macht eines Großen bezeugte, sich jetzt gerade umgekehrt äußert in seiner Haltung ausgesprochener Gleichgültigkeit oder auch in verächtlichem und überheblichem Betragen gegen Personen in höherem Rang und Stand.

Während aus diesen Ursachen heraus Personen niederen Ranges allmählich in unabhängige Verhältnisse gelangen, wird die dem Reichtum eines Menschen entspringende einflußreiche Bedeutung entsprechend gemindert. Mit den fortgeschrittenen Kenntnissen in den gewerblichen und handwerklichen Berei-

chen zerfällt auch größtenteils die althergebrachte Einfachheit der Lebensgewohnheiten. Denn nun muß der Eigentümer eines Landguts, statt seine Erträge in der Anstellung seines Gesindes aufzubrauchen, einen Großteil darauf verwenden, sich den Komfort und die Lebensannehmlichkeiten zu verschaffen, die inzwischen alle wichtig geworden sind und darüber hinaus auch seiner gesellschaftlichen Stellung angemessen erscheinen. Während also immer weniger Menschen sich in einer Zwangslage befinden, wo sie von ihm abhängig wären, wird es ihm selbst von Tag zu Tag immer weniger möglich, sich ein Gefolge zu leisten, bis schließlich Gesinde und Dienerschaft gerade auf das zusammengeschmolzen sind, was seinem persönlichen Luxus und Staat dienlich ist, dagegen aber ungeeignet für die Erhaltung und Mehrung seiner Autorität.
Gleichzeitig darf man von den üblichen Auswirkungen von Luxus und Lebensverfeinerung auch erwarten, daß häufig alte Geschlechter bettelarm werden und in Dürftigkeit leben müssen. Bei einer in Luxus lebenden Kulturnation wetteifern diejenigen miteinander, die in reiche Verhältnisse hineingeboren und in keinem Beruf ausgebildet sind, sich in Eleganz und Raffinement der Lebenskultur gegenseitig zu übertrumpfen. Je größer ihre Möglichkeiten und Mittel, sich den Vergnügungen hinzugeben, desto schneller werden sie ihnen hörig und versinken in ein Stadium von Trägheit und Ausschweifung, das sie für jegliche Form tätigen Lebens unbrauchbar macht. Zwangsläufig werden also die Ausgaben eines Landedelmanns ständig ansteigen, ohne daß zu seinen Einkünften etwas Entsprechendes hinzukäme. Seine Güter werden wegen zunehmender Schuldenlast schließlich veräußert und gelangen so in den Besitz eines sparsamen und fleißigen Kaufmanns, der dank seiner geschäftlichen Erfolge in der Lage ist, sie zu kaufen und der nun seinerseits danach strebt, jene Rangstufe und Bedeutung einzunehmen, die einem der Besitz von Grund und Boden verschafft. Die Nachkommen dieses neuen Eigentümers hingegen nehmen wiederum die Lebensgewohnheiten des Landadels an und sind in einigen Generationen wieder soweit,

daß sie ihre Güter vergeuden, und zwar mit einer leichtsinnigen Prasserei, wie sie umgekehrt nur jener peinlich genauen Sparsamkeit und dem Fleiß entspricht, mit denen sie einst erworben wurden.

Diese Fluktuation von Eigentum, die so typisch ist für alle Handelsnationen und durch keine Verbote verhindert werden kann, muß notgedrungen die Autorität jener schwächen, die die gesellschaftlich höhere Rangstufe einnehmen. Personen, die erst vor kurzem zu Reichtum gekommen sind, haben keine Gelegenheit mehr, sich einen Troß von abhängigem Gesinde zu schaffen, wie ihn sich diejenigen halten können, die schon seit Generationen Herr über große Besitztümer sind. Dieser Umstand muß das Wesen der ererbten Hausmacht einer Familie in großem Umfange zunichte machen, so daß irgendwelche Bedeutung, die jemand durch Vermögen erlangen kann, gewöhnlich auf das beschränkt bleibt, was sein Besitzer in der eigenen Lebenszeit erreicht hat. Selbst dies wird aus den bereits erwähnten Gründen wesentlich herabgemindert: Hat ein reichbegüterter Mann einmal sein Gefolge entlassen und verwendet nun einen großen Teil seiner Einkünfte darauf, sich all die Gebrauchsgüter anzuschaffen, die Handwerk und Gewerbe produzieren, so kann er kaum mehr annehmen, daß er noch viele Leute finden wird, die etwa für ihn kämpften oder sich großen Risiken aussetzten, damit seine eigenen Interessen gefördert würden. Will er aus der Arbeitskraft und Hilfeleistung anderer einen Gewinn ziehen, so bleibt ihm nichts übrig, als vollgültigen Gegenwert dafür zu geben. Er muß also die persönlichen Dienstleistungen kaufen, die nicht mehr aus einem Gefühl der Verbundenheit oder aus besonders geregelten Ordnungen heraus erbracht werden. Geld wird somit mehr und mehr das einzige Mittel, um zu Ehrenstellungen und Amtswürden zu kommen, – das aber heißt, die gemeinen Wege der Habgier werden nun den edleren Strebungen des Ehrgeizes dienstbar gemacht.

Es kann nicht daran gezweifelt werden, daß diese Lebensverhältnisse eine Tendenz zur Entwicklung einer demokratischen

Staatsform in sich tragen. Menschen gesellschaftlich niederer Rangstufe befinden sich in einer Position, in der sie in bezug auf ihre Existenz kaum noch von höhergestellten Personen abhängig sind. Da keine Schicht in der Gesellschaftsordnung das ausschließliche Verfügungsrecht über Reichtümer für sich behalten kann, da jeder, der fleißig ist, sich auch in der Hoffnung wiegen darf, einmal zu Vermögen zu kommen, ist es zu erwarten, daß die Prärogative des Monarchen und des eingesessenen Adels allmählich abgegraben werden, daß die Rechte des Volkes im selben Verhältnis weiter ausgreifen und daß Machtfülle, des Wohlstands Begleiterin, sich bis zu einem gewissen Grade auf alle Glieder des Gemeinwesens gleichmäßig verteilen wird.

3. Das Resultat aus dem Widerstreit dieser verschieden wirkenden Grundströmungen

So grundverschieden sind also die Auswirkungen von Reichtum und Lebensverfeinerung, daß sie zur gleichen Zeit, da sie dem König ein stehendes Heer verschaffen – dies große Werkzeug von Tyrannei und Unterdrückung –, doch auch das Volk mit Begriffen der Freiheit und Unabhängigkeit beseelen. Man darf deshalb erwarten, daß zwischen diesen beiden entgegengesetzten Parteien ein Konflikt entsteht, in dessen Verlauf mancherlei Erscheinungen den Ausschlag für die eine oder andere Seite zu geben vermöchten.
Zum Ausgang eines solchen Wettstreits darf man bemerken, daß das Volk eines Kleinstaats bei seinem Bemühen um die Errichtung einer freien Verfassung gemeinhin Erfolg gehabt hat. Umfaßt ein Staat nur ein kleines Gebiet, wo etwa auch die Masse der Bewohner in einer Stadt lebt, so gibt es eine Menge Gelegenheiten des Kontakts miteinander, der den gegenseitigen Austausch von Ansichten über alle bedeutenden Gegenstände erlaubt. Die Menschen werden auf jeden Fall staatlicher Bedrückung sofort aufmerksam, sind alle so rasch

von dem Vorgang alarmiert, daß sie auch in der Lage sind, sehr schnell alle vereinten Kräfte auf den Plan zu rufen, um die Abstellung von Unzuträglichkeiten zu fordern. Wiederholt sich solches Vorgehen mehrmals, so werden sie sich ihrer Stärke bewußt, können Schritt für Schritt ihre Rechte erweitern und dabei eine größere Beteiligung an der Verwaltung des Staates durchsetzen.

Im Gegenteil hierzu gehen in großen weitausgedehnten Nationen die Kämpfe zwischen dem Herrscher und dem Volk meist so aus, daß die Despotie triumphiert. In einem weiträumigen Land werden die Übergriffe der Regierungsgewalt sehr oft übersehen, und selbst wenn die Empörung der Bürger durch flagrantes Unrecht aufflammt, ist es sehr schwierig für sie, sich zu gemeinsamen energischen Aktionen für die Verteidigung ihrer Rechte zusammenzufinden. Ebenso schwierig ist es in einem großen Staatsgebiet, das Miliztruppenaufgebot mit der Schnelligkeit bereitzustellen, die bei einer plötzlichen Invasion geboten ist. Deshalb ist es selbst für ein noch wenig fortgeschrittenes Land notwendig, einen ausreichend großen Grundstock an Söldnertruppen zu besitzen, womit die königliche Gewalt gestützt werden kann.

Weiterhin muß man bedenken, daß die Staatseinnahmen des Monarchen in einer großen Nation ein viel stärkeres Werkzeug der Macht darstellen als in einer kleinen. Die wirkliche Bedeutung der Macht eines Herrschers scheint nicht so sehr von seinem absoluten Reichtum abzuhängen, sondern davon, in welcher Relation dieser sich gegenüber den andern Gliedern des Staates befindet. Falls das königliche Vermögen nicht das Vermögen seines reichsten Untertanen übertrifft, reicht es gerade nur zur Kostendeckung einer dem Glanz und der Würde der Krone zukommenden Lebenshaltung aus. Es ist aber allein der Überschuß dieses Vermögens, der für Zwecke verwendet werden könnte, mit denen man Abhängigkeiten schafft. Unter diesem Aspekt schaffen die Staatseinnahmen des Königs eine um so größere Einflußmöglichkeit, je ausgedehnter und volkreicher das Land ist, in dem sie erhoben werden.

Nehmen wir z. B. ein Land wie das alte Attika, das etwa 20 000 Bewohner hatte: Sollten diese Menschen nun entweder über die Veranlagung oder auf anderem Wege 20 Schilling pro Person entrichten, so würden dadurch nur 20 000 £ aufgebracht, eine Einnahme, mit der das Staatsoberhaupt sich vermutlich nicht einmal wesentlich über den einen oder andern Bürger erheben würde. Wenn aber in einem Königreich von 10 Millionen Menschen die Steuern im angegebenen Verhältnis bezahlt würden, so müßte damit das Vermögen des Monarchen höchstwahrscheinlich selbst den gesamten Besitz von Hunderten der reichsten Bürger übertreffen. Beide Beispiele machen aber deutlich: Die Stärke des Heeres, das sich jeweils ein Königreich mit seinen Steuergeldern halten könnte, muß in einem noch ungünstigeren Verhältnis zu seinen Aufgaben stehen als die Einnahmen der jeweiligen Königreiche im Vergleich untereinander. Denn wäre der König in dem einen Land in der Lage, 250 000 Mann aufzustellen, so könnte er doch im andern nicht einmal die Kosten für 500 aufbringen. Es leuchtet jedoch ein, daß selbst 500 reguläre und gutausgebildete Soldaten niemals denselben Schrecken in einem Volk von 20 000 Menschen verbreiten können wie den, der von einer Armee von 250 000 verbreitet wird in einer Nation, die 10 Millionen zählt.

Für fast alle Republiken des Altertums, von denen wir etwas wissen, scheint zu gelten, daß sie ihre innere Freiheit dem geringen Umfang ihres Gebiets verdankten. Dank der kleinen Einwohnerzahl und dem engen Kontakt zwischen Bürgern ein und derselben Gemeinschaft atmeten sie schon den Geist der Freiheit, noch ehe sie große Fortschritte in der Kultur gemacht hatten. Und sie hatten auch Mittel und Wege gefunden, um die Macht ehrgeiziger Kleinfürsten zu ersticken oder aufzuheben, ehe die Verweichlichung oder Entwicklung bürgerlicher Arbeitsamkeit eingesetzt und die Existenz von Söldnerheeren gebracht hatte.

Diese Beobachtung gilt auch für die neuen Staaten in Italien, wo nach dem Verfall des mittelalterlichen Kaisertums Handel

und Gewerbe zur Blüte gelangten und republikanische Regierungsformen sich schon frühzeitig entwickelten.
Anders in Frankreich: Hier konnte mit der zur Landesverteidigung benötigten Aufstellung großer Söldnerheere unter der Administration des Kardinals Richelieu der Monarch recht eigentlich seine despotische Machtfülle begründen. Zu Anfang der Regierungszeit Ludwig XIII. war es, daß die Generalstände zum letzten Mal in Frankreich zusammentraten: Und seitdem ist es der Monarch gewohnt, daß er nahezu in allen Zweigen der verschiedenen Regierungsgewalten selbst regiert. Ähnliche Auswirkungen stellten sich aufgrund der Einführung stehender Heere in den meisten großen Königreichen Europas ein.
Die glückliche Lage Großbritanniens gab seit der Thronbesteigung Jakob I. kaum mehr Anlaß zur Furcht vor auswärtigen Invasionen und ließ die Notwendigkeit, ein stehendes Heer zu haben, gar nicht entstehen, nachdem die Lehnsheere außer Gebrauch gekommen waren. Ihre eigene Schwäche und ihre Bigotterie hinderte die Monarchen jener Zeit selbst daran, sich jenes einzig wirksamen Mittels zu bedienen, mit dem man die absolute Macht gewinnen kann. Karl I. konnte zu seiner Zeit sehen, wie die andern Fürsten Europas dieses Regiment ausübten, aber er fand nicht heraus, mit welchen Mitteln man es sich verschafft. Er muß so sehr vom Recht unverletzlichen Gottesgnadentums überzeugt gewesen sein, daß er zunächst dachte, er hätte eine Streitmacht nicht nötig, und später, daß jede nur mögliche Art doppelzüngigen Paktierens in der Erhaltung dieses Rechts entschuldbar sei. Als er dann aber vor dem offenen Bruch mit seinem Parlament stand, besaß er keine Truppe, auf die er sich hätte stützen können, und mußte folglich vor der wachsenden Macht des Unterhauses weichen.
Die anmaßende Kühnheit, das Intrigantentum und die Perfidie Oliver Cromwells, dazu der mangelnde Sinn für das Wohl der Allgemeinheit, sie haben die Ausführung der Ziele jener Partei zunichte gemacht, deren Führung er sich verschaffte. Das vergossene Blut aber und das unermüdliche Ringen des

Volkes um Erhaltung seiner Rechte, sie hielten die Liebe zur Freiheit wach, verbreiteten sie und ließen schließlich eine demokratische Staatsform entstehen, die in ihrer Art vielleicht wirklich das beste Modell ist, das in einem weitausgedehnten Land funktionieren kann.

Viele Schriftsteller machen gerne die Feststellung, daß die Freiheitsliebe zur Natur des Menschen gehöre, daß sie daher auch bei Naturvölkern in vollkommenster Ausbildung zu finden sei und zwangsläufig Schaden erleiden müsse, je größer die Fortschritte der Menschen in Zivilisation und Lebenskultur seien.[1] Daß die Menschen im Naturzustand der Wildheit weitgehend keine Regierungsformen kennen noch auch sich irgendwelchen Zwang aufzuerlegen gewohnt sind, ist zur Genüge bewiesen, aber die in diesem Falle offenbare Ungebundenheit stammt aus ihren dürftigen Lebensumständen, die einfach nichts bieten, was je einem Menschen Anreiz wäre, sich zum Untertan eines andern zu machen. Vom Moment an jedoch, da die Menschen diesen einfachen Urzustand hinter sich lassen und in ihren Anstrengungen, sich die natürliche Lebensnotwendigkeiten zu beschaffen, auch schon Besitz ansammeln, stellen sich ganz andere Motive des Handelns ein, und sie entwickeln völlig neue Lebenshaltungen und -grundsätze. Als die Bewohner der Erde in jenen einfachen Epochen noch aus Hirten- oder Bauernstämmen bestanden, machte die bekannte Form der Eigentumsverteilung die große Mehrzahl des Volkes abhängig von einigen wenigen Fürsten, und Ehre bedeutet dann wesentlich Treue und Unterordnung, so daß dies zum besonderen Kennzeichen des Nationalcharakters wird. Die Germanen, deren hohe Begriffe von Freiheit schon Gegenstand sehr vieler wohlgebauter Satzperioden waren, pflegten sogar ihre eigene Person im Glücksspiel zu setzen, wie wir von Tacitus erfahren, und wenn sie verloren, ergaben sie sich in freiwillige Knechtschaft. Wo aber Menschen niederen Standes die Chance gegeben ist, durch ihre eigene Arbeitskraft zu Wohlstand zu kommen, und sie für ihren Broterwerb kaum

1 [Zweifellos hauptsächlich eine Anspielung auf Rousseau.]

noch um die Gunst der Höhergestellten hofieren müssen, dort dürfen wir wirklich erwarten, daß die Ideen der Freiheit allgemeine Verbreitung finden. Dies glückliche Zusammenspiel der Dinge ist der organische Ausfluß von Handel und Gewerbe: Ganz zwecklos aber wäre es, wollte man nach solchen Ideen in den unzivilisierten Gegenden der Erde suchen – so sinnlos, wie wenn man jenen Geist der Unabhängigkeit, den auch ein englischer Fuhrmann besitzt, bei Menschen niederen Standes in den Schottischen Hochlanden zu finden hoffte.

Kapitel VI
Von der Gewalt des Herrn über seine Knechte

1. Die Stellung der Knechte in den Frühzeiten der Menschheit

In den vorangegangenen Kapiteln haben wir einen Überblick über die hauptsächlichsten Unterschiede in der Rangordnung gegeben, wie sie sich unter den freien Bewohnern eines Landes finden, und dabei die Stadien der Fortentwicklung in der Gesellschaft zu erkennen versucht im Blick auf die Macht des Ehemanns, des Vaters und des Staatsoberhaupts. Nun wird es zweckmäßig sein, die Stellung der Knechte zu betrachten und festzustellen, mit welchem Grad von Gewalt die Gesetze und Gebräuche verschiedener Nationen den Herrn ausgestattet haben.

Aus den menschlichen Lebensbedingungen in einfachen und unkultivierten Ländern läßt sich leicht begreifen, auf welche Weise ursprünglich der eine Mensch zum Diener des andern wird. Ehe gesittete Lebensgewohnheiten unter den Menschen und eine ordentliche Regierungsgewalt bestehen, sind wenigbegüterte Personen harten Unannehmlichkeiten in einer wirren und gewalttätigen Zeit ausgesetzt und häufig genug gezwungen, Schutz und Hilfe bei einem mächtigen Nachbarn zu suchen, wo sie entweder in ihrer Stellung als Vasallen oder als militärische Gefolgsleute abhängig werden. Wer jedoch durch Nichtstun keinen Besitz erworben oder durch unglückliche Umstände sein Eigentum verloren hat, lebt zwangsläufig in noch schlimmerem Elend. Solchen Menschen fehlt es an Gelegenheiten oder neuem Mut zur Ausübung jener einträglichen, als Früchte von Wohlstand und Lebensverfeinerung erwachsenden Gewerbe und Berufe, durch die bei Kulturnationen eine größere Menge Menschen unter guten Lebensbedingungen existieren können. Vielfach sehen sie sich daher genötigt, einem reichen Mann zu dienen, der ihnen Lebensunterhalt für ihre Arbeitsleistung bietet. Da sie nun in ihrer ganzen Existenz auf ihn angewiesen sind, verwendet man sie seinen Verhältnissen entsprechend und nach Maßgabe ihrer Fähigkeiten für alle einfachen, niedrigen Arbeiten, die notwendig sind, um das Dasein des Herrn und seiner Familie zu sichern und angenehm zu machen.

In der Frühzeit liegen benachbarte Stämme oder Völkerschaften fast immer miteinander im Streit, so daß häufig eine der kämpfenden Parteien ganz und gar in die Gewalt der andern gerät. Welchen Gebrauch sie bei solchen Gelegenheiten von ihrem Sieg machen, das entspricht erwartungsgemäß der grausamen barbarischen Natur des betreffenden Volkes, wo die Menschen weder genügend Erfahrung noch Verstand haben, um etwa den Nutzen zu erkennen, den selbst das Kriegshandwerk abwerfen kann, wenn es mit einigermaßen humaner Gesinnung betrieben wird. Die Unterlegenen werden oft aus Haß- und Rachegelüsten getötet, läßt man sie aber am Leben, dann nur mit Rücksicht auf ihre künftige Arbeitskraft und Dienstleistungen, die dem Sieger größere Vorteile einbringen. Da in diesen Zeiten jeder einzelne auf eigene Kosten mit ins Feld zieht, fordert er auch einen entsprechenden Anteil am Gewinn des Unternehmens. Er erlangt also die absolute Verfügungsgewalt über die durch eigene Waffentaten gemachten Gefangenen oder die ihm bei der Beuteteilung als Lohn für seine Verdienste zugewiesenen.

Diese frühere Art der Beschaffung von Knechten mittels der *Gefangenschaft* führte in späteren Epochen zu einer weiteren Form, nämlich durch *Urteilsspruch eines Richters*. Im Frühzustand der Gesellschaft besaß diese noch nicht die ausreichende Machtfülle, um Verbrecher bestrafen zu können. Gab es also Streit zwischen einzelnen, so hatte der Geschädigte häufig keine andere Möglichkeit, sich Entschädigung zu verschaffen, als daß er den Angreifer bekriegte und ihn in Gefangenschaft führte. In zivilisierteren Zeitaltern hatte das Staatsoberhaupt schon die Macht, solche Vorkommnisse des Unfriedens zu ersticken, und als Richter stellte er aus eigener Machtfülle den Geschädigten manchmal in der gleichen Form zufrieden, indem er diesem den Schuldigen, seine Arbeitskraft und Dienstbarkeit, als Schadensersatz für erlittene Verluste überwies.

Gefangenschaft, freiwillige Unterwerfung der Bedürftigen oder richterliches Urteil – dies sind die drei Umstände, durch die viele Menschen in absolute Unfreiheit geraten können und zu Knechten der Reichen und Begüterten werden. Man mag die Frage stellen, inwieweit in solcher Lage der Mensch berechtigt ist, von der ihm durch Glücksfälle in die Hand gegebenen Macht Gebrauch zu machen. Auch ist nur schwer zu bestimmen, welches Maß von Gewalt wir uns nach den Grundsätzen von Gerechtigkeit und Menschlichkeit überhaupt über unsere Mitmenschen anmaßen dürfen. Aber es bleibt ohne Frage eine Tatsache, daß der Mensch gewöhnlich so beschaffen ist, daß er die Macht in einer Weise benutzt, wie sie seine Interessen am besten fördert und die herrschenden Neigungen seines Charakters am ehesten befriedigt. Und es ist eine natürliche Annahme, daß er seinen Herrenrechten über jene unglücklichen Menschen, die durch ihre Lebensverhältnisse in den bedingungslosen Gehorsam gegen seine Befehle hineingezwungen wurden, nicht die geringsten Grenzen setzen würde. An Arbeit forderte er so viel, an Lohn gab er so wenig wie möglich. Stellte er fest, daß sie in ihren Beschäftigungen nachlässig waren, dann legte er ihnen ein willkürliches Strafmaß auf, und mit der Brutalität des Wilden ließ er sich in manchen Fällen zu so harter Züchtigung hinreißen, daß sie dabei ihr Leben einbüßten. War keine Arbeit mehr für sie da oder die Gelegenheit günstig, so versuchte er sie mit größtmöglichem Gewinn loszuwerden. Wollte er aber die Zahl seiner Knechte erhöhen, so betrieb er zuweilen ihre Fortpflanzung, so daß die über die Eltern ausgeübte Gewalt sich nun auch auf ihre Nachkommenschaft erstreckte, die er sich ja hatte großziehen müssen und deren Existenz genau so von ihm abhing.

Knecht sein bedeutete in jenen rohen Zeiten allgemein fast dasselbe wie Sklave sein. Der Herr besaß uneingeschränkte

Gerichtsbarkeit über seine Knechte mit dem Recht des jederzeitigen Verkaufs. Er gab ihnen keine Entlohnung außer ihrem Lebensunterhalt, er ließ kein Eigentum zu, sondern beanspruchte jegliche Sache für sich selbst, die sie durch ihre Arbeit oder auf diese oder jene Weise erworben hatten.

So scheint sich der Besitz von Haussklaven schon früh bei den Völkern des Altertums eingebürgert zu haben – bei den Ägyptern, Phöniziern, Juden, Babyloniern, Persern, Griechen und den Römern. Auch heute ist dies noch bei den Barbarenstämmen üblich, von deren Existenz in den verschiedensten Gegenden der Welt wir Kenntnis haben.

Allerdings haben die meisten Wilden Amerikas nur wenige Sklaven. Der Grund hierfür ist, daß ihre Lebensverhältnisse die Entstehung von Reichtum zur Haltung einer Anzahl Knechte nicht möglich machen. Da es normalerweise lästig wäre, wenn sie einen bezwungenen Feind ernähren müßten, handeln sie nach ihrer natürlichen Brutalität und bringen ihn mit Vorbedacht kaltblütig um. Wenn sie ihren Gefangenen gelegentlich doch Menschlichkeit erweisen, dann nur weil Krieg oder außergewöhnliche Katastrophen sie so dezimiert haben, daß sie ihre eigene zahlenmäßige Stärke auffrischen müssen. Diese Fälle sind selten, und so sind die Menschen, die man am Leben gelassen hat, in ihrer Stellung kaum von den Kindern der Familie unterschieden, in der sie leben, sie werden vielmehr in aller Form adoptiert, um die Stelle der umgekommenen Verwandten einzunehmen.[1]

Die Tataren auf der andern Seite haben keine Schwierigkeiten, sich ihr Hausgesinde zu halten, da sie an ihren Klein- und Großviehherden ansehnliches Vermögen besitzen. Deshalb lassen sie die Gefangenen meist am Leben, um ihre Arbeitskraft gewinnbringend zu verwerten, so daß die Form des bei ihnen üblichen Knechtschaftsverhältnisses sie bewogen hat, ihre Feinde mit ziemlicher Mäßigung zu behandeln, wie man

1 Bei einigen amerikanischen Völkerschaften werden diese Gefangenen jedoch schlechter gehalten als bei anderen. Sie leben dann aber immer als Sklaven. Vgl. Lafitau, Mœurs de Sauvages Ameriquains, 4to. tom. 2, p. 308.

dies sonst bei einem Volk von so wildem und barbarischem Naturell kaum erwarten würde.
Diese Beobachtungen darf man auch auf die Neger der Küste Guineas ausweiten, die allein aus dem mit den europäischen Nationen gepflogenen Umgang einen noch größeren Gewinn ziehen, wenn sie ihre Feinde am Leben lassen. Gleichzeitig kann man aber nicht daran zweifeln, daß die kriegerischen Zusammenstöße solcher Barbaren untereinander aus diesem Grund zwar weniger blutig auslaufen, ihre Kriege dafür aber sehr viel häufiger geworden sind: Aus der starken Nachfrage nach Sklaven für den europäischen Markt existieren bei ihnen die gleichen Motive, sich der Person des Nachbarn zu bemächtigen, die die Bewohner anderer Länder antreibt, wenn sie sich einander ihres Eigentums berauben.

2. *Die Hauptauswirkungen von Reichtum und Gesittung im Hinblick auf die Behandlung der Knechte*

Solche Lebensgewohnheiten und Gebräuche wie die beschriebenen entsprechen dem Mangel an Erfahrungswissen ebenso wie den rohen Sitten einer primitiven Frühzeit. Zunächst scheint es so, daß der Herr, wenn er seine Knechte den Bedingungen der Sklaverei unterwirft, auch die größten Vorteile aus deren künftigen Dienst- und Arbeitsleistungen zöge. Doch bei zunehmender Gesittung eines Volkes und beträchtlichen Fortschritten in Handel und Gewerbe könnte man annehmen, daß die Menschen großzügigere Anschauungen hegten und sich von weiterblickenden Überlegungen der Nützlichkeit leiten ließen.
Vom Sklaven, der für seine Arbeit keinen Lohn erhält, kann man nicht erwarten, daß er sehr viel Energie und Tätigkeitsdrang in der Ausübung irgendwelcher Beschäftigungen an den Tag legt. Seine Nahrung bekommt er auf jeden Fall, und bei allergrößtem Fleiß erhält er auch nicht mehr. Da er nur arbeitet, weil er in ständiger Furcht lebt, läßt sich gut denken,

daß er untätig bleibt, sooft er es ohne Furcht vor Strafe tun kann. Dieser Umstand kann leicht übersehen werden, wo die Bewohner eines Landes keinerlei Höherentwicklung kennen. Doch wenn die bürgerlichen Gewerbe zu blühen beginnen, wenn durch die großartigen Leistungen von Fleiß und Geschicklichkeit die Waren und Güter billiger und vollkommener werden – wenn dies alles immer deutlicher erkannt wird, dann muß man einsehen, wie wenig die Arbeit eines Sklaven abwirft, der weder zur Erlernung solcher Fertigkeiten angehalten noch an fleißiges regelmäßiges Arbeiten gewöhnt wurde, welches die wesentlichen Voraussetzungen sind für die höheren und komplizierteren Tätigkeitsbereiche der Gewerbe.
Das läßt sich am Preis der Arbeitskraft auf unsern Westindischen Inseln erläutern, wo die dortigen Bewohner sich zweifellos die allergrößte Mühe geben, ihre Sklaven am Nichtstun zu hindern. Auf Jamaika wird die jährliche Arbeitsleistung eines Negersklaven für Feldarbeiten beim Marktangebot an einen Herrn nicht höher veranschlagt als auf 9 £ dortiger Währung. Ist jedoch ein Neger als Zimmermann ausgebildet, so beträgt der Wert seiner jährlichen Arbeitsleistung im Höchstfall 36 £, wohingegen ein freier Mann in derselben Tätigkeit 70 £ im Jahr verdienen kann.[1]

1 In Nordamerika sollen die Sklaven sehr viel besser behandelt werden als auf den Westindischen Inseln. Man ist dort der Ansicht, daß die Aufwendungen für einen gewöhnliche Arbeiten verrichtenden Negersklaven nicht viel geringer sind als die für einen freien Arbeiter. In den Jerseys und in New York ließen sich die Aufwendungen für einen Negersklaven folgendermaßen errechnen:

Ursprünglicher Kaufpreis, ca. 100 £ dortiger Währung, bei doppeltem Zins, zum Zinsfuß von 7 %	£ 14
Bekleidung, pro Jahr	6
Arzneien usw.	3
Verpflegung	15
	sa. £ 38 pro Jahr.

Ein freier Arbeiter in jenen Provinzen erhält bei Anstellung pro Jahr zwischen 24 £ und 30 £; es kommen hinzu 15 £ für Verpflegung. Um aber diese Rechnung im richtigen Verhältnis zu sehen, müssen wir auch noch das Risiko miteinkalkulieren, daß der Neger nach dem Kauf sich vielleicht als für die Arbeit untauglich erweisen und seine Arbeitsleistung folglich von geringem Wert sein könnte.

Es sollte weiter beachtet werden, daß für gesittete Nationen die Anstellung von Sklaven gewöhnlich weit teurer ist als bei einfachen und barbarischen Völkerschaften.
Nach der Errichtung einer ordentlichen Regierungsgewalt im Lande werden die Bewohner davon abgehalten, sich gegenseitig auszuplündern. Und die Autorität der Behörden sichert auch Menschen aus niedrigstem Stand ausreichend vor Unterdrückung und Unrecht. Mit der Höherentwicklung von Handel und Gewerbe wächst auch die Nachfrage nach Arbeitskräften an, wodurch dem fleißigen Streben größere Anreize geboten werden. Die Armen haben bessere Chancen, ihren Lebensunterhalt durch Beschäftigungsarten zu verdienen, die kaum zu nennenswerter Unterwerfung oder Abhängigkeit führen. So werden die Leute aus bescheidenen Verhältnissen allmählich von der Notwendigkeit befreit, daß sie um ihres Lebensunterhalts willen Sklaven werden müssen. Die herkömmliche Übereinkunft aber, wonach eine freie Person ihre Freiheit aufgab und sich der Gewalt eines Herrn unterstellte, wird immer seltener und gilt schließlich als unvereinbar mit den natürlichen Rechten des Bürgers.
So durfte bei den Römern während der Republik und selbst unter den Kaisern kein freier Bürger durch vertragliche Abmachung der Sklave eines andern werden.[2] Es war auch ganz im Sinne der hochentwickelten Gesetze dieses Volkes, – die unbillige Verträge, wodurch einer Partei ein unangemessenes Vorrecht eingeräumt wurde oder ein unverhältnismäßig hoher Gewinn zum Schaden der andern Partei entstand, für null und nichtig erklärten –, wenn in solchem Falle bestimmt wurde, daß ein Handel, bei dem ein Mensch seine sämtlichen Rechte an einen Herrn abtrat und folglich nichts dafür erhielt, von der bürgerlichen Obrigkeit weder begünstigt noch gebilligt werden sollte.

2 Vgl. Heineccins, Ant. Rom. lib. I, tit. 5, § 6. Diese Bestimmung ließ jedoch eine Ausnahme zu, nämlich wenn ein Mann betrügerischerweise sich dazu hergab, daß er verkauft wurde, um am Verkaufspreis beteiligt zu werden. In diesem Fall wurde er Sklave desjenigen, den er betrogen hatte. L. 3. Dig. quib. ad. libert. proclam. non licet.

Haben die Menschen erst einmal die segensreichen Wirkungen friedlicher Tätigkeiten erfahren und nehmen sie seltener an feindseligen Handlungen gegeneinander teil, so gibt es auch weniger Gelegenheiten, sich eine Menge Sklaven mittels Kriegsgefangener zu beschaffen. Gleichzeitig aber wirkt sich die Kultiviertheit auf Naturell und Eigenschaften eines Volkes so aus, daß eine völlige Wandlung im Charakter der Kriegsführung eintritt. Denn die althergebrachte Einrichtung, wonach jeder Waffenfähige auf eigene Kosten zum Feldzug zu erscheinen hat, wird eine unerträgliche Bürde für alle, die ein Leben in Muße und Vergnügen entkräftet hat oder die ihren einträglichen Berufen nachgehen – weshalb man allmählich zur Verwendung von Söldnertruppen in der Landesverteidigung übergeht. Eine so geordnete Armee wird vom Staat unterhalten, die Soldaten erhalten regelmäßigen Sold, der als volle Entschädigung für ihren Dienst gilt, so daß sie offensichtlich keinen Anspruch mehr haben auf die außerordentlichen Gewinne, die aus der Kriegsbeute erwachsen können. Folglich werden die Gefangenen zwar nach wie vor in die Knechtschaft geführt, aber nicht mehr als Eigentum der bestimmten Personen betrachtet, von denen sie überwunden wurden: sie gehören nun dem Staat, auf dessen Kosten und Risiko der Krieg unternommen wird.[3]

Einen ähnlichen Wandel können wir in bezug auf die Beschaffung von Sklaven durch Urteilsspruch des Richters feststellen. In rohen Frühzeiten lag der Sinn der Strafe darin, das Rachebedürfnis der klagenden Partei zu befriedigen. Wurde also die eines Vergehens angeklagte Person für schuldig befunden, so überließ man sie aus diesem Grund oft dem Kläger als Sklave. Doch mit zunehmenden Fortschritten in den Lebensformen war das Eingreifen der Behörde im stärkeren Maße von Rücksichten auf den allgemeinen Nutzen bestimmt.

3 Dementsprechend bestimmt das spätere Römische Recht, daß der Soldat keinerlei Anspruch auf Anteil an der Kriegsbeute hat, es sei denn er erhalte daraus eine besondere Schenkung des Kaisers. (L. 20. § 1. Dig. de capt. et postl. l. 36. § 1. c. de donat.)

Da nun Verbrechen von Einzelnen grundsätzlich im Lichte eines Verstoßes gegen die Gesellschaft gesehen wurden, war es in diesem Sinne konsequent, daß der Schuldige zum Sklaven des Staates wurde, man ihn zu Arbeiten verwendete, die dem Staat dienten, oder daß über ihn so verfügt werden konnte, wie es für die Staatseinkünfte am günstigsten war.
Sind die Bewohner eines gesitteten Landes demnach weitgehend der ursprünglichen Formen des Sklavenerwerbs beraubt, so müssen sie sich den Großteil ihrer Sklaven entweder durch Kauf von ärmeren oder kulturloseren Nachbarn verschaffen oder dadurch, daß sie direkt bei ihrem ursprünglichen Sklavenbestand für Nachwuchs sorgen und diesen dann aufziehen. Wenn die Dinge sich so verhalten und wir nun alle Aufwendungen für die Arbeitskraft eines Sklaven zusammenrechnen wollen, so müssen wir notwendigerweise nicht nur die Unterhaltskosten, sondern auch die beim Ersterwerb verauslagte Summe in Rechnung stellen einschließlich aller Lebensrisiken, denen der Sklave ausgesetzt ist.
Bei genauer Erwägung dieser Umstände wird es klarer, daß die Arbeit eines Sklaven, der nichts als nur seinen bloßen Unterhalt empfängt, in Wirklichkeit teurer ist als die Arbeit eines freien Mannes, der regelmäßigen Lohn im Verhältnis zu seiner Arbeitsleistung erhält.
Doch leider besteht beim Menschen nur selten Neigung und Bereitschaft, diesen Punkt mit gebührender Aufmerksamkeit und zureichender Unvoreingenommenheit zu prüfen. Die Institution der Sklaverei wird, da sie schon seit frühesten Zeiten besteht, auch später mit jenem blinden Vorurteil akzeptiert, das man gemeinhin für althergebrachten Brauch hegt: man übersieht die Nachteile, jede Neuerung an der Institution selbst wird als gefährlich angesehen. Der Machtbesitz ist zu bequem, als daß man ihn leicht aufgäbe. Nur wenige Menschen lassen sich auf das Wagnis eines Experiments ein; noch seltener aber sind Menschen, die, inmitten der Vorurteile eines ganzen Landes, in der Lage wären, dieses Wagnis in redlicher Gesinnung zu unternehmen. Dementsprechend stellen wir fest,

daß diese Institution, wie unvereinbar auch mit den Menschenrechten, wie schädlich und den wahren Interessen des Herrn auch entgegengesetzt, in allen Ländern, wo sie einmal eingeführt war, bestehen blieb, von Generation zu Generation weitergegeben wurde – bei all den sonstigen Beispielen der Höherentwicklung der Gesellschaft in den Wissenschaften, Künsten und Gewerben.

Es ist sogar häufig der Fall, daß die Fortschritte einer Nation auf diesen Gebieten nur größere Strenge in der Behandlung der Sklaven mit sich bringen. Die Einfachheit der frühen Zeiten läßt wenig Unterschied zwischen dem Herrn und seinen Knechten aufkommen, was ihre Beschäftigungen und Lebensweise betrifft. Zwar werden sie von seiner Gewalttätigkeit und Unberechenbarkeit in manchen Fällen viel Schlimmes ertragen müssen, aber der Herr erfreut sich in Kleidung, Behausung und den üblichen Vergnügungen keiner wesentlichen Überlegenheit gegenüber seinen Knechten. Doch mit dem Fortschritt zu Wohlstand und Luxus hebt diese Gleichheit sich nach und nach auf. Die Höherentwicklung auf allen Gebieten, die den Komfort und die Lebensannehmlichkeiten vervielfältigt, alle Dinge, die der Muße, dem Vergnügen, dem Pomp oder Zeitvertreib dienen, – all dies wird größtenteils von den Reichen und Freien mit Beschlag belegt, während diejenigen, die im Stand der Knechtschaft leben, in ihren ursprünglichen dürftigen Verhältnissen gehalten werden. Die Sklaven sitzen längst nicht mehr mit dem Herrn an einem Tisch. Er ist für sie ein Wesen höherer Ordnung, dem sie sich nur selten nähern dürfen, mit dem sie kaum noch etwas gemeinsam haben, der über alle Plackerei und Arbeitslast, die ihnen auferlegt ist, mit Gleichgültigkeit hinwegsieht und bei dem sie nur mühsam ein kärgliches Dasein fristen:

> Ipse dominus dives operis, et laboris expers,
> Quodcunque homini accidit libere, posse retur:
> Aequom esse putat: non reputat laboris quid sit:
> Nec, aequom anne iniquom imperet, cogitabit.[4]

4 Plautus, Amphitr. »Und dein Plutokrat von einem Herrn, der selber

Auf was für schmerzliche, niederdrückende Vergleiche, auf welche Gedanken schrecklicher Demütigung müssen diese armen Menschen nicht kommen, die so in Frondiensten leben müssen! – Gedanken, die sie zwangsläufig verbittert machen, sie über schlimme Absichten brüten lassen und nur Trotz und böswilligen Eigensinn hervorbringen. Denn unmöglich kann der Mensch, durch welche Methoden auch immer, gegen Bedrückung so unempfindlich werden und sich wie ein Lasttier ganz und gar in sein Joch schicken, daß er nicht wenigstens gelegentlich sein Los empfände und seinen Haß gegen den Unterdrücker zum Ausdruck brächte. Das wiederum macht strengere Disziplin notwendig, will man die Halsstarrigkeit von Leuten brechen, die ihren Arbeitspflichten nicht nachkommen wollen. Darüber hinaus aber wachsen sich die bei reichen, in Luxus lebenden Völkern vorhandenen Sklavenmassen zu einer Bedrohung für den Staat aus, man muß sie scharf bewachen und für absolute Unterjochung sorgen, will man den Vergeltungsakten vorbeugen, zu denen sie oft in ihrer Verzweiflung über ihre Leiden getrieben werden. Das ist zumindest der Vorwand für die schrecklichen Brutalitäten, die in unseren Kolonien die Neger häufig ertragen müssen und die übrigen auch von Personen des schwachen Geschlechts an den Tag gelegt werden – in einer Zeit, die sich durch Humanität und Gesittung auszeichnet.

Der unermeßliche Reichtum, den die Römer gegen das Ende der Republik und auch nach der Einrichtung der Despotie genossen, brachte in der Behandlung der Sklaven ein solches Maß von Brutalität und Willkür, wie man es in früheren Zeiten nicht gekannt hatte:

nie einen Finger rührt, der nimmt das einfach so hin, daß jeder Wunsch, der ihm in den Kopf schießt, gleich erfüllt wird: Ja, er hält das sogar für ganz richtig so, und denkt nicht daran, was das für Arbeit macht und überlegt auch nicht, ob er etwas Rechtes oder Unrechtes befiehlt.«
(Akt I, v. 170ff. – Übertragung nach der englischen Prosaübersetzung von Paul Nixon, Loeb Class. Library, London – Cambridge, Mass., 1961. – Anm. d. Übers.)

. . . Hic frangit ferulas, rubet ille flagellis,
Hic scutica: sunt quae tortoribus annua praestent.
Verberat, atque obiter faciem linit, audit amicas,
Aut latum pictae vestis considerat aurum,
Et caedit, longi relegit transversa diurni
Et caedit, donec lassis caedentibus, exi
Intonet horrendum, jam cognitione peracta:
Praefectura domus Sicula non mitior aula.[5]

Es konnte natürlich nicht ausbleiben, daß die Bürgerschaft sich für besonders scheußliche Ungeheuerlichkeiten dieser Art auf die Dauer interessierte und daß die allmählich sich weiterentwickelnde Regierungsgewalt sie bis zu einem gewissen Grade ausmerzen würde. Wenn man die Institution der Sklavenhaltung als solche zwar beibehielt, traf man doch Regelungen, die den Herrn von so zügelloser Anwendung seiner Macht abhalten sollten, da dies im Grunde seinem Nutzen zuwiderlief und nur als sinnloser Mißbrauch des eigenen Eigentums betrachtet werden konnte.

Das jüdische Gesetz hat schon sehr früh zu diesem Zweck einige Verordnungen festgelegt:

Wer seinen Knecht oder seine Magd schlägt mit einem Stabe, daß sie sterben unter seinen Händen, der soll darum gestraft werden. Bleibt er aber einen oder zwei Tage am Leben, so soll er nicht darum gestraft werden; denn es ist sein Geld . . .

5 Juvenal, Sat. 6.
»... der eine bekommt den Rohrstock auf dem Rücken zerbrochen, der nächste wird von der Knute, der dritte von der Peitsche blutig geschlagen; manche Weiber stellen die Schinder mit Jahresgehalt ein. Während der Auspeitscherei schminkt sich die Dame oder hört dem Geplauder der Freundinnen zu oder betrachtet sich genau den breiten goldbestickten Saum des Gewands. Während der ganzen Auspeitscherei liest sie das ausführliche Journal, das quergeschriebene, – bis die Schinder erlahmt sind, die Untersuchung beendet ist und sie barsch ihr ›Hinaus!‹ donnert: In ihrem Hause herrscht ein so grausames Regiment wie an einem sizilianischen Hof.« (Vgl. v. 479–86. Übertragung nach der englischen Prosaübersetzung von C. G. Ramsay, Loeb Class. Library, London – Cambridge, Mass. 1961. – Anm. d. Übers.)
Vedius Pollio, ein römischer Bürger, soll die Fische in seinen Teichen mit dem Fleisch seiner eigenen Sklaven gefüttert haben. Donat. ad Terentii Phorm. act 2, scen. I.
In bezug auf die Behandlung der römischen Sklaven vgl. auch Mr. Humes gelehrten Essay über die Bevölkerungszahl der Völker des Altertums.

Wenn jemand seinen Knecht oder seine Magd in ein Auge schlägt und verderbt es, der soll sie frei loslassen um das Auge.
Desgleichen, wenn er seinem Knecht oder seiner Magd einen Zahn ausschlägt, soll er sie frei loslassen um den Zahn.[6]

Zu Athen durften Sklaven, die von ihrem Herrn übel mißhandelt worden waren, im Tempel des Theseus Zuflucht suchen und einen Prozeß gegen ihren Herrn anstrengen; war ihre Klage begründet, so wurde dem Herrn die Auflage gemacht, sie zu verkaufen.
In dieser Sache erließen die römischen Kaiser eine Reihe den Billigkeitsgrundsatz berücksichtigender Gesetze. In der Regierungszeit des Augustus wurden zuerst der absoluten Gewalt des Herrn Beschränkungen auferlegt durch die Verordnung, daß der *Praefectus urbi,* der Stadtgouverneur, den Sklaven, die mit unzulässiger Strenge behandelt worden waren, Entschädigungen zubilligen müsse. Unter Claudius wurde festgesetzt, daß der Herr bei Vernachlässigung der Sklaven während deren Krankheit das Eigentumsrecht verwirkte; ließ er sie umbringen, war er des Totschlags schuldig. Bald darauf wurde auch jener unmenschliche Brauch, Sklaven zum Kampf mit wilden Tieren zu zwingen, der unglaubliche Auswüchse trieb und offenbar ein Lieblingsvergnügen aller Stände war, teilweise eingeschränkt. Weitere Satzungen gab es später unter Hadrian, Antoninus Pius und Konstantin, die schließlich bestimmten, daß der Herr, der den eigenen Sklaven aus Vorsatz und nicht aus zufälligem Übermaß an Züchtigung tötete, die übliche auf Mord stehende Strafe erleide.

6 2. Mose 21, 20–21; 26–27 (Exodus). Es hat sich die Frage erhoben, ob die beiden zuletzt zitierten Verordnungen in Vers 26 und 27 sich auf Sklaven bezogen, die von fremden Völkern erworben wurden, oder nur auf jene Israeliten selber, die in den Stand der Knechtschaft gekommen waren. Dieser letzteren Meinung ist Grotius. Vgl. Grotius, com. ad cit. cap.

3. *Von den Ursachen der Freiheit für die arbeitenden Menschen in den neueren Staaten Europas*

Welches glückliche Zusammentreffen der Umstände war es aber, wodurch die Sklaverei in Europa so vollständig abgeschafft wurde? Und welche mächtigen Beweggründe hatten unsere Vorväter veranlaßt, von den Grundsätzen anderer Nationen abzuweichen, um eine Sitte aufzugeben, die in andern Gegenden der Erde so allgemein beibehalten wurde?

Die Barbaren des Nordens, die die Grundlagen der heutigen Staaten Europas legten, sollen eine Anzahl Sklaven gehabt haben, die sie entweder durch Gefangennahme oder freiwillige Unterwerfung besaßen und über die der Herr absolute Gewalt ausübte.[1]

Als diese Völker in das Römische Reich einfielen und sich in den verschiedenen Provinzen niederließen, fiel ihnen durch wiederholte Siege eine riesige Menge Gefangener in die Hände, die sie in die Knechtschaft führten und durch deren Hilfsdienste sie nun Landgebiete von entsprechend großem Umfang in Besitz nehmen und bearbeiten konnten. Nach der diesen Barbaren eigenen einfachen Lebensweise wurde die Hauswirt-

1 Tacitus gibt folgenden Bericht von der Situation der Sklaven bei den Germanen: »Das Würfelspiel betreiben sie merkwürdigerweise auch in nüchternem Zustand wie ernste Dinge, und zwar mit solcher Leichtfertigkeit beim Gewinnen und Verspielen, daß sie dann, wenn alles vertan ist, mit einem entscheidenden letzten Wurf Freiheit und Leben einsetzen. Der Verlierer geht freiwillig in die Knechtschaft; auch wenn er jünger, auch wenn er kräftiger ist, läßt er sich binden und verkaufen. Derart ist ihre Sturheit in einer verkehrten Sache – sie selbst nennen es ›Treue‹. Auf diese Weise Versklavte geben sie im Handel wieder weg, um auch selber die Peinlichkeit des Sieges loszuwerden.

Die anderen Sklaven verwenden sie nicht in unserer Art, wo die Aufgabenbereiche genau auf die Dienerschaft verteilt sind; jeder Sklave leitet sein eigenes Anwesen, seinen eigenen Hausstand. Der Herr legt ihm wie einem Pächter nur eine bestimmte Abgabe von Getreide oder Vieh oder Tuch auf, und nur insoweit muß der Sklave gehorchen; sonst besorgen ja Ehefrau und Kinder die Geschäfte im Haus. Es ist selten, daß man einen Sklaven schlägt und mit Einsperren und Zwangsarbeit maßregelt; doch ist es nicht ungewöhnlich, daß man einen totschlägt, freilich nicht zur Wahrung der Zucht und Strenge, sondern im Wutanfall und Jähzorn, wie einen Verfeindeten, nur daß das straffrei ist.« Tacitus, Germ. § 24, 25.

schaft gewöhnlich von den Angehörigen der Familie besorgt, ihre Knechte aber verwendeten sie größtenteils zur Bestellung ihrer Ländereien.

Es scheint, daß mit der Niederlassung dieser Eindringlinge im Römischen Reich sich kein sofortiger Wandel in ihrer Einstellung zur Sklaverei vollzogen hat und daß die Sklaven, die sie normalerweise auf dem Wege ihrer Waffenerfolge erlangten, zunächst genauso gestellt waren wie die schon früher bei ihnen vorhandenen. Der Herr besaß unumschränktes Recht zu ihrer Maßregelung, konnte ihnen sogar ungestraft das Leben nehmen. Sie durften vom Herrn nach Belieben veräußert oder verpfändet werden, sie konnten ohne seine Zustimmung weder eine Ehe eingehen oder irgendeinen anderen Vertrag schließen. So sehr galten sie als sein Eigentum, daß er sie von jedem, in dessen Besitz sie etwa gelangt waren, zurückfordern konnte durch eine einfache Klage auf Herausgabe des Eigentums. Waren sie demzufolge als Privatpersonen rechtlos, so gehörte dem Herrn auch alles, was sie durch eigene Arbeit erwarben, während er ihnen gewöhnlich nur einen recht bescheidenen, ungesicherten Unterhalt bot. Auch in bezug auf bürgerliche Eigenschaften sah man diese Klasse Menschen in einem ebenso erniedrigenden Licht. Sie besaßen keinerlei Bürgerrechte, und vor Gericht wurden sie nur selten als Zeugen gegen einen freien Mann zugelassen.[2]

Diese Fronknechte gelangten nun aber nach dem Charakter der Tätigkeiten, für die man sie verwendete, allmählich in eine Position, aus der heraus sie von ihrem Herrn eine Reihe von Privilegien erhalten konnten, durch die sich nach einigen Generationen ihre Stellung mehr und mehr verbesserte, so daß sie zu höherem Rang und Ansehen aufstiegen.

Da nun aber solche einem Herrn gehörigen unfreien Bauern nicht ständig im Hause untergebracht werden konnten, wenn sie seine Felder in ökonomischer Weise bebauen sollten, mußten ihnen in entsprechender Entfernung an verschiedenen Stel-

2 Potgiesserus, de statu servorum, lib. 2 cap. 1. 3, 4, 5, 9. Ibid. cap. 10, § 3. 7, 8. Ibid. lib. 3, § 1. 3.

len des Landguts feste Wohnstätten eingerichtet werden. Auf diese Weise erhielten sie gesonderte Wohnorte zugewiesen; einzelne Personen bekamen jeweils ihre Höfe zur Bewirtschaftung, die alle nicht weit voneinander lagen und also kleine Dörfer oder *Weiler* bildeten, – daher wieder ihr Name *villani*, englisch *villains*,[3] das sind Hörige oder Gutseigene.

Es ist leicht einzusehen, daß unter diesen Umständen der Eigentümer eines Großguts das Tun und Lassen seiner Dienstleute nicht überblicken konnte, die in Familiengemeinschaft über den ganzen weiten Bereich seiner Domäne verstreut lebten. Es wäre auch vergeblich gewesen, etwa daran zu denken, sie durch scharfe Maßregelungen zum Arbeiten anzuhalten, sobald etwas von ihrer Untätigkeit bekannt wurde. Die geringste Erfahrung hätte genügt zu zeigen, daß nichts dergleichen seine Wirkung tun könne und das einzige Mittel, die Arbeitswilligkeit der Leute anzustacheln, darin bestand, daß man ihnen eine Belohnung für die geleistete Arbeit in Aussicht stellte. So erhielten sie des öfteren neben dem üblichen Lebensunterhalt eines Knechts kleine Gaben, die sich aus Gewohnheit allmählich in einen regelmäßigen Lohn verwandelten. Da nun dies ein Gegenstand war, den sie behalten und frei darüber verfügen durften, bürgerte es sich im Laufe der Zeit auch ein, daß sie selbst eigentumsfähig sein konnten.

Nachdem der Herr nun vom Gros seiner Dienstleute entfernt wohnte und zu der heilsamen Methode übergegangen war, sie zu bestechen statt Zwangsmittel anzuwenden, um sie zu ihren Beschäftigungen anzuhalten, kam er nicht mehr so oft in die Lage, durch ihre Nachlässigkeit gereizt zu werden. Er hatte nur noch selten Anlaß, streng mit ihnen zu verfahren, und folglich verlor sich das alte Herrenrecht über Leib und Leben schließlich wegen Nichtausübung ganz.

War ein Knecht schon längere Zeit auf einem bestimmten Hof beschäftigt und mit den speziellen hier erforderlichen Formen der Bebauung vertraut, so war er um so besser qualifiziert, die Bewirtschaftung auch in Zukunft weiterzuführen. Es wäre

3 (Vgl. auch oben S. 90. – Anm. d. Übers.)

also den Interessen des Herrn zuwidergelaufen, hätte er ihn auf einen anderen Hof versetzt oder ihm eine andersartige Arbeit zugewiesen. So kam es nach und nach, daß man diese Bauern als zum Hof selber gehörige Sache ansah und sie auch gemeinsam als Teil des Grundstücks, auf dem sie zu arbeiten gewohnt waren, veräußerte.

Da diese Veränderungen stufenweise vor sich gingen, ist es schwierig festzustellen, zu welchem genauen Zeitpunkt sie abgeschlossen waren. Die fortdauernden wirren Verhältnisse, die in den westlichen Ländern Europas generationenlang herrschten, nachdem die Germanenvölker sie überrannt hatten, verhinderten auf lange Zeit hinaus die Entwicklung von Handel und Gewerbe bei den neuen Bewohnern. Mit dem 12. Jahrhundert etwa ist in den verschiedenen europäischen Ländern ein merklicher Fortschritt wieder spürbar, und es mag als ein Zeichen der höherentwickelten Bodenkultivation gewertet werden, daß um diese Zeit auch die Hörigen schon umfangreiche Privilegien besaßen. Damals war bereits die Gewalt des Herrn über Leib und Leben erloschen, und die Formen körperlicher Züchtigungen, denen sie früher unterworfen wurden, zeigten mehr und mehr Mäßigung. Auch konnten sie bereits allgemein selbständiges Eigentum besitzen.[4]

Die Auswirkungen der hier besprochenen Verhältnisse lassen sich auch noch in der Geschichte der Griechen und Römer nachweisen, bei denen die bäuerlichen Dienstleute in besserer Lage waren als die andern Sklaven. Sie mußten zwar dem Eigentümer auf Lebenszeit dienen und durften auch zusammen mit dem Grund und Boden, auf dem sie arbeiteten, verkauft werden. Aber als Personen unterlagen sie keiner absoluten Gerichtsbarkeit des Herrn. Sie waren ohne seine Einwilligung zu heiraten berechtigt, erhielten Lohn für ihre Arbeit und

4 Potgiesserus, de statu serv. lib. 2, cap. 1, § 24. Dieser Autor berichtet von einem besonderen Fall der Mäßigung des Herrn in bezug auf die Züchtigung seiner Knechte, wie sie ungefähr zu jener Zeit herrschte:
»Die Züchtigung war jedoch insofern milde, als die Knechte nur mit einem Stock geschlagen wurden, der nicht dicker und breiter als ein *veru* (die Dicke eines Pfeils) sein durfte, wie ich mich erinnere, im alten Pergamentkodex zu Werdinensis gelesen zu haben.« Ibid.

konnten von rechts wegen alles als Eigentum besitzen, was sie durch eigene Leistung an Gütern erworben hatten.
Es scheint jedoch an dem sehr engumgrenzten Staatsgebiet dieser alten Völker gelegen zu haben, wenn der größeren Ausweitung der den Bauern gewährten Privilegien dort Einhalt geboten war. Etwa 7 Morgen Land war ursprünglich das höchste, was ein römischer Bürger besitzen durfte, ein Stück also, das er mit eigener Hand oder mit Hilfe seiner Familie bewirtschaften konnte. Und die Annahme ist begründet, daß auf Jahrhunderte hinaus keine Person Güter besaß, deren Bewirtschaftung das Halten vieler Knechte erforderlich machte oder die so ausgedehnt gewesen wären, daß Aufsicht und Regiment über die Beschäftigten große Mühen und Schwierigkeiten bedeutet hätten.[5]
Als aber die weiträumigen und volkreichen Länder unter römischer Herrschaft von den kleinen Germanenstämmen unterworfen und verwüstet worden waren, gingen sehr ausgedehnte Landgüter zusammen mit der entsprechenden Anzahl von Sklaven direkt in den Besitz einzelner Personen über. Da diese Menschen ihre ursprünglich einfache Lebensweise beibehielten, ihnen auch großenteils jeglicher Handelsverkehr fremd war, erhielten sich ihre weiten Besitzungen auf Generationen hinaus in unzerstückeltem Zustand. Während inzwischen die fortschreitenden Verbesserungen in der Agrarwirtschaft stattfanden, dem Gutseigentümer aber gleichzeitig die große Menge seiner Hörigen an sich zu einer Sorge wurde, sah er sich genötigt, ein gewisses Vertrauen in sie zu setzen, und entdeckte mit der Zeit auch immer deutlicher, welcher Nutzen darin lag, wenn man sie zum Fleiß und Arbeiten dadurch anstachelte, daß man ihnen ihren persönlichen Vorteil vor Augen stellte.
Waren dies die Motive, die den Herrn bewogen, seine Knechte für ihre Arbeit zu belohnen, so bestimmte dies ihn später auch, seine Freigiebigkeit nach Maßgabe der Arbeitsleistung jeweils zu erhöhen. Da er keine Möglichkeit hatte, genau hinzu-

5 Vgl. Dr. Wallace über die Zahl der menschlichen Bevölkerung.

sehen, wie sie schalteten und walteten, mußte er zur Bemessung ihres Arbeitseifers sich auf den effektiven Ertrag stützen. Brachten sie ihm eine gute Ernte ein, fügte er ihrem Arbeitslohn etwas hinzu und stellte ihnen dabei zugleich in Aussicht, daß auch künftige Anstrengungen und gutes Wirtschaften entsprechend belohnt würden. Das gab mit der Zeit die ausdrückliche Vereinbarung ab, daß ihre Gewinne vom Ertragsreichtum der jeweiligen Höfe abhingen und daß sie immer einen bestimmten Teil der Produkte behalten dürften in Anerkennung ihrer Arbeit.

Ein so praktisches und offensichtlich richtig eingeschätztes Mittel zur Arbeitssteigerung der Hofleute mußte sich schließlich unfehlbar in allen europäischen Ländern durchsetzen, sobald den Bewohnern ernstlich am besseren Gedeihen ihrer Güter gelegen war. Reste dieses Brauchs existieren noch in Schottland, wo es in manchen Fällen üblich ist, daß der Gutsherr einen Hof ganz ausstattet und der Pächter dafür als Pachtzins eine Naturalienabgabe bezahlt, welche ein festgesetzter Teil der Erträge ist.[6]

Durch diesen Wandel waren die hörigen Bauern eigentlich eine Art Teilhaberschaft mit dem Gutsherrn eingegangen. Da sie nun jederzeit ihrem Energieaufwand und Können entsprechend mit Gewinn rechnen konnten, hatten sie schließlich ihr sehr viel besseres Auskommen und brachten es nach und nach sogar zu Wohlstand. Der Besitz von Vermögen bahnte den Weg zur weiteren Ausweitung ihrer Privilegien. Wer weit gekommen war und recht viel besaß, konnte es sich leisten, einen Hof selbständig auszustatten und dem Gutsherrn eine feste Pacht zu bezahlen mit der Maßgabe, daß der Pächter hinfort den Überschuß für sich behalten durfte. Eine Vereinbarung dieser Art, vorteilhaft für beide Parteien wie sie war,

6 Der Bestand, den der Gutsherr dem Pächter überläßt, wird nach schottischem Recht *steel-bow goods* genannt. Mit Ablauf der Pachtzeit muß der Pächter die Sachen im ursprünglichen Zustand an den Gutsherrn zurückerstatten. – (*steel-bow goods:* dem Pächter vom Gutsherrn leihweise vorgeschossener Bestand an Korn, Vieh, Ackergerät usw. oder der Vertrag darüber; vgl. mhd. »stähline pfründe«. – Anm. d. Übers.)

ließ sich ohne Schwierigkeit treffen. Während der Pächter sich den vollen Gewinn aus seiner besonderen Arbeitsleistung sicherte, war der Gutsherr von den Risiken zufälliger Verluste frei und bezog auf diese Weise nicht nur sichere, sondern häufig auch erhöhte Einkünfte aus seinen Ländereien.

So vollzog sich Schritt für Schritt die Aufhebung der althergebrachten Leibeigenschaft. Die Bauern, auf ihren Höfen für eigene Rechnung und auf eigenes Risiko wirtschaftend, waren natürlich auch von der gutsherrschaftlichen Gewalt emanzipiert und konnten nicht mehr in den Stand der Knechte eingestuft werden. Ihr persönliches Dienstverhältnis war zu Ende. Für den Gutsherrn blieb es ohne alle Folgen, wie sie sich ihr Leben einrichteten, und vorausgesetzt sie bezahlten ihre Pacht pünktlich, konnte er keine weiteren Forderungen an sie stellen. Es gab keinen Anlaß mehr, ausdrücklich darauf zu bestehen, daß sie länger, als es ihr Wunsch war, auf dem Hof verblieben, denn der abgeworfene Gewinn ihrer Höfe sorgte normalerweise dafür, daß ihnen genauso wenig der Wunsch kam, fortzugehen, wie dem Eigentümer, sie fortzuschicken. Als die Landwirtschaft ein so einträgliches Geschäft geworden war und es den in diesem Berufsstand Tätigen recht gut ging, hatte auch niemand mehr die geringsten Schwierigkeiten, die genügende Anzahl von Pächtern zu finden, um seine Güter zu bewirtschaften. Im Gegenteil, es war manchmal schwierig für den Landwirt, so viel Land zu erhalten, wie er tatsächlich bearbeiten konnte. Und so bestand bei dieser Lage der Dinge die Gefahr, nachdem durch seine Bemühungen der Boden schon verbessert worden war, daß er vom Gutseigentümer vertrieben wurde, noch ehe die aufgewandten Kosten und Anstrengungen sich für ihn bezahlt gemacht hatten. Dadurch wurden ausdrückliche Vereinbarungen notwendig, wonach er für eine bestimmte Zeit zum Inhaber wurde, – es entstanden Pachtverträge mit einer Laufzeit von Jahren, manchmal auch auf Lebenszeit oder sogar auf noch längere Dauer je nach den Umständen und Wünschen der Vertragspartner.

Die neuen Nationen Europas blieben lange Zeit hindurch fast

ohne jede Kenntnis der Handwerksgewerbe; aus dem Umstand aber, daß es bei ihnen keine anderen Sklaven als die in der Landwirtschaft Tätigen gab, mußten die von den Leibeigenen laufend erworbenen Privilegien eigentlich dahin führen, daß die Leibeigenschaft als solche sich auflöste. Jedoch machte das Volk mittlerweile in seinen Lebensverhältnissen Fortschritte, und je vielfältiger Komfort und Lebensannehmlichkeiten wurden, um so stärker wandte sich die Aufmerksamkeit der Menschen weiteren Beschäftigungszweigen zu. Die Leibeigenen waren zwar mit der Kultivation des Bodens beschäftigt, gleichzeitig aber auch verpflichtet, beliebig andere Frondienste zu leisten, wie sie der Grundherr für richtig hielt; sie wurden also oft zu ihm beordert, um in der Verrichtung der wenigen mechanischen Tätigkeiten zu helfen, die man damals kannte. Einzelne Personen, die sich eine besondere Geschicklichkeit in diesen Beschäftigungen erwarben, machten sich darin einen Namen und wurden folglich auch häufiger als ihre Nachbarn zu solchen Arbeiten herbeigerufen. Und nach dem jeweiligen Stand der Freiheit, die sie als Bauern genossen, konnten sie mit entsprechend größerem Vorteil diese Nebengewerbe betreiben. Sie bezogen nun also eine Belohnung für die erzielten Erträge ihrer Felder und wurden auch nicht davon abgehalten, daß sie in dem bestimmten Gewerbe oder Berufszweig, in dem sie sich qualifiziert hatten, gegen Lohn tätig waren. Mit dem Fortschritt von Luxus und Lebensverfeinerung entstand eine Vielfalt solcher Beschäftigungen, die selbst in vielen Fällen höhere Gewinne abwarfen als die Landwirtschaft, so daß manche allmählich die letztere Beschäftigung aufgaben, um sich ausschließlich einem Gewerbe zu widmen. Hatte ein Land diesen Entwicklungsstand erreicht, so lagen die Verhältnisse so, daß häufig die Kinder von Bauern zu Handwerkern herangebildet wurden. So rückten zahlreiche Gewerbetreibende und die Handwerker mit ihren speziellen technischen Kenntnissen, die in den verschiedenen Dörfern vorhanden waren, zu angesehenen Personen auf, deren Wertschätzung in dem Ausmaß stieg, als ihre Mithilfe ständig unentbehrlicher für die Versorgung der Menschen und die Befriedigung ihrer Bedürfnisse wurde. Nach Maßgabe des Vermögens, das Personen dieses neuen gesellschaftlichen Stands besaßen, kauften sie sich bei ihrer Herrschaft von Obliegenheiten frei, und indem sie ihrerseits dem Herrn Zölle und Steuern auf ihr Gewerbe zugestanden, sicherten sie sich zugleich seine Förderung und Protektion. So scheint also aus den von hörigen Bauern erworbenen Privilegien die privatrechtliche Freiheit hervorgegangen zu sein, die sich auf die gewerbetreibenden Bevölkerungsgruppen übertrug; die Beschäftigung dieser Menschen andererseits wurde die Quelle großen Wohlstands und trug so dazu bei, wie schon bemerkt, die Personen niedrigen Rangs in den Stand der politischen Freiheit zu erheben.

Auch andere Umstände lassen sich nennen, die in untergeordneter Hinsicht vielleicht ebenfalls an diesen bedeutenden Wandlungen der europäischen Lebensgewohnheiten einen großen Anteil haben mögen.

Man hat vielfach in der Einführung des Christentums die Hauptursache für die Ausmerzung der Sklaverei sehen wollen, die bei allen heidnischen Völkern so allgemein anerkannt und gefördert wird. Es besteht kein Zweifel, daß der Geist dieser Religion – für die alle Menschen Kinder des einen Vaters sind, die ohne Unterschied in seiner väterlichen Fürsorge und Liebe stehen – in den Menschen die Gefühle des Mitleids mit dem Elend anderer erweckt, und daß diese Religion die Reichen und Hochmütigen lehren kann, auch in den von Mühe und Dürftigkeit Bedrückten Geschöpfe ihrer Gattung zu sehen, sie mit Barmherzigkeit und Menschlichkeit zu behandeln und die Härten und Nöte, denen sie in ihrem schweren, ungleichen Los unvermeidlich ausgesetzt sind, zu lindern. Doch scheint es nicht in der Absicht des Christentums gelegen zu haben, die bürgerlichen Rechte der Menschen zu ändern oder jenen Unterschied des Rangs, wie er schon bestand, abzuschaffen. Es gibt im Evangelium keine Vorschrift, welche die Gewalt eines Herrn in irgendeiner Hinsicht bändigen oder begrenzen würde. Im Gegenteil, man findet verschiedene Stellen, aus denen man entnehmen kann, daß Sklaven, auch wenn sie das Christentum angenommen hatten, in keinem Punkte von den ihnen früher obliegenden Pflichten entbunden wurden.[7] Dementsprechend findet sich, daß die Sklaverei in ganz Europa jahrhundertelang weiterbestand, nachdem das Christentum schon zur Staatsreligion geworden war. Ganz davon zu schweigen, daß diese Einrichtung heute noch in Rußland, in Polen, in Ungarn und in verschiedenen Gegenden Deutschlands existiert und ferner, daß sie auch heute noch ohne jede Einschränkung in den Kolonien zulässig ist, die den europäischen Nationen gehören, ob in Asien, Afrika oder Amerika. Die Quäker von Pennsylvanien sind die erste Menschengruppe in jenen Ländern, die sich in diesem Punkt einige Skrupel gemacht hat und offenbar zu der Überzeugung gekommen ist, daß die Abschaffung dieser Einrichtung eine Pflicht sei, die man der Religion und Menschlichkeit schulde. Weiter hat man gemeint, daß die Stellung der Geistlichkeit, ihre große Machtfülle und ihr Ehrgeiz im Verein mit jenem Gegensatz von weltlicher und kirchlicher Macht, der so lange Zeit das Leben der meisten Nationen Europas beherrscht hatte, sich günstig für die unteren Stufen der Gesellschaft auswirkte und daher mithalf, die althergebrachte Institution der Leibeigenschaft einzuschränken und aufzuheben. Die hohe Bildung, die Ideale staatlicher Ordnung, vor allem aber das friedfertige Wesen der Geistlichen selbst brachten natürlicherweise eine Abneigung gegen den Unfrieden mit sich, wie er in den Feudalstaaten herrschte, und ließ sie die Schwachen und Schutzlosen vor der Tyrannei der oberen Stände beschützen.

7 So ist es für den Apostel Paulus selbstverständlich, daß Onesimus ungeachtet seiner Bekehrung zum Christentum weiterhin der Sklave von Philemon bleibt, und es wird nicht erwartet, daß der Herr, der ebenfalls Christ ist, die Verpflichtung hätte, seiner Gewalt in irgendeinem Teil zu entsagen, oder gar seinem Knecht etwa die Freiheit zu geben. Vgl. Paulus' Brief an Philemon. Vgl. hierzu auch Römer 13, 1 usw. – Ephes. 6, 5; Koloss. 3, 22; 1. Tim. 6, 1–2; Tit. 2, 9–10; 1. Petr. 2, 18; 1. Kor. 7, 21–22.

In jenen dunklen und abergläubischen Zeiten war die Kirche aber gleichzeitig auch höchst erfolgreich in der Errichtung ihrer Autorität über alles niedriggestellte und unwissende Volk und mußte deshalb in ganz besonderer Weise darauf achten, daß sie all ihre Macht und Möglichkeiten darauf verwendete, jene Gruppen von Menschen zu beschützen, in der sie selbst ihre stärkste Stütze fand. Da Sterbende oft den Wunsch haben, ansehnliche Schenkungen zu frommen Zwecken zu machen, hatte der Klerus ein unmittelbares Interesse daran, daß die Menschen aus untergeordneten Verhältnissen in die Lage gesetzt werden sollten, selbst Eigentum zu erwerben und über das, was sie besaßen, frei zu verfügen.

Die fortschreitende kirchliche Raffsucht scheint auch schließlich den Brauch hervorgebracht zu haben, daß Leibeigene, die ihre Freiheit durch den Einfluß des Klerus erlangten, ihren Wohltätern eine Belohnung zu geben hatten und daß die Freilassung sodann auf dieser Grundlage von der Kirche bestätigt wurde. Waren dies die Verhältnisse, so versäumten die Priester nicht, die Freilassung von Sklaven auch als ein im höchsten Maße geeignetes Werk anzuraten, mit dem die Schuld des Sünders gesühnt werde. Und in manchen Fällen wurden dem Herrn Kirchenstrafen auferlegt, der seinen Leibeigenen die Erlaubnis verweigerte, ihre Güter durch Testament zu veräußern. So sehr scheinen diese Dinge im Mittelpunkt der Aufmerksamkeit gestanden zu haben, daß Papst Alexander III. eine Bulle erlassen hat, in der er die Christenheit zur allgemeinen Befreiung der Leibeigenen ermahnte.

Man durfte jedoch nicht erwarten, daß solche egoistischen Motive die Geistlichkeit veranlaßt hätten, die Knechtschaft an der Wurzel zu treffen oder ihre Kasuistik gar darauf zu verwenden, eine ganze Institution umzustoßen, von der die Existenz eines Großteils ihres eigenen Besitzes abhing. Wie Ärzte hielten sie es nicht im entferntesten für notwendig, selber die Medizin zu schlucken, die sie dem Volk verschrieben hatten, und während sie so überaus großzügig in bezug auf die Güter der Laien schienen, bewiesen sie selbst ein ganz anderes Verhalten, was die Leibeigenen auf ihren eigenen Besitzungen anging. Da diese ja der Kirche zu frommen Zwecken übereignet worden waren und von ihr nur im Nießbrauch verwaltet wurden, durften sie natürlich vom augenblicklichen Inhaber nicht veräußert werden. So finden wir viele kirchliche Verordnungen, sowohl in Frankreich wie auch in Deutschland, die bestimmen, daß kein Bischof oder Priester einen Knecht auf Kirchengut freilassen dürfe, ohne an seiner Stelle zwei gleichwertige andere zu erwerben.[8]

8 Vgl. die verschiedenen Dekrete der Konzilien, die bei Potgiesserus, *de stat. serv.* lib. 4, cap. 2, 4, 5 erwähnt werden. – In einem wird verordnet: »Episcopus liberos ex familiis ecclesiae, ad condemnationem suam facere non praesumat. Impium enim est, ut qui res suas ecclesiae Christi non contulit, damnum inferat, et ejus ecclesiae rem alienare contendat. Tales igitur libertos successor episcopus revocabit, quia eos non aequitas, sed improbitas absolvit.« [In freier Wiedergabe: »Der Bischof forderte seine eigene Verdammung heraus, wenn er aus den der Kirche gehörigen Familien Knechte freiließe. Denn es wäre Gotteslästerung, wenn einer, der selbst sein Eigentum nicht der Kirche Christi vermacht hat, seiner Kirche einen Schaden zufügte, indem er versuchte, das ihr gehörige Eigentum zu veräußern. Deshalb soll der Bischof, der sein Nachfolger wird, solche Freigelassenen wieder zurückrufen, weil sie unrechtmäßig, nicht rechtmäßig freigelassen wurden.«]
In einem andern Dekret heißt es: »Mancipia monachis donata ab abbate non liceat manumitti. Injustum est enim, ut monachis quotidianum rurale opus facientibus, servi eorum libertatis otio potiantur.« [In freier Wiedergabe: »Dem Abt ist es nicht gestattet, Knechte, die den Mönchen gegeben wurden, freizulassen. Denn es wäre Unrecht, daß die Knechte von Mönchen sich des Müßiggangs in Freiheit erfreuten, während die Mönche selbst Tag für Tag auf den Feldern arbeiten müssen.«]
Es ist jedoch wahrscheinlich, daß die Geistlichkeit ihre Knechte mit größerer Milde behandelte, als es seitens der übrigen Menschen der Fall war. Von einem Bischof von Arles wird berichtet, daß er in Übereinstimmung mit dem Mosaischen Gesetz nicht gestattete, daß irgendeinem seiner Dienstleute mehr als neununddreißig Peitschenhiebe auf einmal versetzt werden: – »Solebat sanctus vir id accurate observare, ut nemo ex istis qui ipsi parebant, sive illi servi essent, sive ingenui, si pro culpa flagellandi essent, amplius triginta novem ictibus ferirentur. Si quis vero in gravi culpa deprehensus esset, permittebat quidem ut post paucos dies iterum vapularet, sed paucis.« [In freier Wiedergabe: »Dieser heilige Mann trug große Sorge, daß keiner seiner Untertanen, ob Knecht oder Freier, mehr als neununddreißig Peitschenhiebe als Strafe für irgendein Vergehen erhielt. Wenn das Vergehen sehr schwerwiegend war, dann konnten ihm nach ein paar Tagen zusätzliche Hiebe versetzt werden, aber nur wenige.«] Ciprianus, in *vita S. Caefarii,* Cit. Potgiess. lib. 2, cap. 1, § 6.

Die Verfassung, in der sich das weltliche Regiment damals in den meisten europäischen Ländern befand, kann man als weiteren Umstand ansehen, der von einigem Einfluß auf die Abschaffung privatrechtlicher Botmäßigkeit war. Aufgrund der aristokratischen Verfassung dieser Königreiche war der Monarch in lange, heftige Machtkämpfe mit seinen Großen verwickelt. Da er aber häufig seinen Maßnahmen nicht mit direkter Gewaltanwendung Nachdruck zu geben vermochte, mußte er alle in seiner Position nur möglichen Praktiken anwenden, wenn er seine Rivalen ergeben machen und zur Unterwerfung zwingen wollte. Zu diesem Zweck gebrauchte er seine Autorität oft zum Schutz von Leibeigenen gegenüber der Tyrannei eines Herrn. So war er bestrebt, die Macht des Feudaladels zu untergraben, indem er ihm die Ergebenheit der unmittelbar Hörigen entzog.

Versuchte der Monarch deshalb, die den Grafen hörigen Dienstleute gegen sie in Schutz zu nehmen und sie auf eine Stufe zu erheben, wo sie weniger abhängig von ihren Herren wären, so fand er dabei auch die Mittel, gewisse Abgaben von Leuten dieser Klasse einzuziehen unter dem Vorwand, daß die ihnen gewährten Privilegien nun noch von der königlichen Oberhoheit bestätigt werden müßten. Indessen gab es auch weitere Gründe, die den Herrscher bewogen, seinen Leibeigenen auf den Königsgütern besondere Anreize zu bieten; denn diese hatten unter der Schirmherrschaft der Krone sich einen gewissen Reichtum verschaffen können, nicht allein durch die erfolgreiche Landwirtschaft, sondern ebenso durch ihre eifrige Betätigung in Handel und Gewerbe. Demzufolge befanden sie sich in einer Position, wo sie sich selbst Freiheit und Immunität entweder auf dem Wege der Geldablösung zu erkaufen vermochten oder indem sie sich ordentliche Abgaben zum Nutzen des Staates auferlegen ließen. So sehen wir denn, wie aus Erwägungen der politischen Klugheit von verschiedenen Fürsten Europas wiederholte Anstrengungen unternommen und viele Regelungen getroffen wurden, die darauf abzielten, die Freiheiten und Rechte der unteren und arbeitsameren Schichten der Untertanen zu erweitern und zu sichern.

Auf diese Weise konnte die persönliche Sklaverei, seit Generationen schon in Auflösung begriffen, schließlich vom weitaus größten Teil Europas verschwinden. Das geschah in mehreren europäischen Königreichen aus der natürlichen Weiterentwicklung der Lebensgewohnheiten und ohne ausdrücklichen Eingriff der Gesetzgebung. In England etwa war es so, daß viele Leibeigene sich aufgrund ihrer Vermögensverhältnisse nach und nach Privilegien erwerben konnten und schließlich zum Rang eines Vasallen oder Freisassen aufstiegen, während der Rest, der nur sehr langsam vorankam, in der Stellung der heutigen *copy-holders*, Zinsbauern, verblieb. Noch zur Regierungszeit der Königin Elisabeth konnte man richtige Frondienstleute in verschiedenen Landesteilen des Reiches antreffen.[9]

In Schottland ist die Knechtschaft der Leibeigenen, der Form nach vermutlich der in den andern Ländern Europas herrschenden ähnlich, offenbar auf gleiche Weise außer Gebrauch gekommen, ohne Hilfe gesetzlicher Verordnungen. Aber wann dieser Wandel vollzogen war, konnte von Juristen oder Historikern nicht festgestellt werden.

Die Reste der Fronknechtschaft, wie sie noch im Falle der Bergleute und Salinenarbeiter Schottlands und in den Kohlenbergwerken anderer Gegenden Europas existieren, machen zur Genüge deutlich, welches die wesentliche Bedingung war, die in allen anderen Fällen diese alte Institution so vollständig zum Verschwinden gebracht hat. Denn im Kohlenbergwerk hat man die verschiedenen Arbeiter an einem bestimmten Ort zusammen; sie sind also nicht wie üblicherweise die Bauern über ein weitausgedehntes Gebiet verstreut, und so konnte man sie leicht unter die Aufsicht eines Aufsehers stellen, der sie zur Arbeit antrieb. Deshalb empfand der Herr auch nicht so unmittelbar die Notwendigkeit, auf die Gewalt zu verzichten, die er über sie besaß.

9 Vgl. Betrachtungen über die Statuten – vor allem die älteren: 1. Rich. II. A. D. 1377. Smith, *Commonwealth of Eng.* Bk. 3, chap. 10.

Nachdem also die persönliche Freiheit bei den in der Agrarwirtschaft fortgeschrittensten Nationen Europas sich weitgehend etabliert hatte, wurde Amerika entdeckt. Und da die ersten Kolonisten so weit entfernt lebten, die Regierungen der Mutterländer ihnen aber auch keine besondere Aufmerksamkeit widmeten, bestand keinerlei Notwendigkeit, daß sie sich an die Gesetze und Gebräuche Europas hielten. Der Erwerb von Gold und Silber war das große Ziel, das die Spanier in ihren Niederlassungen auf jenem Kontinent lenkte. Die unterworfenen Eingeborenen machten sie zu Sklaven und steckten sie zum Arbeiten in die Bergwerke. Weil sie aber entweder von der strengen und harten Behandlung bald erschöpft waren oder auch für solche Arbeit nicht robust genug schienen, kaufte man später für diesen Zweck Negersklaven aus den portugiesischen Niederlassungen an der Küste Afrikas. Als dann Zuckerplantagen angelegt wurden, verwendete man diese Leute auch dort und zu fast allen anderen Arbeiten, die in jenem Teil der Welt zu tun waren. Kaum hatten also die Menschen eines Erdteils die Sklaverei abgeschafft, wurde sie von denselben Leuten in einem anderen wieder ins Leben gerufen, wo sie seitdem weiterbesteht, ohne daß der Bürger besondere Kenntnis davon nähme oder daß man sich zu irgendwelchen wirksamen Anstalten gedrängt fühlte, sie abzuschaffen.[10]

Es verdient besondere Beachtung, daß die Hauptursachen, die in Europa den Sklaven zur Freiheit verhalfen, in den amerikanischen Plantagen nicht zur Wirkung gelangten. Nach der Arbeitsweise in Bergwerken arbeitet meist eine Gruppe von Sklaven zusammen, wobei man sie unter das Kommando eines Einzelnen stellen kann, der die Macht in der Hand hat, ihr Verhalten zu überwachen und Nachlässigkeit zu bestrafen. Diese Feststellung trifft für die Arbeit auf Zuckerplantagen ebenso zu wie für die andern Tätigkeiten in unseren Kolonien, wo die Neger dieselben Arbeiten verrichten, die

10 Vgl. [Adam] Anderson, History of Commerce, vol. 1, p. 336. – Die ersten Negersklaven wurden 1508 nach Hispaniola eingeführt. Ibid.

in Europa normalerweise vom Vieh getan werden, und wo folglich auch viele Knechte zusammen auf ein und derselben Plantage beschäftigt sind. Da er die Sklaven ständig unter seiner Peitsche hat, mußte ihr Herr dort noch nicht zu dem verdrießlichen Notbehelf greifen, ihre Arbeit zu belohnen und ihre Lebenslage durch die Mittel zu verbessern, die in Europa so notwendig gefunden und mit so großem Gewinn praktiziert wurden, um Tätigkeit und Leistung der Bauern anzuregen.

4. *Politische Konsequenzen der Sklaverei*

Die Geschichte der Menschheit kennt keine Revolution von größerer Bedeutung für das Glück der Gesellschaft als die, zu deren Betrachtungen wir hier Gelegenheit hatten. Die Gesetze und Gebräuche der modernen europäischen Nationen haben die Vorteile der Freiheit zu einer so hohen Blüte gebracht, wie sie keine Zeit und kein Land jemals erlebt haben. In den Staaten des Altertums, so berühmt wegen ihrer freiheitlichen Regierungsform, waren doch den allermeisten Handwerkern und Arbeitern die allgemeinen Rechte der Person versagt geblieben, und man begegnete ihnen wie Geschöpfen niedriger Ordnung. Mit dem Anwachsen von Reichtum und zunehmender Lebensverfeinerung erhöhte sich dort die Zahl der Sklaven ständig, wodurch die Härten und Leiden, die sie zu ertragen hatten, nur noch unerträglicher wurden.
Athen soll nach der Zählung des Demetrius Phalerius 21 000 Bürger und 10 000 in der Stadt ansässige Fremde gezählt haben, dazu nicht weniger als 400 000 Sklaven, die das Volk insgesamt besaß. Man darf allerdings mit Grund annehmen, daß bei den Freien nur die Oberhäupter der Familien gezählt wurden, bei den Sklaven aber jedes einzelne Individuum erfaßt ist: Denn bei der Zählung der Freien hatte man vermutlich die Besteuerung im Sinne, die auf jedes Haupt einer Familie entfiel, während man die Sklaven höchstwahrscheinlich

nach der Stückzahl wie Viehbestand zählte, um das Vermögen eines jeden Eigentümers festzustellen. Setzt man also für jede Familie fünf Personen an, so ergibt sich ein Verhältnis von Zwei oder Drei zu Eins, in welchem die athenischen Sklaven die Freien übertrafen.[1]

In Roms höchster Blütezeit, als der Luxus die erstaunlichsten Ausmaße angenommen hatte, muß der Prozentsatz, in welchem die versklavten Bewohner die andern übertrafen, noch viel höher gewesen sein. Die Zahl der Sklaven im Besitz einzelner römischer Bürger war enorm. T. Minucius, ein römischer Ritter, soll 400 besessen haben. Plinius erwähnt einen Caecilius, der in seinem Testament mehr als 4 000 Sklaven vermachte, und Athenaeus vermerkt, daß die jeweils einzelnen Herren gehörigen Sklaven in Rom sich zuweilen auf 10 000, ja auf 20 000 beliefen und zeitweise sogar noch mehr zählten.

Auf den Westindischen Inseln nimmt man allgemein an, daß die Negersklaven die Freien im Verhältnis von Drei zu Eins übertreffen, und dieses Mißverhältnis soll sich täglich weiter vergrößern.

Man kann generell feststellen, daß in dem Umfang, wie der Mensch größere Fortschritte in Handel und Gewerbe macht, auch die Errichtung der persönlichen Freiheit von immer größerer Bedeutung wird; weiterhin, daß bei reichen und gesitteten Nationen diese Freiheit sich auf die große Volksmenge von Menschen erstreckt, die selbst den Hauptanteil des Gemeinwesens ausmachen und deren menschenwürdiges Dasein man niemals aus den Augen verlieren sollte in allen Vorkehrungen, die für das Glück und Gedeihen einer Nation getroffen werden.

1 Mr. Hume nimmt an, daß in den oben genannten Zahlen nur die Familienhäupter sowohl der Sklaven als auch der Freien enthalten sind, woraus man schließen müßte, wenn man einmal die Fremden außer Betracht läßt, daß dann die Sklaven die Bürger nahezu im Verhältnis von Zwanzig zu Eins übertrafen. Da dieses Mißverhältnis höchst unwahrscheinlich ist, glaubt er, daß man für die Sklaven eine niedrigere Zahl ansetzen müsse, nämlich 40 000. Aber eine solche Reduktion ist völlig willkürlich. Nach der von mir aufgestellten Annahme gibt es keinen Grund, weshalb man den überlieferten Bericht für übertrieben oder ungenau halten sollte.

In welchem Licht man auch die Institution der Sklaverei betrachtet, sie erscheint gleichermaßen unpassend und schädlich. Keine Schlußfolgerung ist deshalb so sicher wie diese, daß die Menschen grundsätzlich mehr Energie entfalten, wenn sie für ihren eigenen Vorteil arbeiten, als wenn man sie zwingt, sich einzig für den Vorteil eines andern abzumühen. So zeitigt denn die Existenz der persönlichen Freiheit die unfehlbaren Ergebnisse, daß sie die Menschen im Lande immer tätiger macht, dadurch mehr Nahrung und Lebensmöglichkeiten schafft, so daß notwendigerweise auch die Bevölkerungszahl ansteigt – und mithin die Stärke und Sicherheit einer Nation sich erhöht.

Manche Leute meinen, daß die Sklaverei dem Anwachsen der Bevölkerung dienlich sei, weil man erstens bei der Ernährung der Sklaven meist große Sparsamkeit walten läßt und zweitens, weil der Herr zugleich für die Vermehrung dieser Menschengruppe Sorge trägt.

Mit Bezug auf den ersteren Umstand sollte man überlegen, daß die Leistung eines Arbeiters in erheblichem Maße von der Ernährung abhängt, die er bekommt. So wie er bei zu großer Üppigkeit unter Umständen unnützerweise Lebensmittel verbrauchen mag, so kann es doch umgekehrt eintreten, wenn er zu wenig bekommt, daß er für die Verrichtung der Arbeiten immer unnützer wird, durch die sich der Mensch am Leben erhält. Will man das Wachstum der Bevölkerung eines Landes fördern, so muß man die Handwerker und Arbeiter so ernähren, daß man den größtmöglichen Gewinn aus der Arbeit erzielt, die zu verrichten sie befähigt sind. Es ist deshalb auch wahrscheinlich, daß sie sich in den Lebensgenüssen viel eher nach diesem goldenen Mittelweg richten werden, wenn sie selbst für ihre Ernährung sorgen können, als wenn sie darin von der Willkür eines Herrn abhängen, der aus seiner engstirnigen, einseitigen Haltung heraus vielleicht meint, es läge in seinem Interesse, wenn er die Lebenshaltungskosten für solche Leute so niedrig wie möglich halte. Wer davon weiß, mit welcher äußersten Knauserigkeit die Negersklaven in unseren Kolonien üblicherweise ernährt werden, dem werden weitere Erläuterungen zu dieser Bemerkung überflüssig erscheinen.

Im Hinblick auf die Sorge des Herrn um die Vermehrung seiner Sklaven müßte es doch deutlich sein, daß dies von nur geringem Wert ist, wenn dabei nicht gleichzeitig die Mittel zu ihrer Ernährung vermehrt werden. Wenn es feststeht, daß die Sklaverei immer der Arbeitsamkeit unzuträglich ist und dahin tendiert, die Fortentwicklung eines Landes zu behindern, so wird die Einwohnerzahl entsprechend begrenzt bleiben, trotz aller Vorkehrungen, trotz aller Förderung, die man der Fortpflanzung der Gattung angedeihen läßt. Noch nicht einmal das Vieh läßt sich über ein bestimmtes Maß hinaus vermehren, wenn man die Triften, auf denen es weidet, nicht vorher fruchtbarer gemacht hat.

Aber die Sklaverei ist für die Leistungen des Fleißes eines Volkes nicht schädlicher als für das sittliche Wesen seiner Menschen. Einen Menschen von den Rechten der Gesellschaft ausschließen und an seinen Stand einen Makel heften bedeutet, daß man ihn des mächtigsten Ansporns zu Tugend und rechtem Leben beraubt. Und sehr oft bedeutet es, daß er tatsächlich so wird, daß er die Verachtung verdient, die man ihm entgegenbringt. Auf der anderen Seite – welche Wirkung muß eine solche Erniedrigung der Dienstleute auf den Charakter und das Verhalten ihres Herrn nicht haben! Wie unerschöpflich sind nicht die Möglichkeiten, wie er die absolute Macht, die er besitzt, mißbrauchen kann! Und welche gemeinen Züge mag der Mensch nicht annehmen durch den fortgesetzten Machtmißbrauch, von Gesetzen ungehemmt und durch das schlechte Beispiel anderer nur bemäntelt! Es scheint, daß nichts die Unehrlichkeit und Verworfenheit der römischen Sklaven übertreffen konnte – hätten wir nicht die Unmenschlichkeit und die lasterhafte Ausschweifung, die die übrigen Bewohner beherrschten.

Mehrere Verordnungen wurden erlassen, um die Freilassung von Sklaven zu beschränken, damit von der Würde eines römischen Bürgers nichts auf so unwürdige Individuen übertragen werde. So schreibt Dionysius von Halikarnass:

Die Verwirrung unserer Zeit ist so groß, und so sehr ist die römische Redlichkeit entartet in schamlose Niedertracht, daß einige Menschen, die ihr Geld durch Räuberei, Prostitution und andere Schlechtigkeiten gemacht haben, in der Lage sind, ihre Freiheit zu erkaufen und Römer zu werden. Andere, die sich mit ihren Herren zusammentaten zu Giftmischerei, zu Mord und zu Verbrechen gegen die Götter und den Staat, werden in derselben Weise belohnt.[2]

Man hat behauptet, daß die Sklavenhaltung einer Nation doch in einer Hinsicht Nutzen bringe, insofern sie nämlich die praktischste Methode biete, für jene aufzukommen, die nicht mehr in der Lage sind, sich selbst zu versorgen. Ohne Zweifel ist die Versorgung der Armen eine sehr bedeutsame Aufgabe, und man darf dies als eins der kompliziertesten Gebiete der inneren Ordnung eines Landes ansehen. In den Frühformen der Gesellschaft, solange der Familienzusammenhalt noch sehr umfassend ist, sind die Reichen im allgemeinen gewillt, für ihre bedürftigen Verwandten aufzukommen. Denn aus der einfachen Gesinnung eines Volkes, das kein Luxusleben kennt, dürfen Menschen, die völlig mittellos geworden sind, sich lindernde Fürsorge erhoffen von den gelegentlichen Gaben ihrer Nachbarn. Aber in einer kommerziellen und bevölkerungsreichen Nation, wo die meisten Menschen für ihre Existenz schwer arbeiten müssen, können viele Personen durch eine Reihe von Zufällen in Bedürftigkeit geraten, während gleichzeitig, ihrer Zahl und auch des herrschenden Geists der Zeiten wegen, ihr Elend bei ihren Mitmenschen kaum Beachtung findet. Ein raffinierter Betrüger mag in solchen Fällen vielleicht zuweilen das einträgliche Geschäft der Bettelei betreiben, jedoch wer wirklich im Elend lebt, kann nur zu leicht übersehen werden, und ohne ein Eingreifen der Behörden würde er oft aus Mangel umkommen. Armenunterstützung muß deshalb in dieser oder jener Form eingerichtet werden, und nach der Natur der Sache ist eine solche Einrichtung ge-

2 Dion. Hal. Antiq. Rom. Lib. 3.

wöhnlich mit großen Ausgaben verbunden, zugleich aber auch für viele Mißbräuche anfällig. Wenn aber in einem Lande die Sklaverei praktiziert wird, entstehen solche Unannehmlichkeiten gar nicht erst. Da der Sklavenhalter als Herr verpflichtet werden kann, in allen Eventualitäten seine Sklaven zu versorgen, braucht man bei niemandem eine Veranlagung seiner Habe vorzunehmen, und keine Kosten für Sammlung und Verteilung des Armengeldes fallen an – ganz zu schweigen davon, daß die Belästigung durch öffentliches Betteln auf diese Weise wirksam aus dem Weg geschafft ist.

Es muß zugegeben werden, daß das eine sparsame Regelung ist, ob sie aber ihren Zweck erfüllt, ist längst nicht so offensichtlich. Angenommen derselbe Mann, der eine ganz bestimmte Steuer zu bezahlen hätte, wird nun auch mit der Aufgabe betraut, die Summe direkt entsprechend zu verwenden – welche Sicherheit hätte man, daß er sie jemals für den Zweck verwendet, für den sie bestimmt ist? Wird einem Herrn die Auflage gemacht, daß er seine Sklaven versorgen müsse, auch nachdem sie für die Arbeit untauglich geworden sind, – welche Vorkehrungen können getroffen werden, um sicherzustellen, daß er dies tut? Wo es so ganz offenbar in seinem Interesse liegt, daß er sich von dieser Last freimacht, – welchen Grund haben wir anzunehmen, daß er sie länger auf sich nehmen wird, als er für richtig hält? In dieser Angelegenheit seines privaten Hauswesens – wie ist es möglich, daß der Staat hier sein Verhalten überwacht, oder daß er von den tausenderlei Möglichkeiten Kenntnis erhält, die dieser Mann hat, um seine hinfälligen Knechte zu vernachlässigen oder ihnen die Grundnotwendigkeiten des Lebens vorzuenthalten? Statt daß also auf diese Weise für die Armen gesorgt wäre, ist dies nur eine Methode, sie auszuhungern – auf die praktischste und vielleicht auch auf die unauffälligste Weise. Wir brauchen nur die römische Geschichte durchzublättern in bezug auf diesen Gegenstand, und schon treffen wir auf die scheußlichsten Grausamkeiten, die jeden mit Abscheu erfüllen müssen. Bei diesem Volk muß es so gewesen sein – trotz aller Gesetze, erlassen von Kaisern mit den besten Absichten und mit absoluter Machtvollkommenheit –, daß der Herr es nicht einmal für nötig hielt, seine Unmenschlichkeit zu verbergen oder es mit seinen Sklaven etwa anders zu halten als mit dem Vieh, das aus Alter oder Krankheit für den Eigentümer unnütz geworden ist.

Bedenkt man die vielen Vorteile, die einem Land aus der Freiheit der arbeitenden Bevölkerung erwachsen, dann muß bedauert werden, daß überhaupt noch irgendwelche Formen von Sklaverei auf dem Herrschaftsgebiet Großbritanniens übriggeblieben sind, wo man hier doch so genau weiß, was Freiheit bedeutet, und sie in so hohem Ansehen hält.

Die Situation der Bergleute und Salinenarbeiter in Schottland mag wenig Bedeutung haben, da die Zahl der Personen, die in dieser Beschäftigung tätig ist, nicht sehr groß ist und ihre Knechtschaft als solche nicht besonders beschwerlich zu sein scheint. Doch der Nachteil, der sich aus dieser Lage für den Eigentümer solcher Werke ergibt, ist offenbar. Kein Mensch würde aus eigenem Antrieb Sklavendienste tun, wenn er auch nur den annähernd gleichen Lohn verdienen und dabei in Freiheit leben könnte. Deshalb erhält dort jeder Bergmann eine zusätzliche Prämie für seine Arbeit – und zwar wegen der Fronknechtschaft, in der er sich befindet, denn sonst würde er eine Anstrengung machen und sich seinen Lebensunterhalt durch andere Arbeit zu verdienen suchen.[3]

Viele Kohlengrubenbesitzer werden allmählich auf diesen Umstand aufmerksam und sähen es gerne, wenn sie für ihre Arbeiter andere Bedingungen hätten.[4] Doch mit der natürlichen Zaghaftigkeit von Menschen, für die große finanzielle Interessen auf dem Spiel stehen, sind sie der Änderung einer alten Praxis solange abgeneigt, bis solche Veränderung durch Parlamentsakte allgemein verbindlich gemacht wird. Welche Vor-

3 [Ausführlicher Hinweis auf zeitgenössische Löhne hier gestrichen.]

4 (Text der 3. Aufl., 1781: »Many of the coal masters begin to be sensible of this, and *wish* that their workmen were upon a different footing«. [S. 355] Der Nachdruck von 1960 enthält an dieser Stelle – S. 319 – einen sinnentstellenden Druckfehler, der hier korrigiert ist. – Anm. d. Übers.)

teile den Grubenbesitzern aber auch durch ein allgemeines, die Fronknechtschaft der Bergleute einmal abschaffendes Gesetz erwachsen mögen – Vorteile dieser Art könnten selbstverständlich in viel größerem Umfang demjenigen Eigentümer zugutekommen, der genügend Entschlußkraft besäße, seinen Arbeitern jetzt die Freiheit zu geben und auf Privilegien zu verzichten, die ihm nach dem Gesetz noch zustehen, im Hinblick auf diejenigen, die ihm später einmal zu Diensten sein könnten. Wenn die Fronknechtschaft der Bergleute die Eigenschaft hat, ihren Lohn hochzutreiben, dann müßte doch jeder Herr, der sich von dieser Belastung vor einem andern freimachen könnte, in eine ebenso günstige Lage kommen wie der Besitzer eines Handwerksbetriebs, der eine Ware zu geringeren Kosten herstellt als seine Nachbarn und sie deshalb auf dem Markt unterbieten kann.[5]

Hingegen ist die in unseren Kolonien herrschende Sklaverei eine Sache von großer Bedeutung und mit Schwierigkeiten verbunden, die vielleicht nicht so leicht zu beheben sind. Man hat gemeint, die Bewirtschaftung unserer Plantagen mache Arbeiten nötig, die kein freier Mann tun würde und die überdies von Weißen schon konstitutionell gar nicht geleistet werden könnten. Inwieweit diese Ansicht begründet ist, wenn man die in jenem Teil der Welt derzeit üblichen Arbeitsbedingungen ins Auge faßt, läßt sich wohl schwerlich entscheiden, denn sie sind noch nie ordentlich von denen geprüft worden, die in der Lage wären, die betreffenden Tatsachen aufzuzeigen und zu bestätigen. Man darf jedoch mit Grund annehmen, daß die Institution der Sklaverei selbst die Hauptursache ist, weshalb dort die Methoden und Geräte keinen Eingang fanden, mit denen die beschwerlicheren Tätigkeiten der Menschen leichter und schneller vor sich gehen, wie man sie in den Ländern kennt, wo Freiheit herrscht.

Trotz der Verbindung zwischen unseren Kolonien und dem

5 Durch eine kürzliche Parlamentsakte wurden Regelungen getroffen, wonach in vermutlich kurzer Zeit die Reste der Fronknechtschaft beseitigt sein werden, der diese Gruppe von Menschen so lange unterworfen war.

Mutterland sind in vielen Gegenden der Westindischen Inseln die Gerätschaften für einige selbst der einfachsten Arbeiten noch wenig bekannt. In Jamaika arbeiten an einem einzigen Grab zwei Leute einen ganzen Tag; weil sie nämlich keine geeigneten Werkzeuge haben, müssen sie ein unnötig großes Loch graben, das den Maßen der menschlichen Figur überhaupt nicht mehr entspricht. Ich habe mir sagen lassen, daß es auf der ganzen Insel kaum einen Spaten gibt, falls man sich nicht in allerletzter Zeit welche beschafft hat. Bei der Bereitung von Feuerholz zum Kochen des Zuckers usw., einer Arbeit, die jährlich ungefähr vier bis sechs Wochen in Anspruch nimmt, wird keine Säge verwendet, sondern die Bäume werden mit der Axt in Stücke von ungefähr 80 cm Länge zerlegt. Statt eines Flegels benutzen die Neger einen einfachen Stock zum Dreschen der Hirse; folglich leisten in dieser Arbeit sowie beim Aussieben zehn Frauen nicht mehr an einem Tag, als zwei Männer in zwei Stunden mit unseren Geräten und Maschinen leisten würden. Da sie weder Sense noch Sichel besitzen, müssen sie jeden Abend das zur Fütterung von Pferden, Maultieren und Rindern benötigte Gras mit dem Messer schneiden oder mit der Hand rupfen.[6]

In der Anlage von Zuckerpflanzungen sind auf einigen Inseln Versuche angestellt worden, aus denen zu entnehmen ist, daß auf diesen Kulturen Zugvieh sich gut eignen würde und man dadurch die Zahl der Sklaven erheblich herabsetzen könnte.[7] Doch diese Versuche haben wenig Freunde gefunden, – im Gegensatz zu der bisher üblichen Praxis und im Gegensatz zu dem lukrativen Handelszweig, den diese Neuerung zum großen Teil beseitigen würde.

Auf jeden Fall erfordern es die Interessen unserer Kolonien, daß man die Neger besser behandelt und daß man ihnen auch allgemein bessere Lebensbedingungen schafft. Der Verfasser eines kürzlich erschienenen sehr schönen Berichts über unsere

6 Diese Beobachtungen treffen etwa für das Jahr 1765 zu, sie betreffen speziell die Sprengel Vere, Hanover und St. Thomas in the Vale.
7 Vgl. *American husbandry*, 1775.

amerikanischen Besitzungen hat vorgeschlagen, man solle den Negern einen kleinen Lohn geben, um ihren Arbeitsfleiß anzustacheln. Finge man damit einmal an, so würde man in dieser Praxis wohl allmählich weitergehen, weil der Herr sehr schnell den Vorteil entdecken würde, der darin liegt, daß man den Lohn nach der Arbeitsleistung des Einzelnen abstufen kann. Es ist erstaunlich, wie wenig Aufmerksamkeit bisher Verbesserungen dieser Art überhaupt geschenkt wurde, nachdem die guten Wirkungen am Beispiel der Leibeigenen in Europa so deutlich zutage getreten sind. Der Eigentümer einer Zucker- oder Tabakplantage, so sollte man annehmen, müßte doch sehr leicht den Durchschnittswert einer Ernte errechnen können, die er früher erzielte, und ginge keinerlei Risiken ein, wie die Erträge auch ausfallen mögen, wenn er nun seine Leute, die auf den Feldern arbeiten, nur einen Teil des jeweils zusätzlich erzielten Ertrags behalten ließe, der durch ihre Arbeit und ihre bescheidenen Ansprüche zustandekommt.

Es ist ein sonderbares Schauspiel, wenn man sieht, daß dasselbe Volk, daß in den höchsten Tönen von politischer Freiheit spricht und das Privileg, sich selbst Steuern auferlegen zu dürfen, als eines der unveräußerlichen Menschenrechte ansieht, nicht die geringsten Bedenken trägt, einen beträchtlichen Teil der Mitmenschen in Verhältnissen zu belassen, in denen sie nicht nur des Eigentums, sondern nahezu jedes andern Rechts beraubt sind. Vielleicht hat das Schicksal noch niemals eine Situation herbeigeführt, die besser darauf berechnet ist, eine edle, liberale Idee der Lächerlichkeit preiszugeben und zu zeigen, wie wenig das Verhalten des Menschen im tiefsten Grunde von vernünftigen philosophischen Grundsätzen geleitet wird.[8]

In jenen Provinzen Nordamerikas jedoch, wo immer nur wenige Sklaven vorhanden waren und die Sklavenhaltung offenbar auch nicht in der Art der dort vom Menschen zu verrichtenden Tätigkeiten eine natürliche Begründung fin-

8 [Es verdient angemerkt zu werden, daß die Edition von 1771 mit diesem Absatz schließt.]

den kann, da gibt es vielleicht einigen Grund zu der Hoffnung, daß man die schädlichen Auswirkungen auf die Arbeitsamkeit bald erkennt und daß die Sache selbst deshalb auch nicht mehr weiter praktiziert wird. Es heißt, einige Provinzparlamente jener Länder hätten in letzter Zeit beschlossen, die Einführung von Negern zu verhindern oder zu erschweren. Doch aus welchen Beweggründen dieser Beschluß zustandegekommen ist, läßt sich nur schwer entscheiden.[9]

Der Fortschritt im Handel und in den Gewerben, im Verein mit der Verbreitung des Wissens in unserem Zeitalter, hat neuerdings viele Vorurteile beseitigen helfen und zu großzügigen Ansichten geführt, in diesem Punkt wie auch in bezug auf sehr viele andere Gegenstände. Schon lange gilt in Großbritannien der Grundsatz, daß ein Negersklave, der in unser Land importiert wurde, dadurch in den Genuß vieler Privilegien eines freien Mannes komme. Aber erst durch ein kürzliches Urteil des Oberhofgerichtes wurde festgestellt, daß der Herr die Gewalt über seinen Diener auch dann nicht zurückerlangen könne, wenn er ihn nach Belieben wieder ins Ausland schickt.[10]

In einer noch jüngeren Entscheidung des Obersten Gerichtshofs in Schottland wurde erklärt:

> Das über diesen Neger ausgeübte Besitzrecht, begründet durch das Recht von Jamaika, besteht zu Unrecht und konnte in unserm Lande in keinem Punkte eine Stütze finden. Der Kläger hatte deshalb kein Anrecht auf die Dienste des Negers zu irgendeiner Zeit, und er besaß auch kein Recht, ihn gegen seine Zustimmung aus dem Lande zu schicken.[11]

Diese jüngste Entscheidung, aus dem Jahre 1778 stammend, verdient um so größere Beachtung, als sie die Negersklaverei in ausdrücklichen Worten verurteilt. Da dies aber der von

9 Vgl. die Rechtfertigung einer Erklärung an die Bewohner der Britischen Ansiedlungen über die Negersklaverei in Amerika, gefertigt von einem Pennsylvanier, gedruckt zu Philadelphia, 1773.

10 Betrifft den Fall des Negers Somerset, Beschluß aus dem Jahre 1772.

11 Joseph Knight, ein Neger, gegen John Wedderburn; am 15. Januar 1778.

einem Gerichtshof unserer Insel in dieser besonderen Form zum ersten Male verkündete Grundsatz ist, so gelte er als authentisches Zeugnis des liberalen Geistes, welcher die letzten Jahrzehnte des 18. Jahrhunderts beseelt.

Hinweise zur Ausgabe

Die deutsche Übertragung gibt im Haupttext die von William C. Lehmann besorgte englische Neuausgabe wieder, enthalten in *John Millar of Glasgow, 1735–1801*, (Cambridge 1960). Millars Anmerkungen jedoch, die an manchen Stellen in ausführliche Exkurse übergehen, sind weitgehend direkt seiner 3. Auflage von *Origin of the Distinction of Ranks* von 1779 entnommen, so daß der deutsche Text z. T. umfangreichere Belege als die englische Neuausgabe verfügbar macht. Die Auswahl folgt dabei der von Herrn Professor Lehmann getroffenen; seine Anmerkungen sind in [ ] gesetzt. Allen von Millar gewöhnlich an hervorragender Stelle placierten lateinischen Zitaten ist zusätzlich eine Übersetzung und, wo immer möglich, die genaue Quellenangabe beigegeben, die das Original beide nicht verzeichnet. In der Regel konnte dabei auf vorliegende moderne Übertragungen zurückgegriffen werden – für die sachkundige Beratung, Hilfe und Eruierung der Belege zu diesen Textteilen sei Herrn Heinrich Plett, Giessen, gedankt. Dies betrifft bei den häufiger herangezogenen Autoren: Caesar, *Der Gallische Krieg*. Übersetzung von G. Dorminger (Goldmanns Taschenbücher 406), München 1965; Tacitus, *Germania*. Lateinisch und Deutsch. Übersetzt von J. Lindener (Rowohlts Klassiker 217), 1967. Von dieser Regel wurde dann abgewichen, wenn Millars Ausführungen eine möglichst kontextgerechte deutsche Übersetzung der klassischen Autoren zu fordern schienen, um zu vermeiden, daß Nuancen seiner Argumentation verloren gingen. Hinweise dazu finden sich am jeweiligen Ort. Bibelzitate sind, soweit nicht ausdrücklich anders vermerkt, im Wortlaut des Lutherschen Textes – vor dessen revidierter Fassung von 1964 – wiedergegeben.

Mit der Geschmeidigkeit der Sprache englischer Aufklärung ist Millars Diktion sehr viel moderner, als es eine Abhandlung entsprechender Thematik im Deutsch jener Zeit wäre. Er beschreibt gesellschaftliche Phänomene unter weltoffenen Gesichtspunkten, für deren Entwicklung der weithin provinzielle Charakter der zeitgenössischen deutschen Wirklichkeit keine Basis bot und wo man folglich noch nicht über sprachliche Ausdrucksfähigkeit von vergleichbar adäquater Prägnanz verfügte. So durfte bewußt darauf verzichtet werden, etwa eine archaisierende deutsche Sprachebene herzustellen, sollte die Vermittlung der dargestellten Sachverhalte vordringliches Ziel der Übertragung sein. Sie versucht daher, die bleibende Aktualität, mit der Millars Prosa noch heute unmittelbar anzusprechen vermag, auch dem deutschen Leser in den Sprachkonventionen unserer eigenen Zeit nahezubringen. H. Z.

Literaturhinweis

Das Original ist zugänglich in der Monographie von William C. Lehmann, *John Millar of Glasgow, 1735–1801*, Cambridge U. P., Cambridge 1960. Sie enthält, neben der kritischen Würdigung von Werk und Person des Autors, auch repräsentative Auszüge aus seinen weiteren Schriften.

Zu nennen ist vor allem Millars anderes umfangreiches Werk, zuerst 1787 erschienen: *An Historical View of the English Government. From the Settlement of the Saxons in Britain etc.*, 4 vols., Ed. John Craig und James Mylne. London 1803. Es ist nicht selten in den wissenschaftlichen Bibliotheken vorhanden – wie auch die Übersetzung *Historische Entwicklung der Englischen Staatsverfassung*. 3 Bände [ohne den 4. Bd.], Jena 1819–1821.

Für die Wirkungsgeschichte John Millars im deutschen Sprachraum sei auf zwei frühere Übersetzungen des vorliegenden Textes verwiesen:

Bemerkungen über den Unterschied der Stände in der bürgerlichen Gesellschaft. Leipzig 1772.

Aufklärungen über den Ursprung und Fortschritte des Unterschieds der Stände und des Ranges, in Hinsicht auf Kultur und Sitten bei den vorzüglichsten Nationen. Leipzig 1798.

Alphabetisches Verzeichnis der suhrkamp taschenbücher wissenschaft